高职高专公共基础课系列教材

大学生创新创业基础

主　编　杨和峰

副主编　钱爱文　柳火根　况　丹

参　编　宋海妍　黄传平　杨　慧

　　　　刘清珍　孙琦琳

西安电子科技大学出版社

内 容 简 介

本书从实用角度出发，系统讲述了创新与创业的相关知识。全书共九章，内容主要包括创新意识培养、创新能力开发、创业认知启蒙、创业方向探索、创业团队组建、创业资源整合、商业模式构建、创业计划制订、创新大赛路演。每章均设计有拓展训练项目，帮助读者增强实际操作能力。本书以突出学生创新创业实践能力的培养为重点，力图做到以学生为中心，在激发学生学习兴趣的同时，引导学生在做中学，在学中做，化被动为主动，切实提高学生的创新创业素质。

本书可作为高职院校创新创业教育课程的教材，也可作为广大青年朋友创新创业的参考书。

图书在版编目(CIP)数据

大学生创新创业基础 / 杨和峰主编. -- 西安：西安电子科技大学出版社，2024.7
(2024.8重印)
ISBN 978-7-5606-7299-1

Ⅰ.①大…　Ⅱ.①杨…　Ⅲ.①大学生—创业　Ⅳ.①G647.38

中国国家版本馆 CIP 数据核字 (2024) 第 104405 号

策　　划　李鹏飞　李 伟
责任编辑　李鹏飞
出版发行　西安电子科技大学出版社 (西安市太白南路 2 号)
电　　话　(029)88202421 88201467　　　邮　编　710071
网　　址　www.xduph.com　　　电子邮箱　xdupfxb001@163.com
经　　销　新华书店
印刷单位　广东虎彩云印刷有限公司
版　　次　2024 年 7 月第 1 版　　2024 年 8 月第 2 次印刷
开　　本　787 毫米 × 1092 毫米　1/16　印张 14
字　　数　298 千字
定　　价　49.80 元

ISBN 978-7-5606-7299-1

XDUP 7600001-2

*** 如有印装问题可调换 ***

前言

创新创业，是国家发展之根，是民族振兴之魂。创新创业教育作为教育现代化的重要组成部分，不仅关系立德树人的教育大计，更与创新型国家战略紧密相关。大学生就业创业服务事关经济发展和民生改善大局，关乎社会稳定，党中央、国务院对此高度重视。同时，作为担负培养人才、科学研究、服务社会、传承文化使命的高校，其创新创业教育理应走在前列，努力培养大学生的创新精神和创业意识，不断提升大学生的创新创业能力。

本书总结了近年来高等院校开展创新创业教育的经验，将大学生创新创业的最新实践、政策与案例引入其中。本书在编写过程中遵循"理论阐述必需和够用、内容组织新颖和鲜活"的原则，着眼于培养大学生的创新精神和创业意识，使其树立正确的创新创业观念，为毕业后开创人生事业打下坚实的基础。本书所采用的案例尽可能贴近当代大学生的生活，具有新颖性、典型性，并与课程教学所需的知识点和能力点有效衔接、紧密配合，既贴近大学生的实际情况，又培养大学生利用所学知识分析、解决实际创新创业问题的能力。

整体而言，本书具有以下特点：

●**思政融合，立德树人**。本书将立德树人的教育理念贯穿于知识学习中，通过设置素质目标和在正文、案例、实践活动中有效融入思政元素，引导学生树立正确的创新创业观念，潜移默化地培养学生志存高远、拼搏进取的精神及民族自豪感与自信心，引导学生树立正确的价值观。

●**校企双元，职业引领**。本书在编写过程中得到了相关创业企业的支持，书中所选案例都与创新创业紧密相关，可以使学生更好地理解和认识所学知识，锻炼学生的创新思维和创业技能，帮助学生更好地培养创新意识、提升创业能力。

●**全新形态，全新理念**。本书各章基本都由开篇故事、名人语录、问题导入、知识讲解、案例阅读、延伸阅读、拓展训练等部分组成。其中，开篇故事通过创新创业故事或案例引出正文，以激发学生的学习兴趣；知识讲解、案例阅读分别突出基础知识和理论（即是什么，为什么）、基本方法和流程（即做什么，如何做）；拓展训练则让学生及时参与互动，完成技能训练；延伸阅读可以拓宽学生的视野，使其思维更加活跃、发散。

本书由杨和峰担任主编，钱爱文、柳火根、况丹担任副主编，宋海妍、黄传平、杨慧、刘清珍、孙琦琳参与编写。本书在编写的过程中，参考和借鉴了国内外大量创新创业教育研究方面的文献资料，在此对相关作者深表谢意。

由于编者水平有限，书中难免存在不足之处，敬请广大读者批评指正。

编　者

2024 年 3 月

CONTENTS 目 录

1 第一章　创新意识培养 1

第一节　认知创新 2

第二节　创新意识与创新精神 10

2 第二章　创新能力开发 16

第一节　创新思维概述 18

第二节　创新方法 26

3 第三章　创业认知启蒙 35

第一节　认知创业 37

第二节　创业基本要素 43

第三节　创业精神 53

4 第四章　创业方向探索 63

第一节　识别创业机会 64

第二节　创业的风险防范与管理 76

5 第五章　创业团队组建 89

第一节　创业者 90

第二节　创业团队 99

6 第六章　创业资源整合 107

第一节　创业资源概述 109

第二节 创业资源整合 117

第三节 企业创业融资 123

7 第七章 商业模式构建 131

第一节 初识商业模式 132

第二节 商业模式设计 140

8 第八章 创业计划制订 152

第一节 认识创业计划 153

第二节 创业计划的制订 162

9 第九章 创新大赛路演 171

第一节 创新创业大赛 173

第二节 大赛项目路演 195

附录一 普通高校学生自主创业政策公告 204

附录二 国务院办公厅关于进一步支持大学生创新创业的指导意见 206

附录三 "创青春"中国青年创新创业大赛章程 211

附录四 "挑战杯"中国大学生创业计划竞赛章程 214

参考文献 218

第一章

创新意识培养

自我思考

创新是人类特有的认识能力和实践能力，是实现自我价值的重要方式，是推动民族进步和社会发展的不竭动力。一个人要想取得成就，一个民族要想走在时代前列，就不能没有创新，就一刻也不能停止创新。

想一想：你是否经常人云亦云？是否总是效仿别人的想法、说法、做法？有没有提出过什么创新建议？

学习目标

◎ 知识目标

1. 了解创新的概念、特点与类型，熟悉创新的原则。
2. 了解创新意识的概念，熟悉创新精神的内涵。

◎ 能力目标

1. 能够结合自身实际，制订科学的能力提升计划。
2. 培养创新意识和创新精神。

◎ 素质目标

1. 树立创新意识，领会我国注重创新创业的重要意义。
2. 领会"大众创业、万众创新"政策精神，领悟国家给予大学生创新创业政策支持的意义。

开篇故事

大疆科技崛起之谜

"The future of possible(未来无所不能)"，深圳市大疆创新科技有限公司 (简称大疆科技) 沿这条主旨成为全球飞行影像系统的先驱。在"大众创业、万众创新"的今天，大疆科技的成功路径在哪里？其创业成功的秘诀又是什么？

把无人机从军用延伸到民用市场，在全球都没有太多的尝试，在技术上和市场模式上，都没有先例可循。大疆科技创业可谓举步维艰，然而可贵之处在于，大疆科技敢于沿着既定方向进行执着的探索，从发烧友圈子中走出来，直到民用市场真正启动。大疆科技一直本着原创精神，独家研发出国内外前沿技术，从而稳固了自己的国际地位。对"跟风"型企业而言，大疆科技的这种创新能力是无可比拟的。用大疆科技副总裁邵建伙的话说，"创造所带来的利益，会远远大过模仿带来的利益。"坚持独创，这正是大疆科技走向成功的源泉。事实证明，国际高端原创技术，并非初创者无可抵达，关键在于是否有执着的毅力和正确的方向。

在激烈的市场竞争中，企业往往对市场因素特别敏感，在通常情况下，企业往往首先关注市场价格、市场动态、企业利润甚至资本运作，和很多企业不同的是，大疆科技更多的是关注自己的产品。在其"纯粹"文化之下，大疆科技没有过多地为"复杂"因素所干扰，从而得以集中精力攻克技术高地。这方面，或许有人会说，只顾埋头赶路而不顾抬头看天并不是企业发展的法则。实际上，大疆科技所开辟的是一个新兴行业领域，竞争态势不同，而大疆科技采用了正确的应对策略，即首先以技术占领市场，技术才是制高点。可以说，大疆科技的成功，也是专注的成功。

利润是企业成功的验金石，这一点为很多企业所推崇，而对于大疆科技来说，这一点并不重要。大疆科技在保持领先地位的同时，更注重整个行业的创新发展，"一个行业形成了完整的创新链条，这个行业才能健康发展"。因此，大疆科技呼吁行业创新，积极进行行业人才培养，以形成良好的行业整体创新环境。

第一节　认知创新

名人语录

创新是取得成功的关键。

——史蒂夫·乔布斯

此刻一切完美的事物，无一不是创新的结果。

——穆勒

习近平总书记于2021年3月在福建考察时指出，抓创新不问"出身"，只要能为国家

作出贡献，国家都会全力支持。此前，2020 年 9 月 11 日，习近平总书记在科学家座谈会上强调，在激烈的国际竞争面前，在单边主义、保护主义上升的大背景下，我们必须走出适合国情的创新路子，特别是要把原始创新能力提升摆在更加突出的位置，努力实现更多"从 0 到 1"的突破。

在进行下面的学习之前，请思考以下问题：

(1) 创新是什么？在日常生活中，你有过创新行为吗？

(2) 如何才能创新？

一、创新的概念

伴随着创新创业风潮的兴起，"创新"一词被频繁提起。

从广义上来说，创新是指使用有别于常规或旧有见解的思维，本着理想化的需要或为满足社会需求的理念，以别出心裁的方式运用现有的知识和物质，改进或创造新的事物、方法、元素、路径、环境，并能获得一定效果的行为。创新通常有三层含义：一是更新；二是创造新的事物；三是改变。

美国经济学家约瑟夫·熊彼特 (Joseph Alois Schumpeter) 在 1912 年的著作《经济发展理论》中，首次将"创新"一词引入经济领域。该书指出，"创新"是把新的生产要素和生产条件重新组合后引入生产体系，即"建立一种新的生产函数"。在经济领域，创新包含产品、生产、市场、资源和组织五个方面的内容。熊彼特的这个说法影响广泛，很多研究者在他的理论基础上对创新做了进一步的解释，取得了很多成果。

本书采用的对创新的解释是：对创业者而言，创新是创业者着眼于市场潜在的盈利机会或技术的潜在商业价值，为了获取现实效益，对生产要素和生产条件进行新的组合，提升生产经营体系的效率，从而推出新的产品、新的生产（工艺）方法，开辟新的市场，获得新的原材料或半成品供给来源或建立企业新的组织的过程。企业创新是包括科技、组织、商业和金融等一系列活动的综合过程。

二、创新的特点

创新是人类特有的认识能力和实践能力，是人类主观能动性的高级表现。它具有超前性、普遍性、目的性、新颖性、价值性和风险性等特点。

1. 超前性

创新往往超越了当前的思维和认识，是在对事物变化具有前瞻性理解的基础上实施的行为。这种超前性并非空想，而是在把握当下情况的前提下预料未来的可能。例如，人工智能的理念起源于 1950 年，而现在人工智能正在变成现实。

2. 普遍性

创新的普遍性体现在两个方面：其一，创新存在于人类活动的所有领域并贯穿于人类活动的各个阶段，可以说，人类的历史就是一部创新的历史；其二，创新是每个人都会参与的活动，人人都有创新的能力。

3. 目的性

任何创新活动总是围绕需要解决的问题、需要完成的任务进行的，这就是创新的目的性，这一特性贯穿于整个创新过程。这个目的既可能是社会需要，例如，电报的发明是为了满足沟通的需要；也可能是实现自我的愿景，例如，电视游戏的发明源于发明者希望和电视机"互动"的想法。

4. 新颖性

新颖性是指创新的本质是求异、求新，即创新将摒弃现有不合理的事物、革除过时的内容，然后确立新事物。用新颖性来判断创新成果时，要注意区分绝对新颖性和相对新颖性。通过创新得到全新事物即拥有绝对新颖性，例如，计算机的诞生；而对已有事物进行部分改造则具有相对新颖性，例如，数码相机相比于胶卷相机，也是创新。

5. 价值性

价值性是指创新成果一定要具有价值，能够对人类生活和社会产生影响。一般来说，创新成果满足人类社会需要的程度越大，创新价值就越大。一些创新能够即时生效，而一些创新如理论创新，则会对人类生活产生潜移默化的影响。

6. 风险性

风险性是指创新活动具有不确定性。这种不确定性一般包括市场的不确定性、技术的不确定性和经济的不确定性等。一般而言，不确定性越大，创新风险就越高。

关 于 创 新

1. 人人可创新，人人能创新

在现实生活中，不少人把创新神秘化，认为创新是研究机构的事，是科学家的事，是高等院校的事，平常人与创新不搭界，一般人无法创新。其实，创新就在身边，生活、工作中到处散布着创新的种子，倘若你能做个有心人，创意就会四处绽放。我们没有理由视创新为畏途。"高大上"的尖端技术当然需要攻克，但是，我们身边更具体、更实际的技术革新、技术改造，小发明、小创造，同样值得我们为之努力。事实上，一项大的发明创造都是在许许多多小发明的基础上，量变到一定程度后实现突破的。创新是个永不过时的话题，创新并不是少数几个天才的权利，每个人都能创新。只要你主动思考、积极求新、改变思维、突破定式、打破条条框框，就一定可以进入一个全新的创意空间，升华出精彩的创意。

对于创新，我们还需要跨越两个误区：一是"新"，就是指打破现有的、旧的东西，建立一个全新的事物，其实，创新并不仅仅指全新，还有其他形式；二是"大"，认为创新必须是大发明、大创造，其实，有时创新仅仅是一个点子、一个小的改进而已。

2.创新是见证能力的需要

在企业中没有犯错误并不代表就是优秀员工，中规中矩不敢越雷池一步如何创新呢？而不创新如何证明你的能力呢？现代企业中，最受欢迎的是那些勇于创新、善于提出新点子及新创意的员工。职场流行这样的看法：一流员工主动创新，二流员工被动创新，三流员工拒绝创新。

3.创新是成功永恒的亮点

创新是一种态度，这种态度会让你拥有无数的梦想，让你渴望自己的生活变得不同，会鼓励你去尝试做一些事情，从而把一切变得更美妙、更有效、更方便。

创新促进活力，活力产生动力。洛克菲勒曾说："如果你要成功，你应该朝新的道路前进，不要跟随被踩烂了的成功之路。"创新是每个正常人都具有的自然属性和内在潜能。正如贝尔实验室创办人所说："你只要离开人们常走的大道，潜入森林，就肯定会发现前所未有的东西。"

4.创新是引领发展的第一动力

创新是一个民族的灵魂，是一个国家兴旺发达的不竭动力。如果没有创新意识与创新能力，我们每个人、每个企业乃至一个国家就不可能赢得未来的竞争，就不得不处处受制于人。

党的十八大以来，习近平总书记对创新发展提出了一系列重要思想和论断，把创新发展提到事关国家和民族前途命运的高度，摆到了国家发展全局的核心位置。党的十八届五中全会提出的"五大发展理念"中，排在首位的就是"创新"，这更加凸显了党中央对创新的极大重视。

创新是推动民族进步和社会发展的不竭动力。一个民族要想走在时代前列，就一刻也不能没有理论思维，一刻也不能停止理论创新。

"大众创业、万众创新"这一概念于2014年9月的夏季达沃斯论坛上被首次提出，意指全民范围的创业和创新。大学生作为最具活力的群体，必然要积极响应国家号召，投身创新创业。虽然很多大学生对创新创业抱有较高的热情，但对究竟什么是创新、什么是创业，一些大学生仍缺乏一定的认识与了解。

三、创新的类型

创新主要分为产品创新、技术创新、制度创新、职能创新和结构创新。

（一）产品创新

产品创新是指研发和生产出性能更好，外观更美，使用更便捷、更安全，更符合环境保护要求的产品，以更好地满足人们的需求。产品创新可从以下三个层面来实现。

(1) 开发具有新功能的产品。例如，某 3D 打印企业在原有产品的基础上研发了具有打印平台自动调平功能的新型产品，且采用了全新的彩色触摸屏，打印时可拥有漂亮的 LED 高亮显示效果。

(2) 优化产品结构。例如，企业通过优化电子产品的结构，使产品变得轻、巧、小、薄，且更加智能方便。

(3) 改进产品外观。例如，某电子产品公司曾推出彩壳流线型 PC(个人计算机)，以提高市场占有率。

（二）技术创新

技术创新是指采用新的生产方法或新的原料生产产品，以达到提升质量、降低成本、保护环境或使生产过程更加安全和省力的效果。技术创新可从以下四个层面来实现。

(1) 革新工艺装备。例如，用电脑绣花机代替手工绣花，用数控机床代替手动操作机床，等等。

(2) 革新工艺路线。例如，用精密铸造、精密锻造、粉末冶金技术代替金属切削技术来生产复杂的机械零件，可大大缩短生产周期，降低成本。

(3) 革新操作方法。例如，用更省力、更高效的操作方法，代替一些传统的、不适应现代技术进步的操作方法。

(4) 替代和重组材料。例如，从环保角度出发，以农产品为原料生产一次性水杯、餐具和包装盒等工业产品。

（三）制度创新

制度创新是指从社会经济角度对企业的生产方式、经营方式、分配方式、经营观念等进行调整和变革，以推动企业发展和社会进步。制度是组织运行方式的原则性规定。制度创新通常表现为产权制度、经营制度和管理制度的调整和优化。

一般来说，一定的产权制度决定了相应的经营制度。在产权制度不变的情况下，企业具体的经营方式可以不断调整。同样，在经营制度不变的情况下，具体的管理制度也可以不断改进。但是，当管理制度改进到一定程度时，经营制度就必须进行相应的调整，而经营制度的不断调整也必然会引起产权制度的变革。

（四）职能创新

职能创新是指在计划、组织、控制、协调等管理职能方面采用更有效的方法和手段。其常见形式如下。

(1) 计划形式的创新。例如，某企业在购电、电网运行和用电方面创造性地采用了目标规划方案，结果每年节约电费 2000 万元以上。

(2) 控制方式的创新。例如，某汽车公司首创准时生产制，生产成本显著降低。

(3) 组织用人方面的创新。例如，使用测评法选拔和考核干部，采用拓展训练法改善员工培训效果，等等。

(4) 协调方式的创新。例如，某市政府试行科技特派员制度，即市政府工作人员先通过调查了解村镇农业大户所需要的技术支持，同时将全市 3500 名农业科学技术人员按专长分类并公布，然后将两者对接起来，让双方进行双向选择。经过这种协调方式的创新，农户和农业科学技术人员的收入都得到了大幅提升。

(5) 激励方式的创新。例如，某企业实行"自助餐式"奖励制度，即员工可以从企业提供的列有多种福利项目的"菜单"中选择自己所需要的福利，这种创新型激励方式使企业在付出同等成本的情况下获得了更好的激励效果。

（五）结构创新

结构创新是指设计和应用更有效率的组织结构的一种创新。按影响范围的不同，结构创新可分为经济与社会结构的创新和技术结构的创新。

(1) 经济与社会结构的创新，即通过调整人们的责、权、利关系来提高组织效能。例如，通用汽车公司在 20 世纪 20 年代采用事业部制，化解了统一领导与分散经营之间的矛盾，使规模经营与市场适应得到了很好的统一，从而极大地增强了公司的市场竞争力。

(2) 技术结构的创新。例如，某汽车公司在 20 世纪 20 年代首创了流水线生产方式，让工人分工完成流水线上的简单工序，大大提高了生产率，从而开创了大规模生产标准产品的工业经济时代。

案例阅读

尼龙的发明

卡罗瑟斯博士是杜邦公司基础化学研究所有机化学部的负责人，致力于聚合反应方面的研究。1930 年的一天，卡罗瑟斯博士的一个助手在清理实验后的残渣时，无意中发现一些丝状的聚合物残留具有很高的韧性和很大的弹力，能被拉得很长，而一松手就会变回原状，这引起了卡罗瑟斯博士的注意。经过几年的探索和实验，在 1935 年，人造纤维"聚酰胺 66"被发明了出来，纤维具有丝的外观和光泽，在结构和性质上也接近天然丝，其耐磨性和强度超过当时任何一种纤维。这种纤维被命名为"尼龙 (Nylon)"。尼龙的出现使纺织品的面貌焕然一新，人们形容它"像蛛丝一样细，像钢丝一样强，像绢丝一样美"。

启示：尼龙的发明源于一次偶然的发现，那么是否就不具备创新的目的性呢？其实不然，研究者前期进行的工作带有研究聚合反应的明确目的性，而在之后也专心研究尼龙数年，也具有明确的目的性。因此，尼龙的发明依旧具有目的性。同时，尼龙的出现也证明了创新成果不一定符合预期。

四、创新的原则

创新的原则就是开展创新活动所依据的法则和判断创新构思所凭借的标准。

（一）科学原理原则

创新必须遵循科学技术原理，不得违反科学发展规律。因为任何违背科学技术原理的创新都是不能获得成功的。为了使创新活动取得成功，在进行创新构思时，必须做到以下几点。

(1) 对创新设想进行科学原理相容性检验。创新设想在转化为成果之前，应该先进行科学原理相容性检验。如果关于某一创新问题的初步设想，与人们已经发现并获实践证明的科学原理不相容，则不会获得最后的创新成果。因此，与科学原理是否相容是检验创新设想有无生命力的根本条件。

(2) 对创新设想进行技术方法可行性检验。任何事物都不能离开现有条件的制约。在设想变为成果前，还必须进行技术方法可行性检验。如果设想所需要的条件超过现有技术方法可行性范围，则该设想只能是一种空想。

(3) 对创新设想进行功能方案合理性检验。任何创新设想，在功能上都必须有所创新或有所增强。一项设想的功能体系是否合理，关系到该设想是否具有推广应用的价值，因此，必须对其合理性进行检验。

（二）市场评价原则

创新设想要获得最后的成果，必须经受市场的严峻考验。爱迪生曾说："我不打算发明任何卖不出去的东西，因为不能卖出去的东西都没有达到成功的顶点。能销售出去就证明了它的实用性，而实用性就是成功。"

创新设想要实现商品化和市场化，须按市场评价的原则来分析。其评价通常是从市场寿命观、市场定位观、市场特色观、市场容量观、市场价格观和市场风险观六个方面入手，考察创新对象商品化和市场化的发展前景，最基本的要点是考察该创新成果的使用价值是否大于它的销售价格，也就是要看它的性能是否优良、价格是否合适。

在现实中，要估计一种新产品的生产成本和销售价格不难，而要估计一种新发明的使用价值和潜在意义很难。这需要在市场评价时把握住评价事物使用性能最基本的几个方面，然后在此基础上得出结论。评价事物使用性能最基本的几个方面包括：一是解决问题的迫切程度；二是功能结构的优化程度；三是使用操作的可靠程度；四是维修保养的方便程度；五是美化生活的美学程度。

（三）相对较优原则

创新产物不可能十全十美。在创新过程中，利用创造原理和方法，可能获得许多创新设想，它们各有千秋，这时就需要人们按相对较优的原则，对设想进行判断、选择，具体包括以下几个方面。

(1) 从创新技术先进性上进行比较。从创新设想或成果的技术先进性上进行分析、比较，尤其是应将创新设想与解决同样问题的已有技术手段进行比较，看谁领先和超前。

(2) 从创新经济合理性上进行比较。经济的合理性也是评价、判断一项创新成果的重要因素，因此应对各种创新设想的经济情况进行比较，看谁合理和节省。

(3) 从创新整体效果性上进行比较。技术和经济应该相互支持、相互促进，它们的协调统一构成事物的整体效果。任何创新的设想和成果，其使用价值和创新水平都是通过其整体效果体现出来的。因此，要对它们的整体效果进行比较，看谁全面和优秀。

（四）机理简单原则

在科技竞争日趋激烈的今天，结构复杂、功能冗余、使用烦琐已成为技术不成熟的标志。因此，在创新过程中要始终贯彻机理简单原则。

为使创新的设想或成果更符合机理简单原则，可进行以下检验：一是创新的设想或成果所依据的原理是否重叠，是否超出应有范围；二是创新的设想或成果所拥有的结构是否复杂，是否超出应有程度；三是创新的设想或成果所具备的功能是否冗余，是否超出应有数量。

（五）构思独特原则

我国古代军事家孙子在其著作《孙子兵法·兵势篇》中指出："凡战者，以正合，以奇胜。故善出奇者，无穷如天地，不竭如江海。"所谓出奇，就是"思维超常"和"构思独特"。创新贵在独特，也需要独特。

在创新活动中，关于创新对象的构思是否独特，可以从以下几个方面来考察。

(1) 创新构思的新颖性；

(2) 创新构思的开创性；

(3) 创新构思的特色性。

（六）不轻易否定、不简单比较原则

不轻易否定、不简单比较原则是指在分析评判各种创新设想或成果时应避免轻易否定的倾向。在飞机发明之前，科学界曾从"理论"上进行了否定的论证。过去也曾有权威人士断言，无线电波不可能沿着地球曲面传播，也就无法成为通信手段。显然，这些结论都是错误的，而这些不恰当的否定之所以出现，是由于人们运用了错误的"理论"，而更多的不应该出现的错误否定，则是由于人们主观武断，给某项创新发明规定了若干用常规思维分析证明无法达到的技术细节的结果。

在避免轻易否定倾向的同时，还要注意不随意在两个事物之间进行简单比较。不同的创新，包括非常相近的创新，原则上不能以简单的方式比较其优劣。

不同创新不简单比较的原则，带来了相关技术在市场上的优势互补，形成了共存共荣的局面。例如，市场上常见的钢笔、铅笔就互不排斥，即使都是铅笔，也有普通木质的铅

笔和金属或塑料杆的自动铅笔之分，它们之间也不存在排斥的问题。

总之，在尽量避免盲目、过高估计自己创新设想的同时，也要珍惜别人的创意和构想。简单的否定与批评是容易的，难得的是闪烁着希望的创新构想。

第二节　创新意识与创新精神

名人语录

想象力比知识更重要。因为知识是有限的，而想象力概括着世界的一切，推动着进步，并且是知识进化的源泉。

——爱因斯坦

一个人要想做点事业，非得走自己的路。要开创新路子，最关键的是你会不会自己提出问题，能正确地提出问题就是迈开了创新的第一步。

——李政道

问题导入

创新是社会发展的基础和源泉，而创新需要创新意识作为驱动因素，没有创新意识，创新活动根本无从谈起。创新精神是实现创新活动的保证，它能使人们不受旧事物、旧思想、旧规则的约束，创造性地提出新事物、新想法、新规则。

在进行下面的学习之前，请思考以下问题：

(1) 什么是创新意识？如何培养创新意识？

(2) 什么是创新精神？它在创新活动中起什么作用？

一、创新意识

（一）创新意识的概念

创新意识是指人们根据社会和个体生活发展的需要，引发创造前所未有的事物或观念的动机，并在创造活动中表现出的意向、愿望和设想。它是人们创造活动的出发点和内在动力，是创造性思维和创造力的前提。

（二）创新意识的培养

创新意识是可以培养的，大学生可以从以下几个方面培养创新意识，为以后的创业之路做好准备。

1. 打破思维枷锁

束缚大学生思维的枷锁大致有以下五种。

1) 从众型思维枷锁

思维从众倾向比较强的人，在认知事物、判断是非时，往往会附和多数人的意见，人云亦云，缺乏主见和独立思考的能力。例如，当你和他人在对某件事情发表看法时，若大家的看法和你的不一样或相反，这时你若怀疑自己的看法，认为自己的看法是错的，并放弃了自己的观点，便是一种从众型的思维方式。在创新的过程中，这种容易受到外界群体言行影响的思维方式是滞后的、没有新意的。

2) 权威型思维枷锁

权威型思维枷锁是指思维中的权威定式。通常，人们习惯于引证权威的观点，不加思考地以权威为判断是非的标准，这就是权威定式。例如，人是教育的产物，来自教育的权威定式使很多人对"教育权威"的言论不加思考地盲从，缺少"自我思索、冲破权威、勇于创新"的意识。如果一味盲从"教育权威"，大学生的思维就会被束缚，不再积极主动地思考。

3) 经验型思维枷锁

在生活中，按照前人总结的经验或自己过往的经验处理问题，通常能达到事半功倍的效果，这就导致人们总是过分依赖经验，长此以往，就会形成固定的思维模式，从而制约创新思维能力的发展。此外，经验也具有很大的狭隘性，它会束缚人的思维广度，使人不能正确地完成信息加工的任务，进而形成片面的结论。创新思维要求大学生必须拓展思路，大胆展开想象，不被以往的条条框框所束缚。

4) 书本型思维枷锁

书本是千百年来人类经验和智慧的结晶，它为我们呈现的是系统化、理论化的知识，能够带给我们无穷多的好处。但如果我们一味地死读书，就会陷入教条主义。大学生应该活学活用，读书不为书所累，"睹一事于句中，反三隅于字外"，做书本的主人，善于驾驭知识，理论联系实际，否则，将严重影响自身创新思维的发挥。

5) 自我贬低型思维枷锁

有的人做事没有信心，总认为"我不行""我做不到"，从来不敢去尝试，由此形成恶性循环——因没有自信而不去做，因不做而更加没有自信，最终饱受自我批判、自我贬低的折磨。要想创新，任何时候都不要贬低自己，凡事要持乐观态度，专注自己的长处，积极勇敢地行动起来。只有积极改变思维和行动方式，树立自信，我们才能发现自己的潜力，才能更好地实现创新。

2. 充分激发创新思维潜能

1) 独立思考，敢于质疑

爱因斯坦曾说过，提出一个问题往往比解决一个问题更重要，因为解决问题也许仅是一个数学上或实验上的技能而已，但提出新的问题，却需要有创造性的想象力。因此，大学生不要盲目地听从他人，而要勇于挑战，敢于质疑；要敢于打破对传统、权威、书本的迷信，走前人没有走过的路，创前人没有开创的新事业。

2) 精通所学，兴趣广泛

放眼人类历史，创新绝不是无本之木、无源之水，都是在常规知识的基础上的综合与提高。唯有打牢基础知识，才有可能实现创新。因此，大学生应精通所学课程，并培养广泛的兴趣爱好，以扎实、系统的专业知识，开阔的视野和丰富的技能，促使自己"灵感乍现"。

3) 留心观察，善于发现

在生活中，只要留心观察，就能从一些细小的地方或平常的事情中获得知识。这些知识如同粒粒沙子，经过日积月累，就能够堆成一座座沙丘，从而为创新奠定基础。例如，看历史剧、关于历史的纪录片时，我们可以了解一些历史知识，如古人的习俗、衣着、饮食习惯等；看现代电视剧，则可以了解当代年轻人的所思、所想、所为等。

"90 后"女孩剪纸中创出大事业

王红红（化名）是杭州中职学校的一名"90 后"学生，在上学期间，她发明了磁性剪纸专利产品。传统的镂空剪纸比较脆，稍不注意就会被撕破，涂上糨糊之后就更容易破损。磁性剪纸解决了传统剪纸易破、易变色及张贴不方便等问题。另外，这种产品使用的是环保材料，还可以循环利用。

提起磁性剪纸的发明过程，王红红笑着说："这纯属偶然。"有一次，在帮亲戚装扮婚车时，王红红发现剪纸虽然漂亮，用起来却很不方便。于是，她就和父亲商量，发明一种既不破坏剪纸的艺术效果，又便于张贴的剪纸。父女二人很快就投入到了发明创造中。经过反复试验，王红红终于找到了一种特殊的磁性材料来代替传统的剪纸材料。使用这种材料剪出的艺术剪纸很容易就可以吸附在铁质的物体上；此外，借助水还可以轻易地将剪纸粘贴在玻璃等光滑的物体上，并且不易被撕破。

借助此项发明，王红红创办了一家磁性剪纸文化创意公司。在不到一年的时间里，她的公司已经发展了 10 余家加盟商，仅此一项产品的经济收入就达到了 30 余万元。

4) 刨根问底，坚持不懈

大学生要实现创新，就要把刨根问底、坚持不懈的精神运用到学习和生活中，不断探索各种事物的本源及实质。这种锲而不舍、坚定执着的态度是创新的推动器，能够帮助大学生实现梦想。

3. 投身社会实践

古人云："读万卷书，行万里路。"唯有与实践相结合，理论才有意义。只有精通理论，才可能在实践中改进；只有拥有丰富的实践经验，才可能产生新的理论。

二、创新精神

创新精神是指能综合运用已有的知识、信息、技能和方法，提出新方法、新观点的思维能力，以及进行发明创造、改革、革新的意志、信心、勇气和智慧。

具体来说，创新精神的内涵包含以下两个方面。

1. 推陈出新精神

创新精神是一种勇于抛弃旧思想、旧事物，创立新思想、新事物的精神。例如，不满足已有认识，不断追求新知识；不满足现有的生活生产方式、工具、材料、物品等，根据实际需要或新的情况不断对其进行革新；不墨守成规，敢于打破原有规则，探索新的规律、新的方法；不迷信书本、权威，敢于根据事实和自己的思考，质疑书本和权威；不盲目效仿别人的想法、说法、做法，能够独立思考，坚持说自己的话、走自己的路；不喜欢大众化，追求新颖、独特、与众不同……这些都是创新精神的具体表现。

2. 科学精神

创新精神是科学精神的一个方面。第一，创新精神以敢于摒弃旧事物、旧思想，创立新事物、新思想为特征；同时，创新精神又要以遵循客观规律为前提，只有在符合客观需要和客观规律时，创新精神才能顺利地转化为创新成果。第二，创新精神提倡新颖、独特，同时又要受到一定的道德观、价值观、审美观的制约。第三，创新精神提倡独立思考、不人云亦云，但并不是不倾听别人的意见、孤芳自赏，而是要相互交流、团结合作。第四，创新精神提倡大胆尝试，不怕犯错误，但这并不是鼓励犯错误，只是出现错误在科学探究过程中是不可避免的。第五，创新精神提倡不迷信书本、权威，但并不是反对学习前人经验，因为任何创新都是在前人成就的基础上进行的……总之，要用全面、辩证的观点看待创新精神。只有具有创新精神，我们才能在未来的发展中不断开辟出新的天地。

延伸阅读

我国实施创新战略的重要意义

党的十八大明确提出，科技创新是提高社会生产力和综合国力的战略支撑，必须摆在国家发展全局的核心位置，同时强调要坚持走中国特色自主创新道路、实施创新驱动发展战略。党的十九大报告提出要"建设科技强国"，并强调"创新是引领发展的第一动力"，要坚定实施创新驱动发展战略。在我国，实施创新战略具有特别重要的意义。

(1) 实施创新驱动发展战略，对我国形成国际竞争新优势、增强发展的长期动力具有战略意义。改革开放以来，我国经济的快速发展主要源于发挥了劳动力和资源环境的低成本优势。进入发展新阶段，我国在国际上的低成本优势逐渐消失。与低成本优势相比，技术创新具有不易模仿、附加值高等突出特点，由此建立的创新优势持续时间长、竞争力强。加快实现由低成本优势向创新优势的转换，可以为我国持续发展提供强大动力。

(2) 实施创新驱动发展战略，对我国提高经济增长的质量和效益、加快转变经济发展方式具有现实意义。科技创新具有乘数效应，不仅可以直接转化为现实生产力，而且可以通过科技的渗透作用放大各生产要素的生产力，提高社会整体生产力水平，有力推动经济发展方式的转变。

(3) 实施创新驱动发展战略，对降低资源能源消耗、改善生态环境、建设美丽中国具有长远意义。实施创新驱动发展战略，加快产业技术创新，用高新技术和先进适用技术改造和提升传统产业，既可以降低消耗、减少污染，又可以提升产业竞争力。

党的十八大以来，党中央深入推进实施创新驱动发展战略，我国创新发展取得了突破性成就，科技发展格局出现重大变化，创新在促进经济稳中向好、加快新旧动能转换、扩大就业等方面发挥了关键作用。蛟龙潜海、墨子升空、北斗导航、大桥飞架、5G 引领、高铁纵横……一系列重大创新成果竞相涌现，让国人自豪，令世界赞叹。

如何利用 5 美元在 2 小时内赚取更多财富？

活动目的：

开发学生的创新思维潜能，使学生认识到思维定式是束缚创新思维的枷锁。

背景资料：

斯坦福大学有一个叫作"斯坦福科技创业计划"的项目，在该项目的课堂上，蒂娜·齐莉格教授做了这样一个测试：她把学生分成 14 个小组，并为每组发放了一个带有"种子基金"的信封，里面有 5 美元的启动资金。她要求每个小组利用这 5 美元尽可能地赚到更多的钱，然后在周日晚上将各自的成果整理成文档发给她，并在周一早上用 3 分钟的时间在全班同学面前进行展示。当学生们打开信封时，就代表任务启动。学生们有 4 天的时间去思考如何完成任务。

大多数学生认为要想完成这项任务，必须最大化地利用这 5 美元。他们当中比较普遍的方案是先用这 5 美元去购买材料，然后帮别人洗车或者摆个果汁摊。这些方案确实不错，赚点小钱是没问题的。但有三个小组打破常规，想到了更好的办法。他们认真地构思了多种创意方案，创造出了惊人的财富。他们是如何做到的呢？

第一个小组看到了大学城里的某些热门餐馆在周六晚上总是排长队，由此发现了一个商机——他们向餐馆提前预订座位，然后在周六排队等位的时候将每个座位以最高 20 美元的价格出售给那些不想等待的顾客。同时，他们还发现了一个有趣的现象：小组中的女同学卖出的座位要比男同学卖出的多。他们认为这可能是由于女性更具有亲和力，因此又调整了方案，让男同学负责联系餐馆预订座位，女同学负责销售这些座位的使用权。果然，他们的销量非常好，最终获得了一笔不菲的收入。

第二个小组在学生会旁边摆了一个小摊，为路过的同学测量自行车轮胎气压。如果轮胎气压压力不足，可以花费 1 美元在他们的摊点充气。事实证明，这个方案虽然很简单，但可行性较高。虽然同学们可以去附近的加油站免费充气，但大部分人乐于享受他们所提供的服务。此外，为了获得更多收益，这个小组在摆摊 1 个小时之后，调整了他们的赚钱方式——不再对充气服务收费，而是在充气之后请求同学们支持他们的项目，并为项目进行捐款。就这样，他们的收入骤然增加了！和第一个小组一样，这个小组也是在方案实施的过程中观察客户的反应和需求，然后对方案进行优化，从而大幅提升了收入。

第三个小组认为，他们最宝贵的资源并不是 5 美元的启动资金，而是他们周一课堂上的 3 分钟展示，他们意识到把眼光局限于这 5 美元会减少很多可能性，于是他们将眼光投放到这 5 美元之外，构思了各种"白手起家"的方案。要知道，斯坦福大学可是世界名校，许多公司都想在这儿招聘人才。于是，他们把这 3 分钟展示时间卖给了一家想在这里招聘的公司，让他们在课堂上播放招聘广告。就这样，这个小组轻松利用 3 分钟赚取了 650 美元的利润，使 5 美元的平均回报率最高。无疑，这个小组是挣钱最多的队伍，而且他们压根没有用教授给的启动资金。

(1) 结合案例，谈谈你对创新意识的理解。

(2) 如果你拥有 3000 元的创业资金，你会如何利用这 3000 元赚更多的钱？请大家结合上述案例，开启自己的实践活动之旅。

第二章

创新能力开发

自我思考

大学生要想实现创新，就必须培养自身的创新素养。创新素养通常包括创新意识、创新精神、创新思维、创新能力以及创新方法等方面。作为一名大学生，不仅应加强自己的创新意识，敢于打破常规，发扬创新精神，还应养成科学的思考和学习习惯，努力提高自己的创新能力；同时，坚持不懈地发现问题和找寻解决问题的办法，坚定信念，不断进取。只有努力培养创新素养，才能提高自身的核心竞争力，才能保证个人和民族事业的顺利发展。

想一想：创新能力是与生俱来的吗？是否可以通过后天培养获得？怎么才能开发创新能力呢？

学习目标

◎ 知识目标

1. 了解创新思维的含义和形式，掌握创新能力的培养方法。

2. 掌握头脑风暴法、奥斯本检核表法、5W2H 分析法、组合创造法和分析列举法的要点。

◎ 能力目标

1. 能够结合所学内容激发自己的创新潜能。

2. 能够摆脱习惯性思维的桎梏，用创新思维解决现实中的问题；能够在学习和生活中培养自己的创新思维和创新能力。

3. 能够运用头脑风暴法、奥斯本检核表法、5W2H 分析法、组合创造法和分析列举法提出创新建议。

◎ 素质目标

1. 树立创新意识，领会我国注重创新创业的重要意义。

2. 领会"大众创业、万众创新"政策精神，领悟国家给予大学生创新创业政策支持的意义。

让更多在外奋斗的年轻人吃到家乡的猪脚饭——陈泽斌（化名）的创新之路

陈泽斌（化名），1992 年生于揭阳市惠来县隆江镇。隆江历来是惠来的商贸重镇，镇区是农副产品商贸集散中心，古名"隆江埠""万兴寨"，圩市繁荣，历史悠久，商贸流通活跃。

2008 年，刚高中毕业的陈泽斌，听从家里长辈的安排，离开家乡，独自一人来到深圳，开始了他的打工生涯。刚来深圳时，他只是在亲戚的工厂里做个小业务员，每个月靠着单薄的薪水维持生计。那几年，他每次外出跑业务的时候，陪伴他的总是那碗深圳版的隆江猪脚饭。虽然独在异乡，但他也希望在外吃上一口具有家乡味道的美食，可惜的是，始终未能找到那个专属于家乡的味道。

和无数外来务工人员一样，陈泽斌也经历着每个打工人经历的事情，无论是出入写字楼的白领，还是为城市建设作出贡献的农民工，都是在为别人打工。但陈泽斌不屈于只为别人打工，慢慢地，他开始萌发创业的念头，打算从自己最喜爱的美食——隆江猪脚饭入手。

在深圳多年，吃不到正宗的隆江猪脚饭让陈泽斌倍感失望，同时也让他看到了关于隆江猪脚饭的创业红利。他开始进军餐饮业。虽然创业经验不足，但他想要创业的决心并不是一般人能撼动的。他花费 3 个月的时间，专门进行门店走访和市场调查，再查阅隆江猪脚饭制作的相关资料，自己学习，终于摸索出一条关于家乡美食与情怀的创业之路。2011 年，为了开自己的第一家隆江猪脚饭店，他东拼西凑，带着自己小几万的积蓄，只身一人来到广州，正式开启了他的创业生涯。

陈泽斌回忆起那些年的经历，感慨道："那时我也就 20 岁，离开家乡出来打了几年工，每天跑业务吃猪脚饭的时候，总是吃不到家里的味道，这让我萌生了想要开隆江猪脚饭店创业的想法。所以，我就带着小积蓄和情怀而来，开了第一家隆江猪脚饭店，想让更多像我一样的年轻人，在外面奋斗的时候也能够吃上一碗带有家乡味道的隆江猪脚饭。"这一干就是 10 年，陈泽斌现在在这个行业已经小有名气。

旅食思乡味，砧声起客愁。走上创业之路的陈泽斌，没有强大的背景，也没有雄厚的资源，单凭着自己对市场的嗅觉，在继承中华传统餐饮精髓的同时，不断结合广东当地人的口味进行调整，更改烹饪的方式，最终熬制出黏糯绵软、卤香浓郁的隆江猪脚，在这一碗又一碗的极具特色的隆江猪脚饭背后，是每一位美食文化传播者努力的成果，里面寄托着他们对家乡美食的情感，也唤醒都市年轻人对"乡味"的记忆。

每个餐饮人创业的路径都不同，每一次开张新店都是一个新的挑战，要面对地段、选址、装修风格、口味以及人才管理等等问题。做事情一向专注热情的陈泽斌，面对创业上的种种困难，他不断地去克服、去突破。

到了午饭点，店里食客络绎不绝。陈泽斌欣慰地看着这一切，说道："在创业的过程中，我是开心的，是幸福的，因为看到我自己调制出来的口味能够被顾客所接受。走出来就要有走出来的味道和经营方式，不然就会被时代淘汰。我们开店，除了要根据当地人的口味进行调整外，也会根据地域不同，设计不一样的装修风格，这也算是我们对隆江猪脚做出的改良与创新吧。看到店里的回头客不断，那一切努力就没有白费。"

隆江猪脚饭店在珠江边遍地开花，总少不了像陈泽斌这样勇于创新的人，具有兼容并包的精神，将隆江猪脚饭的一滋一味更和谐地融入当地人的生活，把千年来源远流长的传统饮食加以创新，成为连接全国甚至世界文明与情谊的一扇窗。

第一节　创新思维概述

名人语录

对新的对象务必创出全新的概念。

——柏格森

敏于观察，勤于思考，善于综合，勇于创新。

——宋叔和

问题导入

党的十八大以来，习近平总书记一直要求坚持创新思维，提高创新思维能力。2014 年 6 月，在中国科学院第十七次院士大会、中国工程院第十二次院士大会上要求："广大青年科技人才要树立科学精神、培养创新思维、挖掘创新潜能、提高创新能力，在继承前人的基础上不断超越。"同年 11 月，在中央财经领导小组（现中央财经委员会）第八次会议上指出："要以创新思维办好亚洲基础设施投资银行和丝路基金。"2015 年 3 月，在会见美国前国务卿基辛格谈到中美关系时指出："坚持合作共赢的创新思维，共同把握好两国关系的重要机遇，进一步拓展双边、地区和全球层面的互利合作。"2018 年 9 月，在全国教育大会上提出："教育引导学生培养综合能力，培养创新思维。"2020 年 10 月，在十九届中央政治局第二十四次集体学习时强调："要围绕量子科技前沿方向，加强相关学科和课程体系建设，造就一批能够把握世界科技大势、善于统筹协调的世界级科学家和领军人才，发现一批创新思维活跃、敢闯'无人区'的青年才俊和顶尖人才。"同年 11 月，在全国劳动模范和先进工作者表彰大会上针对努力建设高素质劳动大军提出："要增强创新意识、培养创新思维，展示锐意创新的勇气、敢为人先的锐气、蓬勃向上的朝气。"对干部特别是各级领导干部，在党的十九大、党的二十大以及全国组织工作会议等一系列重要会议的报告和讲话中，都强调坚持创新思维并提高创新思维能力。进入新时代以来习近平总书记提出的一系列新理念、新思想、新战略，采取的一系列新政策、新举措、新办法以及我国取得的一系列新成就、新变革，都与坚持运用创新思维治国理政密不可分。

在进行下面的学习之前，请思考以下问题：

(1) 创新思维的基本特征是什么？

(2) 如何才能具备创新思维？

一、创新思维

创新意识可以帮助大学生发现创业的机会，而要开展创新活动，则离不开思考。很多大学生虽然有创业的想法，但因为缺乏创新思维而一筹莫展。大学生只有充分运用创新思维，才能提高自身的创造力，更好地分析并解决创业过程中的问题。

（一）创新思维的含义

思维是人类独有的高级认识活动，其作用是通过探索与发现事物的内部本质联系和规律来认识事物。从信息论的角度来讲，思维的过程就是对新输入信息与脑内存储的知识和经验进行一系列复杂的心智操作的过程。创新思维是指以新颖独创的方法解决问题的思维，即突破现有的、习惯性的思路，转而以超常规，甚至反常规的方法或角度去思考问题，从而得出与众不同的解决方案，产生新颖、独到、有社会意义的思维成果。

案例阅读

贷款一美元

一天，犹太富翁哈德走进了纽约花旗银行的贷款部。这位先生衣着讲究、派头不凡，贷款部的经理以为来了大单，亲自过来招呼。

"您好先生，请问有什么事情可以为您效劳吗？"

"哦，我想借些钱。"哈德回答。

"好的，先生，我们花旗银行贷款部是专为贷款而生的。"一听到借钱，经理眼睛一亮。

"一美元。"哈德回答。

"只需要一美元？"经理有些迷糊，他还从没见过贷款一美元的人。

"不错，只借一美元，可以吗？"哈德重复道。

"当然可以，像您这样的绅士，只要有担保，多借点也无妨。"经理感觉到哈德有些不满，只得这样回答。

"担保，有的。"哈德说道，接着从他豪华的皮包里取出一大堆珠宝堆在写字台上。

"这些珠宝大概能值 50 万美元，做抵押够吗？"哈德问。

"当然，当然！"经理看着这些珠宝眉开眼笑，"不过，您只要借一美元？"

"是的。"哈德接过了一美元，就准备离开银行。这让在旁边一直观看的分行行长很吃惊，他怎么也弄不明白这个精明的犹太富商为何抵押 50 万美元就借一美元，于是急忙追上去，说："这位先生，请等一下，你有价值 50 万美元的珠宝，为什么只借一美元呢？哪怕是借三四十万美元，我们也会考虑的。"

"啊，是这样的，"哈德狡黠地一笑，"我来贵行之前，去过好几家银行，他们保险箱的租金都很昂贵，而您这里的租金很便宜，一年才 6 美分（当时一美元贷款的年息是 6 美分）。"

启示：抵押价值 50 万美元的财产贷款一美元，这看起来并不是个好主意。犹太富商哈德运用了逆向思维，将"花钱租保险箱放置珠宝"转化为"抵押珠宝向银行贷款"，用创新性的手法达到了"将珠宝保存在银行"的目的，节省了一大笔保险费用。

（二）创新思维的形式

创新思维并非单一的思维，而是多种思维的复合物。逻辑思维、联想思维、发散思维、聚合思维、逆向思维、形象思维和直觉思维等都是创新思维的组成成分，在创新过程中发挥着不同的作用。

创新思维有很多种，以下是几种常见的、主要的创新思维形式。

1. 逆向思维

逆向思维又称求异思维，它是对司空见惯的、似乎已成定论的事物或观点反过来思考的一种思维方式。在日常生活中，常规思维难以解决的问题，通过逆向思维却可能轻松化解。例如，当小伙伴落入水缸急需施救时，常规的思维模式是"救人离水"，而少年时期的司马光面对险情，却运用了逆向思维，果断地用石头把缸砸破，"让水离人"，从而挽救了小伙伴的性命。

常见的逆向思维有四种。

(1) 结构逆向思维。结构逆向思维是指从已有事物的逆向结构形式中去设想，以寻求解决问题的新途径的思维方法。例如，将灌溉管网埋到地下的渗灌，便可不破坏土壤结构，不占用耕地进行灌溉。

(2) 功能逆向思维。功能逆向思维是指从原有事物的相反功能方面去设想，以寻求解决问题的新途径的思维方法。例如，日本由于纸张缺乏，于是发明了"反复印机"，复印过的纸张通过它就会被染白，即可重新做印刷之用。

(3) 状态逆向思维。状态逆向思维是指人们根据事物的某一状态的逆向方面来认识事物，从而引导创造发明的思维方法。例如，一般工厂用河沙制备混凝土，于是发明了建筑垃圾粉碎机，将废弃建筑混凝土和废弃砖石粉碎为粗细骨料，用于生产混凝土。

(4) 因果逆向思维。因果逆向思维是指对已有的有关事物之间因果关系的认识进行交换性思考，由结果推导原因的思维方法。例如，法拉第通过"电生磁"现象联想到"磁生电"，于是发现了电磁感应现象，启发了发电机的发明。

2. 发散思维

发散思维又称辐射思维、放射思维、扩散思维，是指在对事物或问题的研究中，保持思想活跃和开放状态的一种思维方式。

俗话说："条条大路通罗马。"人的思维也是一样的，面对一个问题，我们应从多个角度进行思考，提出大量不同的设想，不论方案是否可行，只求多、求新、求独创、求前所未有，以便为随后的集中思维提供尽可能多的解决方案。

发散思维没有固定的方向，也没有固定的范围，它不墨守成规，也不拘于传统，它使得思维由单向思考转为多向思考或者立体思考。从一定程度上说，人与人之间创新能力的差别就体现在发散思维上。

要熟练地运用发散思维，就应勤于实践，有意识地训练自己的思维，使自己的思维处于异常活跃的状态。每当遇到问题时，应当摆脱旧有观念的束缚，尽可能地赋予所涉及的人、事、物以新的性质，从多个维度发散自己的思维，如进行"一题多解""一事多写""一物多用"等方式的练习。按照这个思路进行思维方法训练，往往能够达到触类旁通、推陈出新的效果，不仅使自己逐渐具有多方位、多角度思考的好习惯，还会得到极其丰富、多样和有创见性的观点或思路。

扶贫好村官刘锦涛（化名）：卖"网红土鸡蛋"踏出一条扶贫路

作为一名"90后"，刘锦涛在 2016 年 9 月结束了四年大学校园生活，带着忐忑与期待，从城市来到了曲靖市马龙区通泉街道昌隆铺社区，成为一名大学生村官。

"到最需要的地方去，让自己的青春绽放出光辉，让青春之花绽放于农村的广阔天地，让人生价值得以升华。"短短的时间内，刘锦涛褪去了"90后"的娇气，成长为党的政策的宣讲者、村组干部的好助手、困难群众的知心人。一件件力所能及的小事让他成熟了、成长了，也让村组干部、贫困户接受了这位"90后"。

"力所能及为贫困户做点事，让他们生活得好一些。"刘锦涛积极践行于行动中，从初步设想反复酝酿，到机制摸索规范运作，带领13 名大学生村官创建了"通泉街道大学生村官工作室"，没有成立仪式，没有工作经费，没有办公地点，但却有着敢想敢做的精神。刘锦涛带领工作室成员到贫困户家里走访时，发现他们种的菜、养的鸡和猪都是拿到小集镇上以很便宜的价格卖了，而很多城里的朋友天天都在找绿色、有机的农特产品，这样一个供应与需求之间的矛盾如何解决？如何在解决中提升农户的收入？经过反复思考论证，工作室以公益为出发点，运用"互联网 + 农特产"思维，把昌隆铺社区本地贫困户种养的农特产品通过独具特色的包装添加附加值，销售出去，实现效益最大化，带动贫困户脱贫。线上通过微信商城、淘宝、美团等形式开设店铺，客户下订单后，由大学生村官负责按要求收购农特产品，并送货上门，以达到销售贫困户农特产品的目的。这种网络预售模式，实现了供给与需求的直接对接，推动农产品供给由"小、散、弱"向商品化、组织化、规模化、品牌化转变。这样一来，工作室成为农户的"信息桥"、贫困户与市场之间的"致富桥"。特别是"网红土鸡蛋",取得了一定的成绩,一经推出,在曲靖市场供不应求。第一批预售土鸡蛋礼盒,短短的三天时间就销售了100多盒,收益4000多元;第二批预售中,已经是第一批预售总数的30余倍,达3000多盒,而且很多买家还在不断地预订。昌隆铺社区内林场苗寨与大箐苗寨的6户苗族建档立卡贫困户作为土鸡蛋供货试点,现有订单交货后,为6户贫困户增收148 800元,平均每户贫困户增收24 800元,平均每人增收8266元。现已有20户贫困户通过主动申请、工作室审核成为下一批的土鸡蛋供货点,预计未来半年内将昌隆铺社区55户贫困户中符合养殖条件的20户贫困户共计46人作为供货试点,每户贫困户增收10 000余元收入。

刘锦涛运用"互联网＋农特产"思维,创新了"大学生村官工作室＋互联网＋农产品＋贫困户"扶贫模式,打造林场苗寨"网红土鸡蛋",培育"土猪认养认购"新模式,开展"火柴计划"教育扶贫公益活动,曾获曲靖市创新创业大赛三等奖、云南省脱贫攻坚奖"扶贫好村官",获授2019年"云南青年五四奖章"。

（资料来源：《春城晚报》）

发散思维的例子——思维导图

思维导图又称"心智导图",是一种表达发散思维的图形思维工具,如图2-1所示。它运用图文并重的技巧,把各级主题的关系用层级图表现出来,把主题关键词与图像、颜色等建立记忆链接。此外,思维导图充分运用左右脑的机能,利用记忆、阅读、思维的规律,协助人们在科学与艺术、逻辑与想象之间平衡发展,从而开启人类大脑的无限潜能。

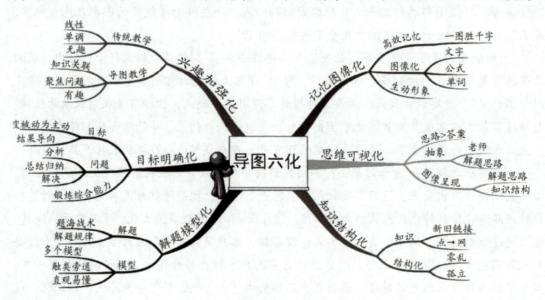

图2-1　思维导图（导图六化）

人类大脑的自然思考方式是放射性思考，每一种进入大脑的资料，不论是感觉、记忆还是想法，都可以成为一个思考中心，并由此中心向外发散出成千上万的节点，而每一个节点又可以成为另一个中心主题，再向外发散出成千上万的节点，呈现出放射状的立体结构。这种放射状的立体结构就是思维导图的雏形。

思维导图既可以采用手工绘制的方式完成，也可以借助计算机软件完成。手工绘制思维导图的步骤如下。

第一步：准备一张白纸和一支笔。

第二步：在纸的正中央写下主题。

第三步：从主题出发，绘制较粗的线条作为一级分支，然后用关键词为每条一级分支命名。

第四步：从每条一级分支出发，再绘制发散的线条作为二级分支，并用关键词为每条二级分支命名。

第五步：以此类推，绘制三级分支，并添加相应的关键词。

3. 集中思维

集中思维又称聚敛思维，是指在发散思维的基础上，将获得的若干信息或思路重新组织，使之指向一个正确的答案、结论或方案的一种思维方式。具体来说，集中思维就是对发散思维提出的多种设想进行整理、分析，再从中选出最有可能、最经济、最有价值的设想，并加以深化和完善，从而获得一个最佳的方案。

集中思维是与发散思维相对的，二者具有互补性。从某种程度上来说，创新思维活动实际上就是发散思维和集中思维有机结合、循环往复而构成的思维活动。教学实践证明：只有既重视学生发散思维的培养，又重视其集中思维的培养，才能更好地促进学生的思维发展，提高学生的学习能力，从而培养出高素质的人才。

4. 联想思维

联想思维是指在原先并不相关的事物之间搭起一座桥梁，将其联系起来的一种思维方式。人们常说的"由此及彼""由表及里""举一反三"等，就是联想思维的体现。联想思维可以扩展思路、升华认识、把握规律，联想思维能力越强，越能把跨度很大的不同事物联系起来，从而使构思的格局变得更大。

联想思维的形式一般有以下几种。

(1) 接近联想。接近联想是指由一个事物联想到在时间、空间或某种联系上相接近的另一个事物。例如，由"桃花"联想到"阳春三月"，由"蝉声"联想到"盛夏"，由"大雁南去"联想到"秋天到来"，由"天安门"联想到"人民大会堂"等。

(2) 类比联想。类比联想是指由一个事物联想到另一个与其在性质、形态上接近或相似的事物。例如，由"大海"联想到"海浪""鱼群""轮船""海底电缆""资源的开发和利用"等。又如，文艺作品中用"暴风雨"比喻"革命"，用"雄鹰"比喻"战士"等。

(3) 对比联想。对比联想是指由一个事物联想到与其具有相反特点的另一个事物。例如，由"白"联想到"黑"，由"高"联想到"矮"，由"胖"联想到"瘦"，由"高兴"联想到"忧伤"，由"自由"联想到"禁锢"，由"朋友"联想到"敌人"，由"战争"联想到"和平"等。对比联想使人容易看到事物的对立面，对于认识和分析事物有重要的作用。

5. 逻辑思维

逻辑思维又称抽象思维，是指人们在认识事物的过程中借助概念、判断、推理等思维形式，能动地反映客观现实的一种思维方式。只有经过逻辑思维，才能把握事物的本质和规律，达到人的认识的高级阶段，即理性认识阶段。例如，不论采用哪种创新思维方法，都有可能提出多种新的设想。这时，就要根据可行性和可能产生的社会效益和经济效益来进行筛选。这个筛选的过程就是逻辑思维的运用过程。

6. 灵感思维

灵感思维是指在接触和思考事物的过程中，因受到某种启发而突然涌现出答案，使问题得到解决的一种思维方式。它是在抽象思维和形象思维的基础上产生的顿悟式思维。灵感思维在科学研究和文艺创作中经常出现或运用，它具有偶然性、突发性等特点，通常是可遇而不可求的。因此，要善于抓住灵感思维，并对其进行深入的思考和研究，以促进新生事物的应运而生或疑难问题的解决。

一、课堂活动

"人工降雨"活动

讨论： 如果想马上在教室中降雨，该如何实现呢？

当没有更多创意时，教师带领学生"人工降雨"，操作过程如下。

要求学生在教室里围成一圈（肩并肩）并宣布："我们要作为一个群体来共同降雨。你右边的人做什么你就做什么，你右边的人开始后你才能开始。"在连续7轮后，"雨"就降下来了。教师在每轮开始时先带头，然后左边的人严格按照教师的做法来做。这样，每圈就连贯起来了。在降雨过程中，不要有任何间歇。

第1轮：搓双手。教师首先掌心搓掌心，左边紧挨教师的人立刻模仿。最终，整个小组都在搓双手。当搓手动作到达右边紧挨教师的人后，就该开始第2轮了。

第2轮：捻指头。当每个人仍在搓双手时，教师开始捻双手上的指头作响。左边紧挨教师的人立即模仿。最终，整个小组都会从搓双手转换到捻指头上。当捻指头动作达到右边紧挨教师的人后，就该开始第3轮了。

第3轮：用手拍东西。重复前面几轮的模式。当拍手动作到达右边紧挨教师的人后，就该开始第4轮了。

第4轮：用手拍东西的同时跺脚。重复前面几轮的模式。气氛在本轮到达了顶点。

第5轮：重新回到用手拍东西。重复前面几轮的模式。

第6轮：重新回到捻手指。重复前面几轮的模式。高潮开始褪去。

第7轮：搓双手，重复前面几轮的模式。然后结束。

总结：同学们"人工降雨"成功并创造了暴风雨，现在讨论以下问题。

(1) 为什么一开始，大家没有想到"声音"或其他降雨方式？

(2) 当被要求围成一圈时，大家的反应是什么？

(3) 在练习之前、之中和之后，大家的感觉分别是什么？

二、创新思维训练

1. 逆向思维训练

(1) 一起玩"石头、剪刀、布"，但要求每局中赢的一方做"哭"的动作，输的一方做"笑"的动作，谁先做错谁就被淘汰。

(2) 2人一组，根据"口令"做相反的动作。例如，一方说"起立"，对方就要坐着不动；一方说"举左手"，对方就要举右手；一方说"向前走"，对方就要往后退……总而言之，双方要"反着来"。谁先做错就算谁输。

2. 发散思维训练

(1) 尽可能多地列出肥皂的用途。

(2) 绘制思维导图，尽可能多地列出"缓解上班高峰期电梯拥挤"的方法。

3. 集中思维训练

(1) 下列各词中，哪一个与众不同？

① 房屋　冰屋　平房　办公室　茅舍

② 沙丁鱼　鲸鱼　鳕鱼　鲨鱼　鳗鱼

(2) 请填上缺失的数字或字母。

① 2　5　8　11　_____

　 2　5　7

　 4　7　5

　 3　6　_____

② E　H　L　O　S　_____

4. 联想思维训练

木头和皮球本是两个风马牛不相及的东西，但我们可以通过联想使它们产生联系：木头—树林—田野—足球场—皮球。请想一想以下每组中词语之间有什么联系。

① 天空和茶

② 钢笔和月亮

5. 逻辑思维训练

(1) 有 8 个同样大小的杯子,有 7 杯盛的是凉开水,1 杯盛的是白糖水。请思考如何只尝 3 次,就找出盛白糖水的杯子来。

(2) 假设有一个池塘,里面有无穷多的水。现有 2 个空水壶,容积分别为 5 升和 6 升。请思考如何只用这 2 个水壶从池塘里取得 3 升的水。

第二节　创新方法

名人语录

创新是一个民族进步的灵魂,是一个国家兴旺发达的不竭动力,也是中华民族最深沉的民族禀赋。

——习近平

我们从事的是前无古人的伟大事业,守正才能不迷失方向、不犯颠覆性错误,创新才能把握时代、引领时代。

——习近平

问题导入

乔布斯曾经说:"创造就是联系事物。"他接着又说:"如果你问创造性人才,他们是如何做的,他们会有点惭愧,因为他们并没有真正去做什么,而只是看到了一些事物,将自身经历联系起来,整合成新鲜事物。"

在进行下面的学习之前,请思考以下问题:

(1) 什么是创新方法?

(2) 常用的创新方法有哪些?

在学习创新方法、创新能力和创新精神的具体知识前,还应该了解创新方法、创新能力和创新精神的内涵,从而更好地应对创新创业中可能出现的各种问题。

一、创新方法的含义与作用

创新方法是指创新活动中带有普遍规律性的方法和技巧,即一些在创新活动中解决问题的必要步骤或参考的途径与技巧。创新方法源于对大量成功的创新和创造实例的归纳、分析和总结。合理地运用创新方法，能够开拓思维，更好地开发智力、增长智慧，实现创新创业。

创新方法的作用主要表现为以下几点。

(1) 促进高效解决问题。自古以来，人们创新或创造的过程都遵循一定的客观规律，这种客观规律具有高度的普遍性和适用性，能够使人们更高效地解决问题。创新方法就是这种客观规律的表现形式，是对人类解决问题、实现创新的共性方法的高度总结和概括，因而可以高效地解决问题。

(2) 推动培养创新思维。每个人都有思维惯性，在创新的过程中，如果长期受思维方式的局限，新的想法、解决问题的方案的产生也很可能被阻碍。学习了创新方法，可以更好地掌握打破思维定式的方法，学会用新的眼光去发现和解决问题。

(3) 科学指导创新实践。创新方法并不是干巴巴的理论，在实践活动中，创新方法能指导个体针对不同时期、不同领域的创新问题，提出科学的、有可操作性的解决方案，从而更好、更快地完成创新实践。

运用创新方法变废为宝

在武汉某学院机械工程学院工业设计教研室，一些废弃物随处可见——生锈的钢管、废弃的轮胎、自行车架、玻璃瓶、易拉罐……正是在这样的环境下，两个班的 63 名同学生产出了无数独特的工业设计模型，如用轮胎做的沙发、用车架做的灯、用废弃钢管做的工艺品，还有用废旧水龙头上的钢管拼接而成并在顶端的接口配了一个小灯泡的名叫"思考中的火柴人"的灯具。机械工程学院工业设计 2014 级 (1) 班的熊中华 (化名) 是这样评价自己的"思考中的火柴人"的："先收集制作所需的材料，再将水泥倒进固定好的模具中，等待水泥风干成型，再加以打磨，一个灯具就做成了。所有的制作方法在之前的课程中都已学过，最大的困难就是找材料和制作，因为理论和实操毕竟有巨大的不同。"

这些废旧材料是怎么华丽转身变成工业设计模型的呢？原来老师常常组织学生使用创新方法来解决问题，如围绕这些废旧材料进行头脑风暴，让同学们从各个角度思考并发言，最终迸发出各种创意，如自行车把很像一对牛角、塑料瓶剪开形似瓦片、轮胎可以当作坐具等，这些创意最终变成了一件件兼具实用性与艺术性的创意家居作品。

(资料来源：人民网)

二、常用的创新方法

(一)头脑风暴法

头脑风暴法又称智力激励法、自由思考法、畅谈法、集思法,是指无限制地进行自由联想和群体讨论的方法,其目的在于产生新观念或激发创新设想。

1. 头脑风暴法的实施原则

实施头脑风暴法时,群体讨论的方式十分关键,即群体能否进行充分、非评价性和无偏见的交流是影响头脑风暴法效果的关键。因此,实施头脑风暴法应遵守以下四项原则。

(1)自由畅谈原则:应创造自由、活跃的气氛,使参加者不受任何条条框框的限制,放松思想,从不同角度、不同层次、不同方位大胆地展开想象,从而尽可能地提出标新立异、与众不同的想法。

(2)延迟评判原则:当场不对任何设想做出评价,即不肯定或否定某个设想,一切评价和判断都要延迟到会议结束后才能进行。

(3)禁止批评原则:每个人都不得对别人的设想提出批评意见,因为批评对创造性思维会产生抑制作用;即使认为是幼稚的、错误的,甚至是荒诞离奇的设想,亦不得驳斥。

(4)追求数量原则:尽可能多地提出设想,参加会议的每个人都要抓紧时间多思考、多提方案;至于设想的质量问题,可留到会议结束后的设想处理阶段解决。

2. 头脑风暴法的操作程序

(1)准备阶段:① 主持人应事先对所议问题进行一定的研究,弄清问题的实质,找到问题的关键,设定解决问题所要达到的目标;② 选定与会人员,一般以5～10人为宜,不宜太多;③ 确定会议的时间、地点;④ 准备好纸、笔等记录工具;⑤ 布置场所。

(2)头脑风暴阶段:① 主持人简明扼要地介绍有待解决的问题;② 与会人员畅所欲言;③ 记录人员记录参加者的想法;④ 结束会议。

(3)选择评价阶段:① 将与会人员的想法整理成若干方案,再根据相关标准进行筛选;② 经过多次反复比较,优中择优,最后确定1～3个最佳方案。

(二)奥斯本检核表法

奥斯本检核表法是利用检核表来完成创意的方法。所谓检核表,是指根据需要研究的对象的特点列出相关问题,形成列表,创意者通过对问题逐个核对讨论,从而发掘出解决问题的大量设想,以求得比较周密的思考。奥斯本检核表法的核心是改进。

奥斯本检核表法中的问题可归纳为九类,即九大检核类别,分别是能否他用、能否借用、能否扩大、能否缩小、能否改变、能否代用、能否调整、能否颠倒、能否组合,如表2-1所示。

表 2-1 奥斯本检核表

序 号	检核类别	检 核 内 容
1	能否他用	现有的东西(如发明、材料、方法等)有无其他用途?保持原状不变能否扩大用途?稍加改变,有无别的用途?
2	能否借用	能否从别处得到启发?能否借用别处的经验或发明?外界有无相似的想法,能否借鉴?过去有无类似的东西,有什么东西可供模仿?谁的东西可供模仿?现有的发明能否引入其他的创造性设想之中?
3	能否扩大	现有的东西能否扩大使用范围?能不能增加一些东西?能否添加部件、拉长时间、增加长度、提高强度、延长使用寿命、提高价值、加快转速?
4	能否缩小	现有的东西能否缩小体积、减轻重量、降低高度、压缩变薄?能否省略?能否进一步细分?
5	能否改变	现有的东西是否可以做某些改变?改变了会怎么样?可否改变形状、颜色、味道?是否可改变意义、型号、模具、运动形式?改变之后,效果又将如何?
6	能否代用	可否由别的东西代替,由别人代替?能否用别的材料、零件、方法、工艺、能源代替?可否选取其他地点?
7	能否调整	能否调换一下先后顺序?可否调换元件、部件?是否可用其他型号?是否改成另一种安排方式?原因与结果能否调换位置?能否调整一下日程?
8	能否颠倒	颠倒过来会怎么样?上下是否可以颠倒?左右、前后是否可以调换位置?里外可否调换?正反是否可以调换?可否用否定代替肯定?
9	能否组合	组合起来怎么样?能否装配成一个系统?能否把目的进行组合?能否将各种想法进行综合?能否把各种部件进行组合?

1. 能否他用

对于某种物品,思考"还有哪些用途""还有哪些使用方法"。这类问题能使我们的想象力活跃起来。当拥有某种材料时,为了扩大它的用途,打开它的市场,就必须善于进行这些思考。

例如,花生有哪些使用方法?有人想出了花生的 300 种使用方法,仅仅是用于烹调,就想出了煮、炸、炒、磨浆等 100 多种方法。橡胶有什么用处?有人提出了多种设想,如用它制成床毯、浴盆、人行道边饰、衣夹、鸟笼、门扶手、棺材、墓碑等。当人们将自己的想象投入思维"这条宽阔的高速公路"上时,就会产生更多的设想。

2. 能否借用

科学技术的重大进步不仅表现在某些科学技术难题的突破上,也表现在科学技术成果的推广应用上。联想借鉴不仅可以使创新成果得到推广,还可以再次推陈出新,实现二次创新。这样,一种新产品、新工艺、新材料,必将随着它越来越多的新应用而显示出强大的生命力。

例如，当德国物理学家威廉·康拉德·伦琴发现"X射线"时，并没有预见到这种射线的任何用途。但后来人们通过联想借鉴，让"X射线"不仅可以用来治疗疾病，还能用来观察人体内部的情况。同样，电灯起初只用来照明；后来，人们从电灯的光线中得到启发，通过改变光线的波长，发明了紫外线灯、红外线加热灯、灭菌灯等。

3. 能否扩大

在自我发问的技巧中，研究"扩大"与"放大"这类有关联的成分，不仅有助于产生大量的构思和设想，还能使人们扩大探索的领域。例如：

"为什么不用更大的包装呢？"——橡胶工厂大量使用的黏合剂通常装在1加仑的马口铁桶中出售，使用后便将铁桶扔掉。有位工人建议将黏合剂装在50加仑的容器内，且容器可反复使用，从而节省了大量马口铁。

"能使之加固吗？"——织袜厂通过加固袜头和袜跟，使袜子的销量大增。

"能增加一些功能吗？"——牙膏中加入某种配料，便成为具有某种附加功能的牙膏。

4. 能否缩小

如果说"能否扩大"关注的是使用范围、功能、价值等的增加，"能否缩小"则强调某一功能或某一方面的精细化程度。它尽可能删去或省略多余的成分，是一种精益求精式的思考方法。例如，迷你音响、微型计算机、折叠伞等就是"缩小"的产物。

5. 能否改变

通过改变事物的某些性质，可以另辟蹊径，获得意想不到的结果。例如，改变车身的颜色，就可能增加汽车的美感，从而增加汽车的销量；给面包加上一层精美的包装，就能提高其吸引力。另外，女士游泳衣据说是婴儿服装的模仿品，而将滚柱轴承改成滚珠轴承是改变形状的结果。

6. 能否代用

通过取代、替换的途径，也可以为想象提供广阔的探索领域。例如，用充氩的办法来代替电灯泡中的真空，可以提高钙丝灯泡的亮度；用液压传动来替代金属齿轮，可以在工业生产中节省金属材料等。

7. 能否调整

重新调整通常会带来更多的创造性设想，进而实现创新。例如，飞机诞生初期，螺旋桨是安装在飞机头部的；后来，人们将螺旋桨安装在飞机顶部，就发明了直升机。又如，商店柜台的重新安排，营业时间的合理调整，电视节目顺序的重新安排，机器设备的布局调整，等等，都有可能产生更好的结果。

8. 能否颠倒

这是一种逆向思维方法，在创造活动中颇为常见和有效。例如，以前的工厂生产模式是工人们围着机器和零件转，人又累，效率又低，后来有人改变了工序，让工人们不动而零件动，逐渐发展成流水线式生产模式，大大提高了生产效率。

9. 能否组合

从综合的角度分析问题，有目的地将各个部分组合在一起，也可以带来创造性的成果。例如，把铅笔和橡皮组合在一起，就有了带橡皮的铅笔；把几种金属组合在一起，就有了性能各不相同的合金。

（三）5W2H 分析法

5W2H 分析法又称"七问分析法"。该方法利用 5 个以字母 W 开头的问题和 2 个以字母 H 开头的问题进行提问，以发现解决问题的线索，寻找创新思路，进行设计构思，从而产生新的创意。这 7 个问题的内容如下。

(1) What(是什么)：目的是什么？做什么工作？

(2) How(怎么做)：如何提高效率？如何实施？方法怎样？

(3) Why(为什么)：为什么要这么做？理由何在？原因是什么？为什么造成这样的结果？

(4) When(何时)：什么时间完成？什么时机最适宜？

(5) Where(何处)：在哪里做？从哪里入手？

(6) Who(谁)：由谁来承担？谁来完成？谁负责？

(7) How much(多少)：做到什么程度？数量如何？质量水平如何？费用产出如何？

（四）组合创造法

组合创造法是指从两种或两种以上的实物或产品中，根据原理、材料、工艺、方法、产品、零部件等不同的属性抽取合适的技术要素，进行重新组合，从而获得新的产品、新的材料、新的工艺的方法。它包括以下几种类型。

1. 主体附加法

主体附加法就是在某种产品上附加新的部件，使主体产品的功能或性能略有拓展，从而让消费者在拥有主体产品的同时获得锦上添花式的附加利益。例如，带指南针功能的手表、能测量温度的奶瓶、带照相功能的手机等，都是运用了主体附加法的创新产品。

2. 同类组合法

同类组合法是指将两个或两个以上相同或相似的事物进行简单重叠的方法。在同类组合中，参与组合的对象与组合前相比，其基本性能和基本结构一般不会发生根本性的变化。在生活中，运用同类组合法的创新产品有很多，如多头铅笔、自行婴儿车等。

3. 异类组合法

异类组合法是指将来自不同领域的两种或两种以上不同类别的事物进行重叠的方法。在异类组合中，被组合的因子彼此间一般没有明显的主次之分，参与组合的因子可以从意义、原则、构造、成分、功能等任意一方面或多方面互相进行渗透，从而使组合后的整体发生变化。例如，可视电话便是将显示屏和电话进行有机组合而创造出来的。

（五）分析列举法

分析列举法是通过分析，尽可能全面地排列出事物的相关内容，从而形成多种构思方案的方法。它包括以下几种类型。

1. 特性列举法

特性列举法是通过逐一列举创新对象的特性，并进行联想，最终提出解决方案的方法。运用该方法时，首先要仔细分析创新对象，然后探讨能否进行改革或创新。通常，要着手解决的问题越小，越容易获得创新的成功。特性列举法的操作步骤如下。

(1) 对创新对象的特性进行列举。创新对象要具体、明确，列举要全面、详细；列举得越全面、详细，越容易找到创新和改进的方面。

(2) 从名词特性、形容词特性和动词特性三个方面进行列举。名词特性包括对象的整体、部分、材质和制作方法等，形容词特性包括对象的形状、性质、颜色等，动词特性则包括对象的效用和功能等。

(3) 在上述各项目下尽量将各种可替代的特性进行置换，以便产生新的设想和方案。

(4) 提出新的方案并进行讨论和评价，努力按照实际需要进行改进。

2. 缺点列举法

缺点列举法是指抓住事物的缺点进行分析，以确定创新目的的方法。缺点列举法的具体步骤如下。

(1) 尽量列举事物的缺点，必要时可事先广泛调查研究，征集意见。

(2) 将缺点加以归类整理。

(3) 针对所列出的缺点逐条进行分析，研究其改进方案或能否将缺点逆用、化弊为利。

3. 希望点列举法

希望点列举法是从人们的需求和愿望出发，提出构想，从而产生发明创造的方法。例如，人们希望像鸟一样飞上天，于是发明了气球、飞机；人们希望冬暖夏凉，于是发明了空调设备；人们希望夜间上下楼梯时，灯能自动亮、自动灭，于是发明了声控开关。这些发明都是根据人们的需求和愿望创造出来的。

希望点列举法的具体步骤与缺点列举法基本相似，不再一一赘述。

4. 成对列举法

成对列举法是把任意选择的两个事项结合起来，成对列举其特征，或者对某一范围内的事物一一列举，依次成对组合，从中寻求创新设想的方法。成对列举法的具体实施步骤如下。

(1) 列举。把某一范围内所能想到的事物依次列举出来。

(2) 强迫联想。任意选择其中两项依次进行组合，想象这种组合的意义。

(3) 对所有的组合进行分析筛选。

例如，要设计新式多功能家具，可以先列举各种家具及室内用具，如床、箱子、桌子、沙发、椅子、茶几、书架、台灯、衣柜、衣架、镜子、花盆架、电视、音响等。然后，两两配对组合，如床和沙发、桌子与书架、床和箱子、镜子与柜子、音响和台灯等。最后，对所有的组合方案进行分析，并将一些可行的方案落地实施，从而发明出新式多功能家具。现实中，有些方案已经成为产品，如床和沙发组合成的沙发床、镜子和柜子组合成的带穿衣镜的柜子、床和箱子组合成的床底是储物柜的组合床等。

拓展训练

创新方法练习

1. 头脑风暴法练习

运用头脑风暴法，思考"如何改善城市拥堵的交通状况"和"如何减轻城市空气污染"这两个社会问题的解决方案。步骤提示如下：

(1) 教师将学生分组，3～5人为一组，每组选出一个小组活动记录员。

(2) 教师提出问题并留给学生5分钟左右的时间思考，让学生在放松的状态下进行准备。

(3) 小组成员畅所欲言，然后各组派代表汇报结果。

(4) 在规定的时间内，所提出设想最多的小组获胜。

2. 奥斯本检核表法练习

利用奥斯本检核表法，构思智能手机的创新思路，填入表2-2。

表2-2 智能手机的创新思路

序 号	检核类别	引 出 的 发 明
1	能否他用	
2	能否借用	
3	能否扩大	
4	能否缩小	
5	能否改变	
6	能否代用	
7	能否调整	
8	能否颠倒	
9	能否组合	

3. 5W2H 分析法练习

目前，中国快餐行业处于快速发展阶段，在支持性设施、辅助物品、服务等方面仍有较大的提升空间。请用5W2H分析法对中国快餐行业进行分析，并对快餐行业的发展提出合理化建议。

4.组合创造法练习

(1) 请将以下不同领域的物品和概念进行组合,使其成为有意义、有价值的新物品。

卧室	自动化
床	运送装置
睡觉的地方	移动
窗帘	加热器
位于浴室附近	不同颜色
让人有安全感	自动门锁

(2) 下列各组产品都是由两个或两个以上的物品组合而成的,请分析它们分别运用了哪种组合创造法。

① 牙膏 + 中草药 → 药物牙膏;

② 手枪 + 消音器 → 无声手枪;

③ 毛毯 + 电阻丝 → 电热毯;

④ 台秤 + 电子计算机 → 电子秤;

⑤ 飞机 + 飞机库 + 军舰 → 航空母舰;

⑥ 收音机 + 盒式录音机 + 激光唱片 → 组合音响;

⑦ 洗衣机 + 脱水机 + 干燥机 → 全自动洗脱干组合洗衣机;

⑧ 自行车 + 电机 + 蓄电池 → 电动自行车;

⑨ 照相机 + 电子调焦调光机 → 卡片照相机。

5.分析列举法练习

现在有一把旧的长柄弯把雨伞,请根据缺点列举法的原理,对其提出至少4种改进方案。旧雨伞的缺点如下。

(1) 伞柄太长,不便于携带。

(2) 把手太大,在拥挤的地方会钩住别人的口袋。

(3) 撑开和收拢不方便。

(4) 伞尖容易伤人。

(5) 伞太重,长时间打伞手臂容易酸痛。

(6) 伞面会遮挡视线,容易发生事故。

(7) 伞面淋湿后,不易放置。

(8) 伞的防风能力差,刮大风时伞面会向上翻。

(9) 骑自行车时,打伞容易出事故。

第三章

创业认知启蒙

自我思考

中国共产党的主要创始人之一李大钊同志说过，青年要"为世界进文明，为人类造幸福，以青春之我，创建青春之家庭，青春之国家，青春之民族，青春之人类，青春之地球，青春之宇宙，资以乐其无涯之生"。当代大学生是时代责任的担当者，是经济建设和社会建设的生力军。如何迎接与融入"大众创业、万众创新"的新时代，是每一位大学生都应该认真思考的问题。

想一想：你是如何理解创新创业的？你能列举一个你熟悉的亲戚或者朋友创业成功或者失败的案例吗？你认为他（她）为什么会创业成功（失败）？

学习目标

◎ 知识目标

1. 了解创业的概念，熟悉创业的过程，掌握创业的要素和创业的能力。
2. 了解创业精神的含义、本质与来源，熟悉创业精神的作用与培育。

◎ 能力目标

1. 掌握企业开办的相关知识，具备项目选址的能力。
2. 掌握企业管理的原则和策略，具备创业团队案例分析的能力。

◎ 素质目标

1. 树立创业意识，自觉提升创业能力，为创业做好准备。
2. 树立社会责任感，培养奉献精神，创业带动就业。

开篇故事

当炬火，去化作那道光！

王同学，男，汉族，中共党员，高等专科学校中文系语文教育专业。在大学期间，他努力学习，认真完成老师交办的各项工作，先后担任 2017 级语文教育 (2) 班班长、中文系团总支副书记、中文系人之初志愿者协会会长、校第三十三届学代会常任代表委员会主任等职务，先后获得辽宁省第九届和第十届社会科学学术活动年会"辽宁省青少年发展论坛"征文活动二等奖、第十三届全国大学生文学作品大赛三等奖，并获辽宁省第十四届"挑战杯"大学生课外学术科技作品竞赛三等奖，以及学校优秀团干部、朝阳市最美志愿者、辽宁省优秀毕业生等荣誉称号。他所负责的中文系团总支连续两年荣获学校红旗团总支、先进团总支荣誉称号，所负责的人之初志愿者协会连续两年获评校级优秀大学生社团。工作以来，他先后承担所在学校语文学科教师、班主任、教务处主任、语文教研员等工作。

——题记

恰逢青春年少，作为新时代的青年，王同学以"敢涉万重险，勇挑千斤担"的志气，带着初生牛犊不怕虎的勇气，义无反顾，奔赴祖国最需要的地方。

● 初登讲台，树青年教师形象

2020 年 9 月，王同学通过教师招聘进入本地市教育系统。他主动申请来到距离城区近 20 公里的一所农村小学，任语文教师和班主任。他积极参加听评课、校本教研等各种活动。面对新的工作，他主动拜师学方法、谈体会，扎扎实实地积累教学经验。他主动邀请年级组和其他年级的老师到班里听课，课后及时进行反思，他最爱做的就是与同年级的老师进行讨论与思考，因此工作能力和水平迅速提升。仅仅一年多的时间里，他主动请缨，积极参加市级、地区级等各类比赛，取得了可喜的成绩。在市小学第一片区教研周青年教师现场课比赛活动中，他执教《纸的发明》，获得语文组二等奖；在市"新时代新风尚新作为"小学语文作业设计大赛中，荣获三等奖。2022 年 3 月，在本地市十百千名师的评选中，他被授予"教学新秀"称号。与此同时，他还认真总结教学中的收获和体会，撰写论文数篇，在市教科局主办的期刊《教研之路》中公开发表《试论中华优秀传统文化融入小学阶段的途径和意义》一文，受到了同行的认可和好评。

他说，参加比赛不单单是为了自己，更是要为学校争荣誉。自从走出大学校园踏进另一个校园的那天起，王同学就以高度负责的主人翁精神，在每一个闪亮的日子挥汗泼墨，辛勤付出。

● 扎实工作，做好学生的引路人

初到异乡，初到西北，新疆库车的天气便给他下了第一封"战书"——气候不适，空气干燥，日照强，早晚温差大，大风、沙暴、浮尘等频频来袭。由于空气干燥，半夜鼻子、喉咙干，常常流鼻血。除了气候、生活习惯的不同外，与部分家长语言不通也是他作为一名老师和一个班主任工作中最大的障碍。但这些困难并没有击倒他，作为班主任，他积极想办法，语言不通时，便向其他老师请求帮忙翻译，渐渐地，家长们对这位小伙子竖起了大拇指。他还经常利用休息时间，找班上的每一位同学谈心谈话，积极解决学生们的困难。

2021年10月，他积极指导学生参加本地区第三十五届青少年科技创新大赛，他指导的作品《关于构建青少年微志愿掌上服务平台》获得本地区第三十五届青少年科技创新成果竞赛一等奖，其本人的作品《"光盘·光盘·盘子光光"活动方案》获得第三十五届科技辅导员科教创新成果项目类三等奖，他也被评为第三十五届阿克苏地区青少年科技创新大赛优秀科技辅导员。

2021年5月初，他临危受命，担任学校的教务主任一职，这对还是新老师的他无疑又是一大挑战。但他有直面挑战的勇气与信心，毫不犹豫地担起了这项工作。从这一刻开始，如何提升学校的教育教学质量成为他不断思考和探索的问题。

他主动组织和参加随堂听课、公开课、集体备课、片区教研等教学活动，不断提升教学质量。每天早上，他到校的第一件事就是查早读和巡课，根据学校的实际情况制定、完善相应的教育教学管理规章制度，不打折扣地落实教育部和上级部门的双减、劳动教育等一系列相关要求。春季学期开学以来，为了提升教师基本功，他牵头组织举办了教师"三字一画"比赛、语文教师学科知识素养比赛等，获得了师生的一致好评。同事说，他身上有着十分可贵的品质，那就是乐观，遇到难题积极面对，有效解决。

● 不忘初心，坚定不移跟党走

作为一名共产党员，王同学从身边的点滴小事做起，不断提高自己的认识，提升自己的觉悟。他积极参加学校的政治学习活动，对党的路线、方针、政策有了更加深入的认识与理解。他时时处处严于律己，积极发挥一名党员的先锋模范带头作用，及时向党组织做思想汇报，积极参加学校的各项党团活动。在库车市2021年教育系统党史知识竞赛中，他过关斩将，勇夺第一。

作为一名青年党员教师，王同学将把立德树人作为新的动力、新的起点，以实际行动践行"学为人师，行为世范"的好老师标准，他将在祖国最需要的地方继续勤奋学习、刻苦锻炼。他将用自己的言行践行入党誓词，展示一名年轻共产党员的责任担当和执着追求，不负青春，不负时代，不负人民。

（资料来源：辽宁省大学生就业创业中心）

第一节　认 知 创 业

名人语录

创业的过程，实际上就是恒心和毅力坚持不懈的发展过程，其中并没有什么秘密，但要真正做到中国古老的格言所说的勤和俭也不太容易。

——李嘉诚

90%的创业项目会死，幸福的是少数，不幸福的是多数。公司可以失败，人不能失败，你在处理事业失败的时候，要让自己获得一个好口碑，这样你就获得了下次东山再起的机会。

——雷军

问题导入

国务院前总理李克强在2015年考察调研中国科学院和北京中关村创业大街时强调，推动大众创业、万众创新是充分激发亿万群众智慧和创造力的重大改革举措，是实现国家强盛、人民富裕的重要途径，要坚决消除各种束缚和桎梏，让创业创新成为时代潮流，汇聚起经济社会发展的强大新动能。

在进行下面的学习之前，请思考以下问题：

(1) 什么是创业？

(2) 创业的类型有哪些？

(3) 创业有什么特点？有哪些适合大学生的创业领域？

一、创业的概念

有人认为，创业是为了实现自我价值和生存而进行的实践活动。也有人认为，创业是通过创造有价值的新事物来实现的。此外，创业需要投入时间和努力，并承担风险。"创业教育之父"杰弗里·蒂蒙斯教授认为，创业是一种思考推理结合运气的行为方式，需要和谐的领导能力，并在方法上全面考虑。创业是一种劳动方式，需要创业者组织、运用服务、技术、器物作业的思考、推理和判断的行为。

创业有狭义和广义之分。广义的创业是指涉及政治、经济、科学、教育、文化等各个方面的创新实践活动。狭义的创业特指个人或团队自主创办企业。创业是一种可以组织并需要组织的系统性工作。

综合以上所述，我们可以将创业理解为：创业者利用或整合资源去追求机会并最终实现价值创造的行为过程。

创业是发现机会、整合资源、创造财富的过程。创业是创业者依靠自己的想法和努力工作，开创一个新企业，提供新产品或服务，以实现创业者的理想的行为。

创新和创业是两个紧密联系且有区别的概念，两者在某种程度上具有互补和替代关系，创新是创业的基础和灵魂，而创业在本质上是一种创新活动。

创业是利用或借助平台将发现的信息、资源、机会或掌握的技术以一定的方式，创造更大的财富和价值，并实现某种目标的过程。

创业是在动态竞争中分析、评估机会并进行有选择的投资决策的过程。简单来说，创业是创办新企业或事业，是一种实践性的行为。

创业是创业者对自己拥有的资源或通过努力能够拥有的资源进行优化整合，从而创造出更大经济或社会价值的过程。

"创业"一词在不同的词典中有不同的解释。无论是在广义上还是在狭义上，创业的实质都是创办事业。本书所讲的是狭义的创业。

创业包含以下几层含义：首先，创业是一个创造的过程。其次，创业的本质在于发现与利用有商业价值的机会，即要发现或认识事物的商业用途。再次，创业的潜在价值需要通过市场来体现，即市场是实现创业价值的渠道。最后，创业以追求回报为目的，包括个人价值的实现、知识和财富的积累等。

案例阅读

平实之心　不凡之路

陈同学，男，上海海洋大学 2018 届水产与生命学院水产养殖专业本科毕业生，在校期间多次参与大学生创新创业项目及社会实践活动。后在华南农业大学获取渔业发展硕士学位，毕业后从事小龙虾和青蟹养殖自主创业。

不忘兴水产初心，不移盛水产鸿志。回顾在校生活，陈同学说，在上海海洋大学的学习打下了牢固的基础，帮助自己建立了系统的养殖观，这对后续从事水产养殖行业的创业是至关重要的。同时，学校也给了自己很多实践的机会，让理论和实践结合到了一起。

在校期间，陈同学有多段科研和创新创业项目经历，刚入学就跟着大三的学长学姐们一起做了南美白对虾弧菌 (EMS) 检测的试剂盒的项目，而后参加了大学生暑期社会实践项目——南美白对虾苗种行业调研。在充实了基本的科研素养和理论知识之后，陈同学申报主持了市级大创（大学生创新创业训练计划）项目——拟穴青蟹大规格苗种生态培育，在深入探索研究和行业调查的过程中，陈同学通过在基地塘口悉心观察，发现问题、解决问题，并决心为水产行业做出一份贡献，这也是他当初选择水产养殖专业的初心所在。

他在高质量完成教学任务的同时，持续关注贫困学子的生活和学习情况。他坚持不放弃每一位学生，对于那些特殊学生，他用自己的关心和关怀让他们感受到温暖。

每一个科创项目的建立和推进，每一个项目能够顺利完成，首先要有团队精神，队友之间精诚合作；其次，团队成员需要有较强的执行力，能够高效地完成各项工作；良好的心理素质也是在处理遇到的各种难题时必不可少的。提及大学生创新创业训练的益处，他认为，参与科创项目的整个过程，带来的提升是较为全面的，进而成为未来就业时的较大助力。在推进项目的进程中，对个人认知更加清晰，能够增强优势、补足短板；还能够了解到很多行业中的需要和风口，为个人创业的选择打下一定的基础；在此期间，心理素质和执行力有所提升，更是让自己在解决后面遇到的问题时更加游刃有余。

谈到对创业的认知，陈同学认为想法和落地是两码事。拥有一个好的想法固然很重要，但是落地更加重要，稳步推进、落实每一步是创业中最重要的部分。眼下，尤其是刚毕业的水产创业者会面对很多问题，例如没法拿到自己心仪的土地、自身资源不够丰富、销路不畅、不可控的自然灾害等。同时，他鼓励大家在遇到困难时要守住初心，稳步向前。他自己也在创业期间遇到过这些问题，2016年，一场突如其来的暴雨导致他养殖的螃蟹和小龙虾损失大半。"祸兮福所倚"，这次经历也让他在后来遇到类似灾害时将损失降到了最低。此外，他也反复强调要重视品牌效应，品牌的创立和打响也是成功创业不可或缺的一环。

面对水产行业目前存在的问题，陈同学认为主要有两个方面：第一是种质资源的问题，目前对种质资源的鉴定和保存存在一些漏洞，鱼龙混杂，希望可以有一个更加完整的体系，将好的种质资源保护起来；第二是营养饲料问题，尤其是蛋白质来源问题，希望能够摆脱对植物蛋白如大豆等的依赖，以防被"卡脖子"，提出昆虫蛋白或许是解决这一问题的关键切入点。

谈及入行水产养殖业的背景，陈同学说自己出身"水产世家"，父辈便是养殖青蟹的，从小便和它们一起成长，看着它们的时候就有很强的安心感，同时自己也对乡村有较强的归属感。在高考填志愿，他毫不犹豫地选择了上海海洋大学水产养殖学这一专业，决心在学习了科学理论知识之后致力于解决水产养殖行业的问题。他是这么说的，也是这么做的。毕业至今，他一直在努力践行为水产行业做出一份贡献的初心使命。

（资料来源：上海海洋大学学生工作部（处）、团委）

二、创业的特点

（一）自主性

创业应是创业者凭借自己的力量完成的，整个创业过程是由创业者自己主导的，而不是由他人主导的。创业是创业者运用自己的资本、知识和技能，自主进行开发，生产产品或提供服务的一种独立自主的行为。这是创业与就业的最大区别。

（二）风险性

创业是一项十分复杂的活动，会受许多不确定因素的影响，因而创业过程面临不少挑战，充满各种风险。

（三）目的性

创业是一个创造财富、培育情怀的过程，创业者尽管有不同的创业动机，无论公益性创业还是功利性创业，无论创业者采取什么手段或方式，都是一种目的性较强的活。

（四）复杂性

创业活动所涉及的内容比一般就业复杂得多，创业者要充分利用各种资源，协调内部及外部的各种关系，处理企业创办和经营过程中的各种问题，应对各种突发事件和风险挑战，所以创业是一个非常复杂的过程。

三、创业的要素

（一）创业的关键要素

创业的关键要素包括创业机会、创业团队和创业资源。

创业机会是指创业者可以利用的商业机会。从创业过程的角度来说，创业机会是创业的起点，创业过程就是围绕着创业机会进行识别、开发和利用的过程。

创业团队是指在创业初期（包括企业成立前和成立早期），由一群才能互补、责任共担、愿为共同的创业目标奋斗的人所组成的特殊群体。

创业资源是指企业在创造价值的过程中需要的特定资产，包括有形资产和无形资产。它是企业创立和运营的必要条件，主要包括创业人才、创业资金、创业技术等。

（二）创业各要素之间的关系

我们可以从以下几个方面来认识创业各要素之间的相互关系。

第一，创业机会是创业过程的重要驱动力，创业团队是创业过程的主导者，创业资源是创业成功的必要保证。创业过程始于创业机会，而不是创业团队或创业资源。开始创业时，创业机会比强大的团队和合适的资源更重要。在创业过程中，创业机会与创业资源经历着一个"适应—差距—适应"的动态过程。

第二，创业过程是创业机会、创业团队与创业资源三个要素匹配和平衡的结果。创业团队要善于配置和平衡，包括对创业机会的理性分析和把握，对创业资源的合理配置和利用，对工作团队适应性的正确认识和分析等，以不断推进创业过程。

第三，创业是一个连续不断地寻求平衡的行为组合。三个要素的绝对平衡是不存在的，但创业过程要保持发展，必须追求动态的平衡。在这期间，创业团队必须思考以下几个问题：目前的团队能否带领企业发展？企业面临怎样的资源状况？下一阶段的运作面临哪些困难与陷阱？这些问题在企业发展的不同阶段会以不同的形式出现，并会严重影响企业的可持续发展。

案例阅读

沉浸式体验"红色剧本杀"

玩"剧本杀"如今已成为现代青年社交的新形式。年轻人喜欢"剧本杀"的一个重要原因就是通过沉浸式的体验，享受剧情推理的乐趣。如果将红色资源嵌入"剧本杀"，让参与者在红色剧情的发展、悬疑推理中，深刻了解革命历史，体会先辈们的革命精神，又会是一种什么样的体验？经过一年多的不断努力，来自南开大学的张同学和他的创业团队，找到了他们的答案。

张同学是南开大学马克思主义学院党的建设专业的一名硕士研究生，曾经是南开大学青年马克思主义理论研究中心、红色记忆宣讲团、博士生讲师团等多个理论社团和宣讲团队的负责人，也是南开大学创业项目"红传思政"的创始人。组织团队成员学习、研究、宣讲是他生活里不可或缺的重要部分。可他观察到，无论自己下多大的功夫"备课"，台下的大学生听众虽然看上去坐得端正、听得认真，却时常难以真正融入，这令出生于革命老区的他感到很是惋惜。

想让红色文化出圈，关键是要抓住年轻人的兴趣点。"比起讲课，年轻人更喜欢听故事，追求新奇和潮流。"抓住这一兴趣点，他和团队成员瞄准了时下潮流游戏"剧本杀"，引进了多个红色主题剧本，并利用专业知识进行改编，借助"红色剧本杀"迅速推出了"红色沉浸式党史学习教育"业务。

经过4个多月的精心打磨，他们的第一部原创作品——《天津呼叫》新鲜出炉。历史的电波穿越时空，讲述着筚路蓝缕的风云往事。为了还原历史场景，在创作的过程中，团队成员一起查阅了大量史料，走访了平津战役纪念馆、中共中央北方局旧址以及天津电话四局旧址等，力图还原当时斗争的紧迫场面，重现战争年代的硝烟弥漫，塑造革命先烈的崇高信仰，增强剧本的真实感和代入感。为了突出"剧本效应"，团队设计剧本时，采用"抽丝剥茧"的方法，让故事情节丝丝相扣。"在剧中，大家穿越时空感受先烈遗志，努力不负先烈嘱托。这也是'红色剧本'沉浸式主题教育的应有之义。"张同学说。

作品推出后不久，就收到了来自北京的剧本游戏行业知名公司来剧聚的认可和邀约，双方就《天津呼叫》的联合策划、发行签订了协议，后续围绕"呼叫"这一核心，以天津作为历史背景，打造从"烽火狼烟"到"万物互联"的系列红色剧本，表达"通信"在不同历史时期的重要意义和中华民族的优秀品质。

张同学和他的团队创办了天津红图博志教育科技有限公司，落户于海河教育园区。目前，公司有专家师资、管理团队、业务骨干30余人，主营"红色剧本杀"、红色文旅项目、红色文创以及红培课程等业务。公司创办以来曾获天津市第七届"互联网＋"红旅赛道金奖，"中银杯"第八届、第九届天津市"创青春"中国青年创新创业大赛社会企业赛道银奖。作为天津市首家以"红色剧本杀"形式推动党史学习教育的企业，红图博志已累计预约开展活动近百场，直接体验者超300人次，先后与平津战役纪念馆、天津博物馆等达成合作意向。

目前，张同学正忙于西柏坡"红色沉浸式党员教育培训基地"项目的设计和开发。"红色资源是我们党领导中国人民在革命斗争和建设实践中所形成的伟大革命精神和宝贵财富，伟大精神历久弥新，革命薪火代代相传。我们要做的，就是用青年人的视角解读红色文化，让有意义的事情变得有意思，让更多人铭记革命历史、传承红色基因。"

（资料来源：《天津日报》）

创业人物生涯访谈

活动目的：

通过访谈活动，使学生了解不同创业人物的创业动机，感受创业动机在创业过程中的重要作用。

活动内容：

以小组为单位开展访谈活动。具体活动流程如下。

(1) 3～5 人为一组，每组选出一个负责人。

(2) 各组自行确定 2～3 个访谈对象。

(3) 各组拟定访谈提纲，内容可包括创业者的教育背景、成长环境、创业动机、创业历程、创业心得等。

(4) 访谈结束后，每组撰写一份访谈报告，分析访谈对象的创业动机及其创业成功的原因。

(5) 将报告内容制作成 PPT，在课堂上以小组为单位进行交流汇报。

活动检测：

活动结束后，教师可根据表 3-1 进行评分。

表 3-1　活 动 评 价 表

评 分 标 准	分　值	实际得分	备　注
积极参与访谈活动	20		
能够按照要求实施访谈	20		
访谈报告内容详尽，分析正确	20		
PPT 制作精美	20		
其他	20		
总分	100		

第二节　创业基本要素

名人语录

创业总是艰难的，敢于创业的人，便不应计较艰难，世界上没有一帆风顺的革命。

——恽代英

创业者通过市场分析找到了创业机会，组建了创业团队，撰写了创业计划书，获得了创业资金后，就可以开始着手创办一家企业了。

在进行下面的学习之前，请思考以下问题：

(1) 创业应具备的能力有哪些？

(2) 创业经历的过程有哪些？

一、创业的过程

创业的过程包括从产生创业动机到创建新企业并获取回报的整个过程，通常包括以下六个主要环节。

（一）产生创业动机

创业动机是创业者创业的原动力，它能够推动创业者去发现和识别市场机会。创业活动的主体是创业者，创业活动的开展首先取决于一个人希望成为创业者。同时，创业动机不仅是创业者打算创业的一种念头，更是其对创业目标与预期收益的深思熟虑。

（二）识别创业机会

识别创业机会是指创业者对可能成为创业机会的诸多事件进行分析和对创业预期结果进行判断的过程。国家产业政策的调整、新技术的出现、人口和家庭结构的变化、人们物质需求和精神需求的变化、流行时尚的变化等都可能带来创业机会。创业者应具有敏锐的观察力，能够及时、准确地识别创业机会，并对创业机会进行评估和筛选。

大学生团队破圈创业，给电动自行车配备"充电宝"

楼同学是一名在校生，也是一名创业者。他带领团队历经3年多的探索和实践，通过"30秒站点换电"替代"8小时直充系统"的思路，解决了电动自行车的充电痛点，用"飞喵换电"项目重新定义电动自行车出行。

我国电动自行车的社会保有量接近3亿辆，其虽堪称"国民级出行工具"，却也面临着一个巨大的难题——充电。"充电桩着实难找！""放在楼道充电太危险了！"据应急管理部消防救援局统计，全国每年平均发生电动自行车火灾约2000起。

"安全意识不能总是靠一次次火灾和悲剧来唤醒，创新才是最有效的灭火器。"之后，他和他的团队成员利用课余时间走访了上海、浙江两地的20余所高校，拍摄、收集了大量真实场景，并着手分类研究一线、二线和三线城市的电动自行车用户需求。

经过近一年的深入调研，他们发现，电动自行车的充电难题主要表现为充电时间长、充电空间拥挤、"拉飞线"存在安全隐患等，归根结底是充电桩不足，以及充电效率过低的问题。

经过分析，团队的初步构想是，像加油站一样，设立站点，提供秒换电池服务，提高出行效率。有了初步构想，该团队进行了明确规划，从人工换电小规模试点开始，到自动换电系统研发，再到扩大市场路径的落地节奏。

首先，他们与厂商合作，进行了小成本的人工换电试验——开设实体店，售卖具有换电功能的电动自行车(即飞喵换电车)，通过人工手动进行换电。这次试点，既验证了用户的需求及接受度，也发现了亟须降低人工运营成本的问题。

下一步，团队开始尝试"自助换电柜"。三个月后，热插拔万用接口、换电柜、换电车和"寻站"小程序等成果出炉。作为核心技术，热插拔万用接口打通了铅酸和锂电池的接口，仅需两分钟，就能够将传统电动自行车改成"飞喵换电车"。用这种技术，可改装市面上80%的铅酸电池电动自行车。

仅仅两个月的时间，团队就布置了线下四个站点，日均换电近百次。用户无须购买电池，按次付费，更省钱；30秒换电，里程翻倍，更便捷；充电智能监控，更安全。

之后，他们开始着手扩大市场。经过与多方的多轮沟通谈判，"飞喵换电"与社区充电龙头企业、园区、外卖、物流等多方顺利达成合作，现已在华东地区落地换电站点10个、拥有用户1300余名、保障11万次换电零安全事故、节省88万小时充电时长、助力1000余组铅酸电池规范回收。

(资料来源：《中国青年报》)

(三) 整合有效资源

资源是创业的基础条件，整合资源是创业者开发机会的重要手段。之所以强调资源整合，是因为创业者可以直接控制的可用资源往往很少，许多创业者需要白手起家。创业者需要整合的资源包括基本信息(如市场环境等)、人力资源(如合作者、雇员等)、资金资源等。

(四) 创建新企业

创建新企业需要进行大量的准备工作。其中，创业计划、创业融资和注册登记尤为关键。创业想法能否变成现实，关键看创业者能否制订一个周密的创业计划。资金短缺往往是制约企业发展的"瓶颈"，因此创业融资在企业的创建过程中起着至关重要的作用。创业者完成创业计划并获得企业融资之后，就可以按照法定程序进行注册登记，包括确定企业的组织形式、设计企业标志、向市场监督管理机关提出企业登记注册申请、领取营业执照等。

(五) 实现机会价值

创业者整合资源、创建新企业的目的是实现机会价值。实现机会价值是创业过程中的重要环节。在创业过程中，确保新创建的企业得以生存是创业者必须面对的挑战。同时，创业者更应认识到，企业若不成长，就无法生存得更好，在激烈的竞争环境中更是如此。因此，创业者必须了解企业成长的一般规律，预见企业在不同成长阶段可能面临的问题，以便采取有效措施，使机会价值得到充分实现，同时应不断地开发新的机会，把企业做活、做大、做强。

（六）收获创业回报

追求创业回报是创业者开展创业活动的目的。创业回报可以是多种多样的，创业者对创业回报的满意度在很大程度上取决于其创业动机。有调查显示，部分创业者的创业动机首先是自己当老板，然后才是追求财富。对于这些人来说，当老板的感受就是一种创业回报。

延伸阅读

创业的成功是一系列要素科学组合的结果，这些要素是创业所必须具有的实质或者组成部分。改善这些要素的组合，能够提高创业者创业的成功率。那么，创业究竟应该包括哪些要素，不同的学者有不同的看法。此处讲讲创业团队、创业机会、创业资源和商业模式四元素说。

1. 创业团队

"一个篱笆三个桩，一个好汉三个帮"，创业不能只靠单打独斗。在商业史上，有很多声名赫赫的创业团队，例如，微软的比尔·盖茨和保罗·艾伦，苹果的4人团队马库拉、乔布斯、斯科特和沃兹，阿里巴巴的"十八罗汉"等。

创业团队是指为了进行创业活动而形成的集体，团队成员各有所长、分工合作、优势互补、风险共担，共同为了创业成功这一共同目标而奋斗。一个优秀的创业团队对创业成功有着重大的影响。美国一项针对104家高科技企业的研究报告指出，在年销售额达到500万美元的高成长企业中，有83.3%是以团队形式建立的；而在另外73家停止经营的企业中，仅有53.8%有数位创始人。

2. 创业机会

每一个成功的创业活动都是一个或多个创业机会的具体实现。所谓创业机会，就是指创业者能够通过投入和组织资源来获取价值的有利情况。很多创业者将创业机会简单地理解为能够赚钱的想法和点子，这固然是创业机会的核心，但是仍然只反映出了创业机会的一个方面，真正具有潜力的创业机会，通常具有以下四个特征。

(1) 隐蔽性。创业机会具有隐蔽性，机会出现在每个人面前但不会被大众所认识，而隐蔽性正是其价值所在，如果一个非常优秀的创业机会被大众所普遍认识，那么其潜在的利润空间也会被压缩到很低，其价值就被削弱了。

(2) 偶然性。虽然创业机会的出现是市场、需求、技术等因素联系的必然产物，但是对于创业者而言，发现创业机会往往不是刻意追寻的结果而是偶然的灵光一现。

(3) 时限性。创业机会不是一个常态的、确切的存在，而是一种随时变化的情境。随着市场、技术、需求等因素的变化，新的创业机会不断产生、旧的创业机会随时湮灭。只有在时限内抓住创业机会才能产生效益。

(4) 可开发性。创业机会的价值不是立即可变现的，而需要创业者通过创业活动来开发，如果不具备可开发性，那么再大价值的创业机会也只是一条商业信息。创业机会的开发需要许多条件，例如，创业者所面对的创业环境和其所能整合的资源。同时，创业机会也并非一成不变，而是需要依赖创业者的开发而不断产生新的潜在价值。

3. 创业资源

麻省理工学院管理科学教授伯格·沃纳菲尔特 (Birger Wernerfelt) 在 1984 年提出了资源基础理论。该理论认为，企业是各种资源的集合体，资源是企业的基础。这一理论很快得到了广泛的认可。

创业资源是指所有对创业项目以及创业企业经营发展有所帮助的要素以及其组合。这些资源在企业间是不可流动且难以复制的，互相组合即可变成产品或服务，从而产生新的价值。按照性质的不同，创业资源可以分为以下六类。

(1) 人力资源。人力资源是指企业所拥有的用以制造产品和提供服务的人力，人力资源是创业企业的关键，资源是获取、利用和转化其他资源的基础。人具有主观能动性，创业者、创业团队拥有的技能、知识、洞察力、视野、期望等都会深刻而持续地影响企业的运营和发展。人力资源又分为两个方面：其一为高质量、高素质人才的获取和培养；其二为高数量的、合格的产业工人的培养和获取，两者都对企业发展至关重要。

(2) 社会资源。社会资源是一个广义的范畴，主要指由人际和社会关系网络形成的关系资源。社会资源不会直接作用于产品的开发、生产、运输和销售这一整套流程，却能够帮助企业获取、利用其他的资源，间接作用于企业的方方面面。同时，丰富的社会资源还能够使企业获得或抢先获得一些其他组织难以获得和接触到的资源，例如，一些隐秘的商业信息、市场变化的征兆等。

(3) 财务资源。财务资源是指企业所拥有的所有以货币形式存在的资源，包括固定资产和流动性资源两种，固定资产如厂房、机器设备、原料、成品等，流动性资源包括现金存款以及可以变现的债券、股票、基金、期货等。财务资源是衡量企业价值的标准，扩大财务资源是企业经营的主要目标。同时，财务资源，尤其是流动性资源还能够灵活地转化为其他资源，在企业的经营活动中发挥重要作用。

(4) 物质资源。物质资源是指企业所拥有的各种有形资源，如房屋建筑、生产设备、原料等，它还包括自然资源，如地皮、矿山、林地等资源。

(5) 技术资源。技术资源是指企业在产品生产加工、储存、运输的过程中特有的关键技术和工艺流程等，广义的技术资源还包括应用这些技术的专业设备。技术资源是企业的核心资源，决定着创业企业资本的大小、创业市场竞争力以及盈利能力。缺乏技术的企业最终只能沦为代工厂，无法成为贯通产业链的行业巨头。

(6) 组织资源。组织资源是指企业的组织结构、制度建设以及企业的规范管理、市场营销策划等。其他资源的运用和发挥需要依靠管理和组织。

4. 商业模式

创业是一种商业行为，其直接目的是盈利，商业模式就是创业者用以获取利润的模式。换言之，商业模式需要回答"怎么赚到钱"这一问题。而"怎么赚到钱"又可以分解为"怎样生产出产品""怎样让消费者认同我的产品""怎么让消费者愿意为我的产品付费"等细分问题，商业模式是这一切问题的答案。

从学术上来说，商业模式是企业整合资源与能力进行战略规划，以充分开发创业机会，并且实现利润目标的内在逻辑；是企业与企业之间、企业的部门之间，乃至企业与消费者之间、企业与渠道商之间存在的所有各种各样的交易关系和联结方式的总和。

在商业史上，有很多经典的商业模式，此处介绍几种常见商业模式。

(1) 店铺模式：店铺模式是最古老也最基本的商业模式，它是指在具有潜在消费者群的地方开设店铺并展示其产品或服务。店铺模式赚取的利润主要来自商品购入与卖出之间的差价，也可以依靠广告收入、服务收入等盈利。

(2) "饵"与"钩"模式："饵"与"钩"模式也称为"剃刀与刀片"模式，或"搭售"模式。在这种模式里，基本产品(饵)的售价很低，但与之相关的消耗品或者服务(钩)的价格却十分昂贵。其核心是通过廉价(甚至亏本)的基本产品吸引消费者，然后通过后续的消耗品或服务来盈利。例如，吉列曾经通过免费送剃须刀获取了大量消费者，随后通过卖专用刀片(消耗品)赚取了巨大的利润。

(3) 硬件＋软件模式：硬件＋软件模式是指将硬件制造和软件开发进行有机结合，通过提供高质量的软件增加消费者对硬件使用的黏性，同时软件也成为本企业产品的技术壁垒，消费者在更换硬件时会由于对软件的依赖而继续使用该系列产品。

二、创业的能力

在现代社会，竞争日趋激烈，创业者能否在竞争中占据优势、成功创业，主要取决于他所拥有或能够运用的各种能力。一般来说，创业者应具备以下几种能力。

（一）创新能力

创新是知识经济时代的主旋律。在竞争激烈的市场中，缺乏创新的企业很难站稳脚跟。创业是一项充满创新的事业，创业者必须具备创新能力，能够根据客观情况的变化，及时提出新目标、新方案，不断开拓新局面。

（二）学习能力

面对日益复杂的市场竞争与合作关系、日新月异的科学技术手段、不断更新的管理理念及各种管理手段，创业者只有不断学习才能应对时代潮流的冲击与要求。学习能力主要包括制订学习目标和计划的能力、阅读能力、分析和归纳的能力、信息检索能力等。创业者要培养良好的学习能力，应做到以下几点。

一是心态归零，吐故纳新。创业者不应囿于已取得的成绩和能力，而应不断从零开始，时刻保持对环境变化的敏感度，不断学习新知识。

二是精益求精，学有所长。对于创业者而言，学到的知识越多，能力就越强。但是人的精力是有限的，"门门精通"往往会变成"门门不通"。创业者应该学会选择，在某些领域要精益求精，具备一技之长；在某些领域则可涉猎或粗通。

三是开阔视野，终身学习。学习能力的表现之一就是善于发现学习的榜样，学其长处，补己短板。如果仅仅局限在一个小的范围内，就会变成"井底之蛙"，丧失学习的动力和能力。只有走出去，不断地接触新事物和新观点，才能不断开阔视野，增长见识。此外，创业者必须树立终身学习的理念，通过不断学习，提高自身能力。

马花花和他的"神兽"们

马同学，笔名马花花，一头卷发，说话干脆利落，出生于1998年，是海河教育园区某职业技术学院毕业生，如今已经毕业两年。他所创办的公司，于2020年6月成立，主营品牌设计、企业形象策划、电商等业务，是一家专注于天津本土IP形象打造的文化传媒公司。团队现有8人，大都是最初"神兽堂"品牌IP课题组中的成员。

2014年，天津"四大神兽"创始人、天津某职业技术学院数字艺术系教师以视觉创新设计手法，将"走鸡""拿拿龙""鬐鸟""幺蛾子"4个天津方言俚语转化为创意IP形象——津城"四大神兽"，并以此为方向成立师生共创课题组，全面打造"四大神兽"的品牌IP。

毕业后，由于团队成员均认同"四大神兽"的未来发展与本土文化价值，团队开始正式由课题组走向市场。创办两年来，曾获"国内广告节最具商业价值IP奖""天津本土最具影响力IP形象品牌"等多类奖项。

"即便在2020年，我们也达到了30多万元盈利额。"对于一个只有8个人规模，刚成立的初创公司来说，30万元已算是不简单。但马花花却认为这只是个开端。

马花花说，最先与行业接触是在大二时。当时"天津互联网＋创新创业大赛"正在报名，他的老师觉得这是个机会，并且很适合他，于是向学院进行了推荐。36支队伍，10多家重点高校，在百余人中，马花花进入了前三。

"根本不会想到，我一个大专生竟然还能获奖。"不久后，需要组建一个小设计团队完成项目，考虑到马花花踏实细致，并且专业能力不错，于是老师便让他协助。

依托海教园政策和海棠众创大街载体优势，老师带领学生在海棠空间"安了家"。在此期间，马花花迅速了解了政策申请和办理流程，并且随着项目的推进，团队逐渐成形，马花花开始有了创业的想法。在得到老师的支持后，马花花正式选择创业。

"企业刚起步时，只要早晨一醒来，就要看自己手机有没有订单消息。房租、水电费、员工工资，哪一样不花钱？"回忆起当时，马花花说。

面对挫折，马花花虽然无奈，但还是选择坚持了下来，他说："既然选择了，就不能后悔，况且现在刚起步，总会存在一些问题，只要我们及时总结复盘，用心解读客户的真实诉求，借助海教园整体发展的强大势能，总有一天会取得成功。"

凭借着这股"韧劲"，如今，马花花的名气越来越大，他的设计作品逐步开始在全市推广。马花花说："感谢团队每一个人的付出，我有信心，未来会更好。"

（资料来源：《天津日报》）

（三）合作能力

创业者之所以需要与他人合作，首先是因为个人的能力有限，其次是因为个人能力与他人能力具有互补性。创业者要想与他人合作并有所作为，首先要做到知己，即要清楚自己的性格特点、能力专长等，选定一个适合自己的创业目标；其次要注意分析他人的特点，发掘他人所具备的与自身互补的能力。只有这样，创业者才能真正找到合作伙伴，并与其一道为共同的创业理想携手共进。创业者在与他人合作时要注意以下两个方面：一是平等合作，即合作伙伴在人格上是完全平等的，是为了一个共同的目标走到一起的；二是互利合作，即合作者之间的互惠互助是合作者为了某些共同目标和利益追求，在一定程度上进行的物质和精神的相互配合协作。

（四）管理能力

管理能力是指对人员、资金进行管理的能力，包括人员的选择、使用、组合和优化，以及资金的聚集、核算、分配和使用。管理能力在较高层次上决定了创业实践活动的效率和成败。创业者要想在激烈的市场竞争中取得优势，必须要对企业、员工和消费者负责，并保持高度的社会责任感；必须学会用人，善于吸纳德才兼备、志同道合者；必须学会制订合理的计划，并督促自己和员工严格落实；必须学会权衡主次轻重，合理整合资源。

（五）决策能力

决策能力是指创业者根据主客观条件，正确确定创业的发展方向、目标、战略，以及选择具体实施方案的能力。决策能力包括分析能力和判断能力。

在创业的过程中，创业者要能从错综复杂的现象中发现事物的本质，找出存在的真正问题，并正确处理问题，就必须具备良好的分析能力。而所谓判断能力，是指能从客观事物的发展变化中找出因果关系，并善于从中把握事物的发展方向的能力。由此可见，分析是判断的前提，判断是分析的目的，良好的决策能力是良好的分析能力加精准的判断能力。

（六）社交能力

社交能力是指创业者善于与他人沟通思想、联络感情、建立友谊，从而建立广泛的社会联系的能力。创业者在从事创业活动的过程中，免不了有各种社会交往，良好的社交能力对做好生产与经营工作、加强与各方面的沟通联系、扩大影响、减轻负面效应、提高经济效益都有不可估量的作用。创业者要提高自己的社交能力，可以从以下几个方面做起。

(1) 学会聆听。创业者要想提高社交能力，首先必须学会聆听，通过聆听领会他人话里的深层含义，获得自己所需的信息。例如，通过聆听客户的反馈，可以了解客户的真实体验，了解产品或服务存在的不足；通过聆听合作伙伴的意见，可以了解公司目前存在的问题。

(2) 主动交往。创业者要提高自己的自信心，勇敢地与别人交流，遇到比自己能力强的人，不应自卑，而应通过交往，学习他人的优点。

(3) 掌握社交技巧。创业者可以多读一些待人接物方面的书，学习社交技巧。

放下身段　勇闯新路

在盘州市红果城区，"源作"是人们熟知的烘焙品牌，更是孩子们喜爱的美味。"源作"烘焙工坊在盘州城区拥有众多 VIP 会员。相对于其较高的知名度，却很少有人知道这个品牌的创始人是 3 名"90 后"大学生。

李同学是盘州市双凤镇人，2013 年毕业于云南艺术学院，学的是现代音乐专业，怀揣着从事音乐事业的梦想，在音乐方面有一定造诣（曾参加江西卫视红歌会，止步 80 强）的他成立了自己的音乐工作室。有了一定资金基础后，就开始思考转型创业。

经过几番思考与市场调查，他找到同样是"90 后"的大学毕业生叶同学（中国人民大学法律系毕业）和吴同学（中国人民解放军海军航空大学毕业），三人一拍即合，自己研究配方，于 2017 年 4 月开店生产盘州火腿大饼，"源作"烘焙工坊由此诞生。之后，他们在主打盘州火腿大饼的同时又生产面包、饼干和生日蛋糕，挖到了创业路上的"第一桶金"。

"党的十九大召开后，习近平总书记和来自贵州的党代表余留芬关于盘州火腿的一席对话让盘州火腿'火'了起来，进而带动了我们盘州火腿大饼的销量，'源作'烘焙工坊的知名度也进一步提高。"李同学告诉记者。

因为坚持"新鲜、健康、美味"的经营理念，并开创性地实践了"只卖一天"的售卖方式，在得到客户的认可后，他们的事业越做越大。2018 年，他们开设了第二家门店。2019 年，东湖国际体验店开业，在盘州市首设"开放式厨房"，向市民呈现产品从生产到售卖的全过程。2021年，银杏广场复合店开业，他们尝试将咖啡店与面包店融合，为市民提供全新的烘焙体验。这种具有本土特色的下午茶点，很快就受到了众多市民的欢迎。"平常每天有客人50人左右，到周末和节假日就超过100人，20张桌子全坐满。"合伙人吴同学对记者说。

2022年5月，经过多年打拼，3名"90后"大学生投资500万元建创意工厂，成立贵州源作食品有限公司，昔日的小作坊终于跻身当地知名民营企业之列。

谈起事业的成功，李同学认为有两点，一是务实，不好高骛远；二是员工整体素质较高，73名员工中，本科及以上学历的5人、大专学历16人。

从小作坊到知名企业，"源作"一路走来，秉持的是"以人为本"的理念。员工中有建档立卡脱贫户9人，带动上下游就业百余人。

（资料来源：中国六盘水网）

创业模拟——合伙创办小吃店

活动目的：

通过活动，使学生了解创业的要素和创业的过程。

活动内容：

在全班同学中挑选出3名同学，1人扮演房东，另外2人扮演客人。其他同学每6人组建一个创业团队，模拟合伙创办小吃店。小吃店启动资金为80 000元。其中，房租5000~8000元，店铺装修费和设备费50 000元，剩余资金为现金储备。具体活动流程如下。

(1) 各团队内部协商，确定组织架构和分工。

(2) 各团队派出1名成员与"房东"谈判，争取以最低的价格租下店铺。

(3) 各团队内部协商，确定具体经营的项目、店铺装修风格和营销策略等(要有特色，有创意)，并整理成纸质材料。

(4) 2名"客人"查看各店铺创办计划，并与"房东"一起根据表3-2为各团队打分。

表3-2　活动评价表

评 分 标 准	分 值	实 际 得 分	备　注
人员分工合理	20		
房租合适(房租越低，得分越高)	20		
经营项目合理且有创意	20		
店铺装修风格明显且有创意	20		
营销策略合理且有创意	20		
总分	100		

第三节　创业精神

名人语录

企业发展就是要发展一批狼。狼有三大特性：一是敏锐的嗅觉；二是不屈不挠、奋不顾身的进攻精神；三是群体奋斗的意识。

——任正非

问题导入

精神是指一个人的内在能量和意志力，可以克服各种困难和挑战，迈向成功和成长。精神力量涉及多个方面，包括个人的信仰、价值观、决心、毅力、自信心和适应力等。它可以帮助人们减轻压力、排解焦虑和克服困难，激发个人的潜力，发展个人的能力和品质。

在进行下面的学习之前，请思考以下问题：

(1) 什么是创业精神？创业精神有什么特征？

(2) 创业精神的本质与来源是什么？

(3) 如何培养创业精神？

一、创业精神的含义

哈佛大学商学院对创业精神的定义是："创业精神就是一个人不以当前有限的资源为基础而追求商机的精神。"从这个角度上来讲，创业精神代表着一种突破资源限制，通过创新来创造机会、创造资源的行为，而不是简单地体现在创造新企业或创新上。因此，创业精神可以简洁地概括为：没有资源创造资源，没有条件创造条件，用有限资源去创造更大的资源。

创业精神引导着追求机会的行为，这些机会还不存在于目前资源应用的范围，但未来有可能创造资源应用的新价值。因此我们可以说，创业精神即是促成新企业形成、发展和成长的原动力。

创业精神类似一种能够持续创新成长的生命力，一般可区分为个体的创业精神及组织的创业精神。个体的创业精神是指以个人力量，在个人愿景引导下，从事创新活动，进而创造一个新企业；组织的创业精神是指在已存在的一个组织内部，以群体力量追求共同愿景，从事组织创新活动，进而创造组织的新面貌。

创业精神有三个层次的内涵：哲学层次的创业思想和创业观念，这是人们对创业的理性认识：心理学层次的创业个性和创业意志，这是人们创业的心理基础；行为学层次的创业作风和创业品质，这是人们创业的行为模式。

创业精神是现代社会中越来越受欢迎的一个概念，它是指个人或组织在创新、创造、探索、冒险和变革中表现出来的积极情感和行为表现。创业精神是现代社会繁荣和进步的重要源泉之一，它推动了技术和商业的创新，带动经济发展和社会进步。创业精神的核心是创新，要求创业者能够不断地寻找和发现新的商业机遇，并通过灵活思维和实践能力来创造和满足市场需求。

创业精神的发展和实践需要一定的社会条件和环境。在现代社会中，政府、企业和社会组织需要为创业者提供相应的支持、资金、法律制度和政策环境，以便创业者更好地发挥自己的特长和能力，创造出更多的商业机会和价值。

总之，创业精神是现代社会繁荣和进步的重要源泉之一，它是推动技术和商业创新、带动经济发展和社会进步的核心力量。创业者需要具备创新思维、风险承担能力、坚韧不拔的精神、自信、决心和勇气，以及成功追求的目标，才能在竞争激烈的商业环境中取得成功。

董明珠的创业精神

格力电器董事长董明珠说过一句话："我不觉得自己很强大，只是在做一件事而已。但做决定时，果断是不可缺少的。"进入格力以来，董明珠说她只做了一件事，那就是做"好空调，格力造"。

一谈起空调，从空调各个零部件的成本、各种技术的应用、市场销售价格及对手的价格，以及销售策略，董明珠都能如数家珍。董明珠从一名普通的销售人员做到拥有 8 万员工公司的总裁，她自己的经历已然证明了这一点：只要有目标，就一定会实现。现在的格力深深打上了董明珠的烙印，强调核心技术，强调工业精神。

在中国，99% 的家电业有与外资合资的背景，将别人的技术转化为自己的产品。格力也曾经持同样的观点。所以在 20 世纪 90 年代，董明珠也曾赴日本，希望以最简单的购买方式，直接从日本企业手中换取核心技术，以便在国内的竞争中赢得主动权。但是日本人拒绝了格力，"这种技术我们是不会卖的，因为它现在是世界上最先进的技术"。日本人的话点醒了董明珠，让她真正意识到：跟外资合作无非是别人将即将淘汰的技术给你，而他们会有更新的产品、更新的技术与你竞争，而且还能用这些淘汰的技术获得另外的收益。"只有走中国创造之路，才能有中国制造的天下。"这让格力在痛定思痛中走上了自主研发之路。为此，格力付出了 10 年的时间。2009 年，格力反过来再次与日本企业大金空调合作，双方站在了一个完全平等的地位上，并且改变了过去简单购买别人技术的合作方式。合作公司以技术攻关为主，格力以 5.1 亿元的资本实现控股，然后共同研发、共同享用从这家公司中所产生的科技成果。

"格力掌握核心科技"这句话，在格力内部也经历了几个阶段：最早是"8年不回头"，意思就是8年消费者不回头；后来又推出了"6年免费服务"，强调"没有售后服务的服务才是最好的服务"。"工业精神就是要精益求精。"董明珠说。在格力的生产车间及实验室里，随处可见体现"董氏风格"的标语，如"绝不拿消费者当实验品""创造不需要售后服务的产品才是好产品""严禁返修机进入市场"等。格力研发中心有4个特殊的实验室，分别研究在微生物、雨打、噪声及模拟环境中空调运作的影响，模拟环境设计了从高温80℃到零下–30℃时的空调温度、湿度及风速的运转情况。正是有了这种前期准备，格力在新疆克拉玛依市场占到了80%以上的市场份额。

（资料来源：959品牌商机网）

二、创业精神的特征

（一）创新思维

创新思维是创业精神最核心的特征，它要求创业者有不断发现和创造新商业模式、产品和服务的能力。创新思维可以帮助创业者快速找到市场上的商业机遇，开发出新的创新产品和服务，使自己的企业在市场中快速站稳脚跟。创新思维能力是一个人或者组织成功的关键，它需要开拓者的敏锐洞察力和不断尝试的能力。

（二）风险承受能力

创新往往意味着风险，因此，创业者需要有一定的风险承受能力。创业者必须敢于向未知领域探索，并承担经济风险。在商业世界中，没有风险就没有回报，所以创业者必须敢于面对风险，勇于冒险。

（三）坚韧不拔的精神

创业是一次充满了挑战和竞争的旅程，创业者经常会遇到困难和失败。创业者必须有坚韧不拔的精神，能够从失败中汲取教训并保持信心。坚韧不拔的精神，对于创业者来说是极为关键的，它可以减轻创业者在初期遇到的压力，让他们克服困难，不断前行。

（四）自信、决心和勇气

一个成功的创业者必须有自信、决心和勇气，相信自己的能力和才华。创业者不能让其他人把他们打败。必须保持决心，在遇到困难的时候，充满激情地前行。当然，为了取得成功，决心只会带来一个最初的推动力，还需要用自信和勇气面对创业之路上众多的难题和风险。

（五）成功的追求

创业者最终的目标就是成功的追求。他们相信自己能够通过不懈努力取得成功，达到自己的目标和愿望，实现自己的创业计划。因此，创业者必须有一个明确的成功目标，清楚自己的发展方向和目标，取得成功的追求。

总之，创业精神的核心是创新和创造，它要求创业者具备创新思维、实践能力和学习能力，积极寻找和开发新的商业机会，并通过灵活思维和实践能力来创造和满足市场需求。创业精神还包括坚韧不拔的精神，勇于接受失败的挫折和风险的挑战，从失败中汲取教训，坚持追求成功的决心和勇气。创业精神还包括创业者敢于承认自己的错误和缺点，乐于听取他人的意见和建议，并以此进行不断的自我完善和提高。此外，创业者需要具备团队合作和领导能力，能够组建和培养高效的工作团队，有效地协调和管理企业中不同部门之间的关系，实现整体发展。

创业精神的发展和实践需要一定的社会条件和环境。在现代社会中，政府、企业和社会组织需要为创业者提供相应的政策支持和资金帮助等，以便创业者更好地发挥自己的特长和能力，创造出更多的商业机会和价值。

就正有道　业精于勤

刘同学，男，福建师范大学文化旅游与公共管理学院 2023 届劳动与社会保障专业本科生，中共预备党员，在校期间曾连续三年担任班长一职，就职于全球光伏行业龙头——隆基绿能科技股份有限公司全球营销中心。

大一时的刘同学懵懂无知，刚入学还抱有"放纵"的心态。在大一上学年期末考试中，成绩不尽如人意。身为班长的他，痛定思痛，深知学习是自己的首要任务。之后，课堂上的他始终坐在前排，努力汲取知识，认真听讲，勤于思考，做到课前预习、课中学习、课后复习，一刻不放松。功夫不负有心人，刘同学的综合测评成绩稳居专业前四。

课堂外的他也积极扩展各方面的知识，长期坚持课外自学，并在实践中巩固学习成果。在学有余力的前提下，他十分注重自己的学术科研与创新能力，积极参与各类学术创新竞赛，曾和团队在厦门、福州等多地进行实地调研与访谈。在这些比赛中，他经历过许多挫折和困难，但决不退缩，而是迎难而上！他与志同道合的朋友们一起攻坚克难，将理论与实践相结合，极大地提升了自己的学术创新能力，积累了大量的学术研究和实践经验，也锻炼了良好的团队合作能力，收获了深厚的"革命"友情。

作为一名青年大学生党员，在思想上，他积极向党组织靠拢，多次被评为"大学生自主学习马克思主义理论先进个人"。他深知以知促行、知行合一的重要性，积极投身于志愿服务活动和党建先锋岗的工作中，累计志愿时长超过 170 小时。他也积极参加无偿献血，并取得了红十字协会的救护员证，以便将来在必要的时候帮助他人。刘同学还利用寒暑假时间，积极参与社会实践。他在老家的县委组织部作为一名实习生参与政府单位的政策评估过程，并作为一名乡村支教老师，前往湖北省荆州市螺山镇开展为期两个月的支教工作。

作为一名班级负责人，他始终秉持着为同学服务的初心，深受老师和同学们的信赖。在校内，他经常组织开展主题班会、文化艺术活动、团建交流活动；在校外，他带领班级同学深入社区、社会机构、政府单位开展各类志愿服务和社会实践活动。

刘同学的求职之路并非一帆风顺，他投过累计超百份简历，面试过五十家公司。从一开始的处处碰壁、胆怯慌张，到后来的从容自信、落落大方。他通过一次又一次的经验总结和模拟面试，逐步掌握了面试技巧，获取了笔试、面试通关的密码。他作为学生代表，与年级三百多位同学分享自己的求职经验和技巧。

永葆"不破楼兰终不还"的锐意进取，追"少年意气"之梦，在云月中写实韶华。奋进不负青云志，常怀追梦赤子心。作为一名大学毕业生，他没有选择考研而是直接就业。他坚信，只要有上进心，选择任何一条道路都会发光！

三、创业精神的本质

创业精神通常被人们称为企业家精神，它是创业者在市场竞争中不断开拓进取，创造新价值的精神概述。彼得·德鲁克的研究认为，创业精神应该是社会所必需的一种创新精神，并且正是因为拥有了这种创新精神才会推动社会的发展。

人是创业成功的第一要素，因此创业者发挥了核心作用。创业精神是创业者的本质。创业者是参与企业的组织、管理及运营的具有创业精神的人。创业精神主要包括冒险精神、诚信守法、创新精神、实干精神及社会责任感。

1. 冒险精神

创业的开拓性需要有冒险精神，需要有胆略和胆识，同时，在创业实践中也要有风险意识，要注意冒险精神和风险意识的平衡，保持理性思维，降低风险损失。创业者是风险承担者。将近300年前，法国经济学家罗伯特·坎狄龙最早提出这一观点。他认为，创业者在经济的运行中起重要作用，他们实际上是在管理风险。工人向工厂出卖劳动力，企业主把产品拿到市场上去卖，市场上的产品价格是浮动的，而工人领取固定的工资，企业主替工人承担了产品价格浮动的风险，当产品价格跌落时，企业主有可能蒙受损失，而企业的盈利，正是企业主承担风险所获得的回报。

2. 诚信守法

诚信守法是创业者必备的品质，它体现了成功创业者的人格魅力：讲信誉，守诺言，言行一致，身体力行，胸襟广阔，厚人薄己，敢于承担责任，勇于自我否定，尊重人才，以人为本，倡导团队合作和学习，帮助团队成员获得成就感，坚持顾客价值、公司价值和社会价值的创造。

诚信守法是创业者应具备的基本素质。诚信是市场经济的基本信条，只有诚信守法、注重声誉的企业，才能在激烈的市场竞争中获得最大的利益。

3. 创新精神

创业精神的本质就是创新。创新是企业持续发展的根本。创新概念最早是由著名经济学家约瑟夫·熊彼特提出来的。他认为创新是"创业者对生产要素的重新组合，也就是建立一种新的生产函数"。具体来说，创新精神主要指创造新的生产经营手段和方法、新的资源配置方式以及新的符合消费者需求的产品和劳务。在这种创新概念下，创新首先能使企业开辟一个更广阔的生存发展空间，不断地领先，不断地发展，使企业在发展中不断对旧的进行扬弃，以非常规的方式配置企业的有效资源，推动企业的运行，从而获得巨大的成功。

事实上，任何企业，不论其效益如何显著，或在行业中如何成绩斐然，都需要不断创新、变革，这样才能使企业在市场竞争中立于不败之地。苹果电脑公司的发起人是创业者，因为他们推出了新产品；亨利·福特是创业者，他最早采用汽车生产线；亚马逊网上书店的老板是创业者，他开辟了网上销售渠道；比尔·盖茨也是创业者，他创立了微软公司。因此，具有锐意进取、推出新产品或改进生产方式等创新精神的人，才是真正意义上的创业者。只有创新才是竞争制胜的第一要素。"没有饱和的市场，只有饱和的思想"。敢想、敢干、敢于抓住机会，这是创业成功的第一资本。想到别人想不到的商机，就容易取得"抢滩"的胜利，掘到第一桶金。一个企业可以暂时没有核心技术、核心人才，可以没有雄厚的资本，但必须具备勇往直前、披荆斩棘的探索精神，见人所未见、做人所不做的创造精神。

4. 实干精神

创业者需要决断力、信心、说服力以及坚定不移的品质。创业行为是具有冒险性的，充满不确定性，它的最终结果必然是无法准确估算的，所以时时需要主观判断，而一旦做出某种判断，创业者就必须始终相信自己的判断，否则一遇挫折就打退堂鼓，最终什么事也做不成。光创业者自己有信心还不够，他还必须有能力说服别人相信他的判断，这样才能引来投资或他人的支持。

5. 社会责任感

一般认为，企业社会责任就是企业要创造利润，企业在对股东利益负责的同时，还要承担对员工、对消费者、对社区和环境的社会责任，包括遵守商业道德、保障生产安全和职业健康、保护劳动者的合法权益、保护环境、支持慈善事业、支持社会公益事业和保护弱势群体等。成功的创业者具有高度的使命感与强烈的责任意识，创业活动是社会性活动，是各种利益相关者协同运作的系统。

伟大的创业者不只是完全为了实现个人的财富梦想而创业的，而是为了帮助普通人实现他的梦想。创业精神中也包括创业者必须承担社会责任并且拥有甘于奉献的精神。一个人创业所做的事业，应该把实现社会价值和赚取阳光财富结合起来，成功的创业者应该是一个有社会责任感的人。

随着"80 后""90 后"创业人士涌现，年轻一代对创业精神层面的追求更为纯粹，社会责任成为他们构建新的商业模式时主动考虑的重要组成部分。

顺 行 校 园

对于一个创业者而言,创业成功＝可行的项目＋合格的创业人。就合格的创业人来说,创业可能是一时的兴起,但热情不会随时间减弱,才是创业者的入门"门槛"。

刘鑫龙是某职业技术学院机电学院 2015 级电子信息专业的学生,在 2018 年的某一天,他在网上浏览时,因为看到雷军的创业故事,而萌发了创业的种子。2019 年 3 月开学,了解到学校跑腿业务因前运营者实习,业务被剩下 2 人接手,刘鑫龙重新起名"顺行生活",一个学期后还是不瘟不火。2019 年 9 月开学,调整为线上云应用服务为主、跑腿为次,还为跑腿搭建了云应用,运营了一段时间后,因投入于毕业项目和创业比赛,而搁浅了运营项目。2020 年 9 月开学,他们从搭建线上云应用改为自己做线上平台。调查后发现学生用户对本地信息和服务了解不多,并总结了原来项目遇到的问题,决定将项目做成信息平台,改名为"顺行校园",让学生能在一个平台找到、使用所有的服务、信息,也能让商家投入一个渠道就能覆盖一个区域,解决两头(需求者＋提供者)信息闭塞的问题。

项目开始了 2 个月,团队人数增加到 5 人,针对校内的食堂、建筑等校园信息都做了收集,搜索直接就能找到教务处、学校宾馆、配钥匙店、美食店等的开放时间和地点等;还规划了摄影写真、社区、洗衣干衣、DIY 工坊、跑腿代购代取、维修回收、生活购物、保洁家政、外卖等业务,也满足校园生活上的特色需求,如电费代缴、放假搬寝。在双十一推出特惠活动:(1) 1 元无限跑腿:当天花 1 元,当天内快递代取、代买商品服务都免费无限使用,享受"懒到爽"的体验;(2)平台购物享五至八五折优惠:3 元就可购买一提卷纸、5 元购买上铺宿舍挂篮、老干妈洗衣 99 元 / 年＋10 元,不限次数洗衣干衣,等等。(3)顺行校园＆创业小摊"DIY 美甲"补贴:单色美甲补贴仅 4 元 / 次,3 人同行、1 人免单(免单限 10 份),做任意美甲都送编发＋修眉 1 次。

四、创业精神培养

或许有的企业家是天生的商人,他们的创业精神与生俱来。其实,创业精神也是可以通过后天培养而形成的,大学生创业者可通过模仿、历练、实践和培训这四种途径来培养自己的创业精神。

(一)模仿

模仿是培养创业精神较便捷的方法,选择一个学习榜样,揣摩他的行为,分析他的言论,从而向他靠拢。很多成功创业者都有这样一个感受:他们在创业过程中会有一个"偶像",自己会不自觉地按这个偶像的言行来要求自己、鞭策自己。乔布斯就非常崇拜英特尔的创始人安迪·格鲁夫,甚至打电话向其寻求建议。大学生应该从创业成功者身上吸取经验，学习他们的创业精神，从而让自己更快成熟起来。

（二）历练

创业是艰辛的，创业环境中处处充满竞争和困难，培养创业精神的高效方法之一就是让创业者在真正的创业环境中磨炼意志。

优秀的创业者是绝不会被压力压垮的，反而会在压力之下创造惊人的事业。比如，房地产行业知名人士李嘉诚，他在年少时挣扎在社会底层，在这个过程中养成了坚韧不拔、勇于冒险、关注前沿咨询的特质，这让他收获了长久的成果。

（三）实践

实践是培养创业精神的直接方法，积极的实践能带来及时的反馈，实践经验的积累能够让创业者对创业形成逐渐深入清醒的认识。实践产生的作用是其他途径不可替代的。

当然，大学生由于时间和资金等条件的限制，大都是从一些零碎的小生意开始的，但从这些小生意中也能锻炼培养大学生的创业精神。总之，只有通过创业实践，大学生创业者才能在以后更加清晰地确立创业目标、制订创业计划，才会更加坚定创业信念，创业精神也才能更加强大。

（四）培训

创业精神培训活动往往请成功的企业家或者经验丰富的职业经理人来担任讲师，大学生参加创业精神培训可以得到专业化和科学化的指导，这是其他方式所难以达到的。通常，高校和地方政府都会举办创业精神培训活动，一些社会机构也会提供相关服务，大学生可以选择这些渠道来参与创业精神培训。

29 岁，喜茶创始人身家 40 亿

29 岁，可以成为什么？

在最新出炉的"2020 深圳创富百人榜"上，出现了一个 29 岁的年轻身影，他就是喜茶创始人聂云宸。根据榜单显示，聂云宸以身家 40.92 亿元列居深圳创富的第 81 位，也是这百人中最年轻的一位。

90 后聂云宸实现财富自由，离不开其一手创办的新茶饮品牌——喜茶。2012 年在广东江门起家，到如今已在全球 49 个城市拥有超过 500 家门店。一路狂奔的喜茶，深受资本的青睐。在最近一笔战略投资中，喜茶估值超过 160 亿元。

聂云宸第一次创业是在 19 岁。1991 年，聂云宸在江西出生，后跟随父母来到广东江门。聂云宸就读于广东科学技术职业学院人文学院行政管理专业期间，想要独立创业的想法就开始萌生。在 2010 年大学顺利毕业后，19 岁的聂云宸开始付诸行动。第一次创业，聂云宸在广州开了一家手机店，专门售卖智能手机和相关配件。2012 年 5 月，聂云宸带着开手机店赚得的 20 万元资金，开了一家名为皇茶的店，也就是喜茶的前身。在随后的一年多里，聂云宸在江门陆陆续续开了 3 家门店，也在隔壁中山市有了店面。2016 年，可以说是聂云宸创业以来最具重要意义的一年。这一年，他重新注册了商标，将"皇茶"改名为"喜茶"，开了第一家一百平方米的极简风门店，迅速走红，并获得由 IDG 资本和天使投资人何伯权的 1 亿元融资，彻底拉开了喜茶狂奔的序幕。

2020 年 8 月，喜茶已经在全球 49 个城市拥有超过 500 家门店，且国内平均单店单月流水达 100 多万元。在竞争激烈的市场环境下，喜茶仍在不断地加固城墙。根据其公布的经营数据，2019 年喜茶共推出 240 余款新品，除了应季饮品，还有面包、冰淇淋、咖啡等多种品类。此后，喜茶更是推出子品牌"喜小茶"，布局果汁产线和汽水产线。

这位 90 后创业者开创了中国新茶饮的时代。"早期创业最大艰难来自焦虑，焦虑可能来自想走很远的路。"聂云宸曾说，他相信一万小时定律：只有把某件事当作一种习惯，才能对抗枯燥，不被惰性裹挟。成功就在脚下。

（资料来源：凤凰网财经）

创业能力测评

测评说明：

(1) 无论是刚从学校毕业进入就业市场的年轻人，还是在社会上打拼了多年的上班族，许多人都希望拥有一份属于自己的事业。然而，并非每个人都具有创业潜力，下面的测试可帮助你了解自己是否适合创业 (测试结果仅供参考)。

(2) 请根据实际情况回答"是"或"否"。在回答问题时，一定要根据第一反应回答，不要进行过多的思考。

测评题：

(1) 你是否曾经为了某个理想而制订了两年以上的长期计划，并且按计划执行，直到完成。

(2) 在学校和家庭生活中，你是否能够脱离老师和父母的督促，自觉地完成学习任务或老师和家长分派的其他任务？

(3) 你是否喜欢独自完成工作，并且做得很好？

(4) 当你与朋友在一起时，你的朋友是否经常向你寻求指导和建议？

(5) 求学时期，你有没有赚钱的经验？

(6) 你是否能够专注地投入个人兴趣连续 10 个小时以上？

(7) 你是否有保存重要资料的习惯，并且能井井有条地对其进行整理，以便需要时可以随时提取和查阅？

(8) 在日常生活中，你是否热衷于社会服务工作？

(9) 你是否喜欢音乐、美术、体育等课程？

(10) 在上学期间，你是否曾经带领同学完成过由你组织的大型活动，如元旦晚会、歌唱比赛等？

(11) 你喜欢在竞争中生存吗？

(12) 当你为别人工作时，若发现其管理方式不当，你是否会主动思考适当的管理方式并向其提议？

(13) 当需要别人帮助时，你是否能充满自信地寻求帮助并说服别人来帮助你？

(14) 在募捐或义卖时，你是否充满自信？

(15) 当要完成一项重要工作时，你是否总能留出足够的时间认真完成，而绝不会让时间虚度，在匆忙中草率完成？

(16) 参加重要聚会时，你是否会准时赴约？

(17) 你是否能安排一个合适的环境，以使自己在工作时能不受干扰而专心工作？

(18) 你交往的朋友中，是否有许多有成就、有智慧、有眼光、有远见且老成稳重的人？

(19) 在工作或学习团体中，你被认为是一个受欢迎的人吗？

(20) 你是一个理财高手吗？

(21) 你是否可以为了赚钱而牺牲个人娱乐？

(22) 在工作中，你是否总是独自承担责任？

(23) 在工作时，你是否有足够的耐心与耐力？

(24) 你是否能在很短的时间内结交许多新朋友？

测评标准：

(1) 回答"是"得 1 分，回答"否"得 0 分。

(2) 请参照以下评分标准，确定自己的创业能力。

0~5 分：目前不适合自己创业，应在为别人打工的过程中努力学习专业技术和专业知识。

6~10 分：需要在旁人指导下创业，才有创业成功的可能。

11~15 分：非常适合自己创业，但对于那些回答"否"的问题，还应总结出自己的缺点并加以改正。

16~20 分：自身的性格特质足以使你从小事业慢慢开始，在创业的过程中逐步获得经验，从而成为优秀的创业者。

21~24 分：你有很大的创业潜能，只要懂得掌握时机，很可能成为一名优秀的创业者。

第四章

创业方向探索

自我思考

创业机会与创业风险总是相伴而行的。创业者应尽可能地识别出创业机会中可能蕴含的风险，并制定相应的风险防范措施，以实现创业机会的价值最大化，从而实现创业目标。

想一想： 在日常生活中，你发现过适合自己的创业机会吗？你是如何抉择的呢？你有无把握住这个创业机会？创业者该如何识别和防范创业风险？

学习目标

◎ 知识目标

1. 掌握创业机会的含义、创业机会的基本类型、创业机会的主要来源和创业机会的特征。
2. 掌握创业风险的内涵与特征、创业风险的来源和创业风险的主要类型等相关知识。

◎ 能力目标

1. 能够合理地运用所学知识寻找和识别创业机会并进行创业机会的评价与评估。
2. 能够识别创业风险的来源和类型并有效防范和管理创业风险。

◎ 素质目标

1. 树立主动提升创业机会识别能力的意识。
2. 树立创业风险意识，提升抗风险能力，为创业做好思想准备。

开篇故事

李维·施特劳斯西部淘金，淘出牛仔"金矿"

李维·施特劳斯是世界著名服饰品牌"Levis"的创始人，他从小就很聪明。20多岁时，他深入美国西部，投入到美国加利福尼亚州的淘金热潮中。在去淘金的途中，一条大河拦住了去路，许多人感到愤怒，李维·施特劳斯却说"棒极了"，他设法租了一条船给想过河的人摆渡，结果赚了不少钱。但是没过多久，摆渡的生意就被人抢走了。

李维·施特劳斯继续前往西部淘金。来到西部后，他发现淘金的人很多，但卖水的人很少，于是他选择向淘金者卖水，又赚了不少钱。后来，卖水的生意又被抢走了。

李维·施特劳斯不得不再次寻找新的商机。他发现，淘金的人在采矿时总是跪在地上，裤子的膝盖部分特别容易磨破。同时，他还注意到矿区里有许多被人丢弃的帆布帐篷。于是，他就把这些旧帐篷收集起来洗干净，做成裤子卖给工人，就这样，他缝出了世界上第一条牛仔裤。随后，牛仔裤风靡全球。最终李维·施特劳斯成为举世闻名的"牛仔大王"。

第一节 识别创业机会

名人语录

我极少能看到机会，往往在我看到机会的时候，它已经不再是机会了。

——马克·吐温

问题导入

创业者难能可贵的地方在于，他们能发现其他人看不到的机会，并采取行动把握住创业机会，最终实现创业价值。

在进行下面的学习之前，请思考以下问题：

(1) 如何才能更容易地识别出创业机会？

(2) 面对众多的创业机会，怎样评估它们的商业价值？

(3) 怎样选择最佳创业机会？

创业往往是从发现、把握、利用某个或某些商业机会开始的。识别创业机会是创业成功最重要的第一步，好的创业机会是创业成功的一半。创业与一般管理的不同体现在创业机会的寻找过程中，它并非一个理性的过程，并非一个求最大值的过程。

一、认知创业机会

（一）创业机会的含义

所谓创业机会，也称商业机会或市场机会，是指有吸引力的、较为持久的和适时的一种商务活动的空间（机会窗口），并最终体现在能够为消费者或客户创造价值或增加价值的产品或服务之中。创业者据此可以为客户提供有价值的产品或服务，并同时使创业者自身获益。所谓机会窗口是指市场存在的发展空间有一定的时间长度，使创业者能够在这一时间段内抓住机会，创立起自己的企业，并获得相应的盈利与投资回报。

创业机会主要是指具有较强吸引力的、较为持久的有利于创业的商业机会。创业机会代表了进行创业活动存在的可能性的范围和创业者通过自己的行为影响成功的范围。创业机会源于技术、经济、政治、社会及人口环境发生了变化，使新产品、新服务、新原材料和新的组织方式出现了新的情景。

（二）创业机会的基本类型

创业机会产生于一定的环境中，创业机会的发现往往是因为环境的变动，市场的不协调或混乱，信息的滞后、领先或缺乏，以及各种各样的其他因素的影响。也就是说，在一个自由的企业系统中，当行业和市场中存在着变化的环境，如混乱、混沌、矛盾、落后、领先、知识和信息的鸿沟及各种各样其他变化，如技术革新、消费者偏好的变化、法律政策的调整等，此时创业机会就产生了。

创业机会主要包括技术机会、市场机会和政策机会三种类型。

1. 技术机会

技术机会是指由于技术变化带来的创业机会，它主要源于新的科技突破和社会的科技进步。技术上的任何变化或多种技术的组合都可能给创业者带来种种商业机会。

技术机会主要表现为三种形式。

(1) 新技术替代旧技术。

(2) 实现新功能，创造新产品的新技术的出现。

(3) 新技术带来的新问题。

2. 市场机会

市场机会是指富有吸引力的领域能给企业营销活动带来良好机遇与盈利的可能性。市场机会源于营销环境的变化，表现为市场上尚未满足或尚未完全满足的需求。

市场机会主要有四类。

(1) 市场上出现了与经济发展阶段有关的新需求，相应的，就需要有企业去满足这些新的需求，这是创业者可以利用的商业机会。

(2) 当期市场供给缺陷产生新的商业机会。

(3) 先进国家（或地区）产业转移带来的市场机会。

(4) 从中外差距中寻找到的隐含的某种商机。

3. 政策机会

政策机会是指由于政府制定的法律、法规有所变动而带来的新的行业、新的市场、新的创业机会，或是由于政府的国家发展计划重点的转移，原来没有受到重视的区域市场重新受到人们的重视，创业者也跟随政府开发这一没有开发的市场，从中获取新的创业机会。

政策机会主要包括以下三类。

(1) 法律法规开禁带来的创业机会。

(2) 因政府在地区政策上的差异而带来的创业机会。

(3) 新政策的实施所带来的创业机会。

（三）创业机会的主要来源

1. 来自问题的存在

创业的根本目的是满足顾客需求，而顾客需求在没有满足前就是问题。寻找创业机会的一个重要途径是善于去发现和体会自己和他人在需求方面的问题或生活中的难处。例如，上海有一位大学毕业生发现远在郊区的本校师生往返市区交通十分不便，于是创办了一家客运公司，这就是把问题转化为创业机会的成功案例。

2. 来自不断变化的环境

变化是创业机会的重要来源，人们通过这些变化，常常会发现新的创业机会。创业的机会大多产生于不断变化的市场环境，环境变化了，市场需求、市场结构必然发生变化，这就会给各行各业带来商机。著名管理大师彼得·德鲁克将创业者定义为能"寻找变化，并积极反应，把它当作机会充分利用起来的人"。这种变化主要来自产业结构的变动、消费结构的升级、城市化的加速、人们思想观念的变化、政府政策的变化、人口结构的变化、居民收入水平的提高、全球化趋势的加快等诸多方面。例如，居民收入水平提高，私人新车的拥有量将不断增加，这就会派生出汽车的销售、修理、配件、清洗、装潢、二手车交易、陪驾等诸多创业机会。

3. 来自创造发明

创造发明提供了新产品、新服务，更好地满足顾客需求，同时也带来了创业机会。在人类发展史上，每次重大的发明创造都引起了产业结构的重大变革，产生了无数的创业机会。例如，随着计算机的诞生，计算机维修、软件开发、计算机操作的培训、图文制作、信息服务、网上开店等创业机会随之而来，即使你不发明新的东西，你也能成为销售和推广新产品的人，从而给你带来商机。

4. 来自竞争

如果你能弥补竞争对手的缺陷和不足，这也将成为你的创业机会。看看你周围的公司，你能比它们更快、更可靠、更便宜地提供产品或服务吗？你能做得更好吗？若能，你也许就找到了机会。

5. 来自新知识、新技术的产生

新知识可以改变人们的消费观念，新技术可以进一步满足人们的需求，甚至使人们产生新的需求进而引导消费。例如，当生产微型计算机的技术形成后，中国的企业获得了生

产与维护计算机的创业机会，联想等企业抓住了这个机会。

例如，随着健康知识的普及和技术的进步，围绕"水"就带来了许多创业机会，上海就有不少创业者加盟"都市清泉"而走上了创业之路。

（四）创业机会的特征

有的创业者认为自己有很好的想法和点子，对创业充满信心。有想法和点子固然重要，但并不是每个大胆的想法和新异的点子都能转化为创业机会。创业机会有以下四个特征。

1. 普遍性

凡是有市场、有经营的地方，客观上就存在着创业机会。创业机会普遍存在于各种经营活动过程之中。

2. 偶然性

对一个企业来说，创业机会的发现和捕捉带有很大的不确定性，任何创业机会的产生都有"意外"因素。

3. 消逝性

创业机会存在于一定的时空范围之内，随着产生创业机会的客观条件的变化，创业机会就会相应地消逝和流失。

二、寻找和识别创业机会

创业机会有显性和隐性之分。对于显性的需求，大多数创业者能看见，因此竞争也非常激烈，更容易变成"红海市场"。而对于隐性的需求，只有少部分有视野和格局的创业者才能看到，因此竞争小，会成为利润优厚的"蓝海市场"。创业者更应该致力于寻找隐性需求并把握这样的创业机会。

李嘉诚的最初成功是抓住香港地产和港口发展的机会，丁磊的网易抓住的是互联网技术发展的机会，陶华碧则是抓住了卖凉粉时拌酱料畅销的小机会。世界上并不缺少创业机会，而是缺少发现创业机会的眼睛。

案例阅读

鞋厂的皮鞋推销员甲和推销员乙一同飞往太平洋的一个岛屿开辟皮鞋市场。刚一下飞机，他们就在岛上分头跑了一圈，了解到所有岛民从来没有穿鞋的习惯。推销员甲心里凉了半截，立即向厂里发出电报："这里没有人穿皮鞋，这个岛没有皮鞋市场，预计他们的需求量为零，我明天坐飞机回国。"推销员乙却惊喜万分，也立即向厂里发了电报："这里没有人穿皮鞋，甚至没有人穿鞋，于是他们绝大多数人得了脚部的疾病。我相信这里的皮鞋市场前景广阔，我将留下来开拓市场，他们的需求量将从零开始。"第二天推销员甲回去了，继续着辛苦的推销生涯，整天为生活奔忙。而推销员乙驻扎太平洋海岛，耐心地给岛民们灌输穿鞋更健康、穿鞋更舒适的道理，并把自己的脚与岛民们的脚做了比较。最终岛民们心悦诚服地接受了，皮鞋在岛上销售量猛增，推销员乙也顺理成章地成为领导。

　　陈同学是某高等职业技术学院2016届商务系市场营销专业的优秀毕业生。他在学校读书期间品学兼优，积极参加各种社会活动，为将来毕业后的创业积累能力和经验。他在学生会外联部工作的时候，一方面积极为学生会活动招募赞助，帮助学生会更好地开展活动；另一方面帮助商家进行促销策略的策划，将市场营销的知识应用在实践中，受到了双方的一致好评。

　　毕业后，陈同学回到家乡河南焦作，决定开始创业。但是选择什么样的创业项目成为陈同学反复思考的问题，到底去哪里寻找创业机会呢？陈同学看到家附近的饭店虽多，但是烧烤店不多，就决定开个烧烤店。因为契合了消费者的需求，陈同学的烧烤店一开始经营很顺利，迎来了很多消费者。可是很快，一批新的烧烤店也开业了，同时其他饭店也开始转型增加烧烤菜品，有的聘请新疆厨师担当主厨，有的买来锦州烧烤的配方调料。他们的味道都比陈同学烧烤店的味道好。很快，陈同学的烧烤店被迫停业了。

　　亏损了几万元的陈同学决定再寻找其他的创业机会。陈同学发现有很多人抱怨携带公交卡比较麻烦，又容易丢失。如果能够在乘坐公交车的时候直接用手机刷卡该有多好。于是，陈同学开始招聘技术人员，研究手机刷公交卡的业务，并且与当地的公交公司进行商务洽谈，推广自己新的创业项目。可是，公交公司进行了测算，给所有的公交车配备能用手机刷卡的新设备需要的资金投入过大。而如果采用陈同学提供的微信二维码扫描又容易被司机替换成自己的二维码，财务预算过关了，但监控技术不过关。同时，原有公交卡能够提前充值，这给公交公司带来的利息也是一笔很大的收入。陈同学沮丧地回到了公司，解散了技术团队，陷入了沉思：到底如何寻找到适合自己的创业机会呢？

1. 信息的收集和研究

　　在创业初期，信息对创业者非常重要，创业者要充分了解和把握市场，就必须对信息进行仔细收集和认真研究，通过信息的收集和研究了解谁是顾客、潜在市场规模、竞争对手及其实力、供应商和分销商的情况、进入和退出壁垒、行业特征、行业结构、定价策略、分销策略等情况，以便做出科学的决策。市场信息的收集包括确定信息收集和研究的目的、收集第二手资料、收集原始资料、资料的处理与分析等步骤。

2. 创业机会识别的内容

　　对某个创业机会进行识别，通常需要对以下内容做出分析。

　　(1) 创业机会的原始市场规模。创业机会的原始市场规模是指创业机会形成之初的市场规模。原始市场规模决定了创业企业在创业初期可能销售的规模，也决定了利润的多少。

因此，分析创业机会的原始市场规模十分重要。一般而言，原始市场规模越大越好，因为创业企业只要占极少的市场份额就会拥有较大的销售规模，这样可能就足够创业企业生存下去了。

(2) 创业机会存在的时间跨度。任何创业机会都有时限，超过这个时限，创业机会将不存在。不同行业的创业机会存在的时间跨度是不一样的，同一行业不同时期的创业机会存在的时间跨度也不一样。时间跨度越长，创业企业用于抓住机会、调整自身发展的时间就越长；相反，时间跨度越短，创业企业抓住机会的可能性就越小。

(3) 创业机会的市场规模随时间增长的速度。创业机会的市场规模随时间增长的速度决定着创业企业的成长速度。一般情况下，它们之间成正比。也就是市场规模增长得越大、速度越快，相应的创业企业的销售量和销售量增长的速度也越快，创业机会带来的市场规模总是随时间变化而变化的，而随之带来的风险和利润也会随时间变化而变化。

(4) 创业机会具有可实现性。创业机会对创业者而言是可实现的，否则对该创业者来说，只是可望而不可即的事。创业者是否能利用这一创业机会，看创业者是否具备以下条件：拥有利用该创业机会所需要的关键资源；遇到较大的竞争力量，能与之对抗；能够创造新市场并占领大部分新市场；可以承担创业机会带来的风险；等等。

3. 创业机会的开发

创业机会开发是指创业者决定选择创业机会、构建创业所需的资源平台以及创造价值的过程。创业者在发现创业机会后，必须决定是否开发机会。创业机会能否成功开发取决于机会特性和个人特点之间的相互作用。

首先，机会的特性影响了创业者对其开发的意愿，创业者必须相信创业机会带来的创业利润足够弥补其他选择的机会成本。一般而言，创业者会选择开发具有更高期望价值的机会，但同时开发机会的决定也取决于机会成本，在机会成本较低时才会决定开发机会。另外，人们也要考虑获取开发机会所需资源的成本问题，如创业者拥有越多的资金，开发机会的可能性就越大。

其次，开发创业机会的决定受个人感知能力的影响，也受个人乐观程度的影响。以下三种人更可能开发创业机会：具有更强自我肯定和自我控制能力的人更有可能开发机会，因为机会开发需要面对其他人的怀疑；对不明确性有很大容忍力的人更有可能进行机会开发，因为机会开发涉及大量的不明确性；渴望成功的人比社会的其他成员更有可能开发机会，因为开发机会为那些渴望成功的人提供了一个机会。

创业者决定开发创业机会后，就需要建立一个资源平台来实现创业机会，创业者要成功建立资源平台，首先需要创建一个企业或组织，其次企业或组织必须聚集资源（如确定资源需求及其潜在的供应者），再次企业或组织必须参与获取必要资源的交易过程，最后是整合资源，这样创业者就把创业机会转换成可销售的产品或服务。因此，在这个阶段成功之后，创业者拥有的不再是一个商业概念，而是一种现实的可销售的产品或服务。

创业者通过创造现实的可销售的产品或服务把创业企业和消费者连接在一起，在此阶段，创业者必须思考潜在的消费者、销售价格、退出渠道等问题，用以指导企业与消费者的具体交易，从而创造出价值。

因此，创业者要成功开发创业机会，就必须选择创业机会，根据资源的需要建立资源平台，再有效地创造产品或服务，为消费者创造价值，最后获得相应的利润。

4. 影响创业机会识别的因素

为什么是有些人而不是另外的人看到一个机会？这些看到了机会的创业者有什么特殊之处？普遍而言，下面的几类因素，被认为是影响创业机会识别的基本因素，也是这些人具备的一些特征。

(1) 先前经验。在特定产业中的先前经验有助于创业者识别机会。有调查发现，70%左右的创业机会，其实是在复制或修改以前的想法或创意，而不是全新创业机会的发现。

(2) 专业知识。拥有在某个领域更多专业知识的人，会比其他人对该领域内的机会更具警觉性与敏感性。例如，一位计算机工程师，就比一位律师对计算机产业内的机会和需求更为警觉与敏感。

(3) 社会关系网络。个人社会关系网络的深度和广度影响着机会识别，这已是不争的事实。通常情况下，建立了大量社会联系网络的人，比那些拥有少量联系网络的人容易得到更多的机会。

(4) 创造性。从某种程度上讲，机会识别实际上是一个创造过程，是不断反复的创造性思维过程。在许多产品、服务和业务的形成过程中，甚至在许多有趣的商业传奇故事中，我们都能看到有关创造性思维的影子。

具备这些特征的创业者，往往较其他创业者具有更多的优势，也更容易获得成功。

5. 创业机会的识别过程

创业者从繁杂和梦幻般的创意中选择他心目中的创业机会，随之而来的是组织资源着力开发这一机会，使之成为真正的企业，直至最终收获成功。在这一过程中，机会的潜在预期价值以及创业者的自身能力得到反复权衡，创业者对创业机会的战略定位也越来越清晰，这一个过程称为机会的识别过程。

机会识别包括三个截然不同的过程。

(1) 感觉或感知到市场需求和尚未利用的资源。

(2) 认识和发现在特殊的市场需求和特别的资源之间"相匹配的东西"。

(3) 这种"相匹配的东西"以新业务的形式展现出来。

这些过程分别代表了感知、发现和创造，而不仅仅是"识别"。

这一过程分为三个阶段。

(1) 机会的搜寻。这一阶段创业者对整个经济系统中可能的创意展开搜索，如果创业者意识到某一创意可能是潜在的商业机会，具有现在的发展价值，将进入机会的识别阶段。

(2) 机会的识别。相对整体意义上的机会识别过程，这里的机会识别应当是狭义上的识别，即从创意中筛选合适的机会。这一过程包括两个步骤：一是通过对整体的市场环境及一般的行业分析来判断该机会是否在广泛意义上属于有力的商业机会，称为机会的标准化识别阶段；二是对于特定的创业者和投资者来说，考察这一机会是否有价值，也就是个性的机会识别阶段。

(3) 机会的评价。实际上机会评价已经带有部分调查的含义了，相对比较正式，考察的内容主要是各项财务指标、创业团队的构成等。通过机会评价，创业者决定是否正式组建企业，吸引投资。

通常机会识别和机会评价是共同存在的，创业者在对创业机会识别时也有意无意地进行评价活动。在机会活动的初始阶段，创业者可以非正式地调查市场的需求、所需的资源，直到断定这个机会值得考虑或进一步深入开发；在机会开发的后期，这种评价变得较为规范，并且主要集中于考察这些资源的特定组合是否能够创造出足够的商业价值。

三、创业机会的评估与评价

不是每个创业机会都会给创业者带来益处，每个创业机会都存在一定的风险，因此，创业者在利用创业机会之前要对创业机会进行科学分析与评价，然后做出选择。创业机会既存在风险，也有益处，创业者要对创业机会进行科学的评估。

（一）创业机会的评估准则

所有的创业行为都来自绝佳的创业机会，创业团队与投资者均对创业前景寄予极高的期待，创业者更是对创业机会在未来所能带来的丰厚利润满怀信心。但是，创业失败的事件也是时常发生。为了尽量避免这样的情况，创业者应该先以比较客观的方式进行评估，评估准则一般分为以下两类。

(1) 市场评估准则。市场评估准则包括：① 市场定位，② 市场结构，③ 市场规模，④ 市场渗透力，⑤ 市场占有率，⑥ 产品的成本结构。

(2) 效益评估准则。效益评估准则包括：① 合理的税后净利，② 达到损益平衡所需的时间，③ 投资回头率，④ 资本需求，⑤ 毛利率，⑥ 策略性价值，⑦ 资本市场活力，⑧ 退出机制与策略。

（二）创业机会价值的评估方法

在进行创业机会评价实践时，还需要用科学的步骤和专业的评价方法操作。下面介绍两种常用且易操作的评价方法。

1. 标准矩阵打分法

标准矩阵打分法是指将创业机会评价体系的每个指标设定为三个打分标准，如最好得3分，好得2分，一般得1分，形成打分矩阵表。在打分后，求出每个指标的加权评价分。这种方法简单易懂，易操作。该方法主要用于不同创业机会的对比评价，其量化结果可直接用于机会的优劣排序。只用于一个创业机会的评价时，则可在多人打分后进行加权平均。

加权平均分越高，说明该创业机会越可能成功。一般来说，高于 100 分的创业机会可进一步规划，低于 100 分的创业机会则需要考虑淘汰。

2. 选择因素法

选择因素法可以看作标准矩阵打分法的简化版。评价者通过对创业机会的认识和把握，按照蒂蒙斯创业机会评价体系的各项标准，看机会是否符合这些指标要求。如果统计符合指标数少于 30 个，则说明该创业机会存在很大问题与风险；如果统计结果高于 30 个，则说明该创业机会比较有潜力，值得探索与尝试。应用该方法时需要注意一点，如果机会存在"致命缺陷"，需要一票否决。致命缺陷通常是指创业机会具有法律法规禁止、需要的关键技术不具备、创业者不具备匹配该创业机会的基本资源等方面的系统风险。该方法比较适用于创业者对创业机会进行自评。

（三）评价创业机会价值的方法

1. 定性分析

定性分析侧重确定该市场机会所需具备的成功条件，分析本企业在该市场机会上所拥有的优势、公司所拥有的竞争优势，与本公司的发展方向和目标是否一致。

2. 定量分析

定量分析主要是进行商业分析中的经济效益分析，其任务是在初步拟定营销规划的基础上，从财务上进一步判断选定机会是否符合创业目标，一般是通过量、本、利分析法进行。

(1) 市场需求量的预测。通过市场需求量的预测，企业可以了解该机会所面临的市场状况及市场潜量 (前提)，这也是进行经济效益分析的基础。市场需求量的预测可以运用一定的数学方法来进行，主要方法有趋势预测法、因果预测分析法、市场调查分析法、判断分析法等。

(2) 成本分析。成本分析主要研究利用该机会所需付出的代价，应从投资成本、生产成本、营销成本等三个方面分析，可采用专门的成本预测方法，如直线回归法、趋势预测法等。

(3) 利润分析。在市场需求量、成本预测的基础上，进行利润测算，一般可采用损益平衡模型、现金流量模型、简单市场营销组合模型、投资收益率等分析方法进行。

3. 阶段性决策方法

这一方法明确要求创业者在机会开发的每个阶段都进行机会评价。一个机会是否能够通过每个阶段预先设置的"通过门槛"在很大程度上取决于创业者经常面对的约束或限制，如创业者的目标回报率、风险偏好、金融资源、个人责任心和个人目标等。虽然某个创业者可能会因为某个准则而放弃某机会，但它又会引起其他个人或团队的注意。

一项不能成功通过某一阶段的评价门槛进入下一阶段的机会，将被修订甚至被放弃。因此，通过循环反复的"识别—评价—开发"步骤，一个最初的商业概念或创意会逐步完善起来。同时，评价过程使创业者在开发过程中的每一阶段都要放弃一些机会。

给大学生创业领域推荐

● **方向一：高科技领域**

身处高新科技前沿阵地的大学生，在这一领域创业有近水楼台先得月的优势，"视美乐"等大学生创业企业的成功，就得益于创业者的技术优势。但并非所有的大学生都适合在高科技领域创业，一般来说，技术功底深厚、学科成绩优秀的大学生才有成功的把握。有意在这一领域创业的大学生，可积极参加各类创业大赛，获得脱颖而出的机会，同时吸引风险投资。

推荐商机：电子商务、软件开发、网站开发、网络服务、手机游戏开发等。

● **方向二：智力服务领域**

智力是大学生创业的资本，在智力服务领域创业，大学生游刃有余。例如，家教领域就非常适合大学生创业，一方面，这是大学生勤工俭学的传统渠道，可积累丰富的经验；另一方面，大学生能够充分利用高校教育资源，更容易赚到"第一桶金"。此类智力服务创业项目成本较低，一张桌子、一部电话就可开业。

推荐商机：家教、家教中介、设计工作室、翻译事务所等。

● **方向三：连锁加盟领域**

统计数据显示，在相同的经营领域，个人创业的成功率低于20%，有的则高达80%。对创业资源十分有限的大学生来说，借助连锁加盟的品牌、技术、营销、设备优势，可以以较少的投资、较低的门槛实现自主创业。但连锁加盟并非"零风险"，在市场鱼龙混杂的现状下，大学生涉世不深，在选择加盟项目时更应注意规避风险。一般来说，大学生创业者资金实力较弱，适合选择启动资金不多、人手配备要求不高的加盟项目，从小本经营开始为宜。此外，最好选择运营时间在5年以上、拥有10家以上加盟店的成熟品牌。

推荐商机：动漫店、快餐业、家政服务、校园小型超市、数码速印站等。

● **方向四：开店**

大学生开店，一方面可充分利用高校的学生顾客资源；另一方面，由于熟悉同龄人的消费习惯，因此入门较为容易。由于走"学生路线"，因此要靠价廉物美来吸引顾客。

此外，由于大学生资金有限，不可能选择热闹地段的店面，因此推广工作尤为重要，需要经常在校园里张贴广告或和社团联办活动，才能广为人知。

推荐商机：高校内部或周边地区的餐厅、早餐店、咖啡屋、美发屋、文具店、书店等。

● **方向五：技术创业**

在校期间精通一门技术，可以让大学生很快融入社会。有一技之长进可开店创业，退可打工积累资本。好酒不怕巷子深，所以有一技之长的大学生在开店创业时，可以避开热闹地段节省大量的门面租金，把更多的创业资金用到经营活动中去。

推荐商机：3D打印、电子产品维修、广告服务、机械产品加工等。

一、小组讨论

生活中确实存在着大量的创业机会，但为什么有的人能发现，有的人却发现不了？学生每3～5人为一组，结合影响创业机会识别的因素进行分析讨论，讨论结束后，每组选一位代表讲述讨论的过程和内容。

活动结束后，教师可根据表4-1进行评分。

表4-1　活动评价表

评 分 标 准	分　值	实 际 得 分	备　注
积极参与讨论	20		
能够提出鲜明的观点	20		
提出的观点具有合理性	20		
能够大胆表达自己的想法	20		
语言表达流畅	20		
总分	100		

二、探索活动

创业机会探索

活动目的：

通过探索活动，培养识别创业机会的能力。

背景资料：

现在的创业者常常会感叹生不逢时，羡慕20世纪八九十年代的创业者们，认为他们面对着大量的市场空白、卖方市场，似乎只要胆子够大就能获利，无论开发什么项目都不愁销路。而当今的市场上，似乎在任何领域都有大量的竞争者，即使是在有前景的市场领域，很多刚起步的创业项目也会陷入恶性竞争。这说明依靠信息、资源稀缺性来实现创业成功的路已越来越窄。但这并不意味着现在已经没有创业成功的机会。任何时代的创造者要想获得成功，都必须有超前的眼光和独辟蹊径的智慧。

活动内容：

仔细观察，认真思考，寻找身边的创业机会。具体操作步骤如下：每3～5人一组，各组通过头脑风暴的方法展开创业机会探索活动，然后以书面形式把所想到的创业机会一一列出。

创业机会的来源可考虑以下几个方面。

(1) 个人生活经历。

(2) 偶然的发现 (在日常生活中或旅行中的发现等)。

(3) 个人兴趣爱好。

(4) 个人的家庭环境、家庭成员所从事的职业及其相关的行业背景等。

(5) 国家政策导向。

(6) 产业结构及技术的变革。

活动检测：

活动结束后，教师可根据表 4-2 进行评分，并评选出表现最为优秀的一组。

表 4-2　活 动 评 价 表

评 分 标 准	分　值	实际得分	备　注
积极参与讨论	20		
能够提出鲜明的观点	20		
提出的观点具有合理性	20		
能够大胆表达自己的想法	20		
语言表达流畅	20		
总分	100		

三、能力训练

(1) 假如你所在的社区存在以下几个问题，你能否从中发现创业机会？

① 当地没有令人感到舒服的、可与朋友会面的休闲咖啡店。

② 虽然当地的餐厅较多，但是菜品、服务相似，没有特色。

③ 社区服务不健全，离家近的菜店里商品种类少、价格高；离家远的地方虽有一个商品种类多、价格低的综合性农贸市场，但坐车需要花费 20 分钟。

④ 在当地的商店里，玩具品种比较少，顾客选择的余地不大。

(2) 关注当今的社会变化和政策变化，并根据表 4-3 列出社会和政策变化带来的商机。

表 4-3　社会和政策变化带来的商机

社会、政策变化	商机 (一)	商机 (二)	商机 (三)	商机 (四)
"互联网 +" 时代到来				
数字电视普及				
产业转型升级				
乡村旅游的兴起				
"一带一路" 倡议的提出				
食品安全问题频发				

(3) 请大家运用前面介绍的创业机会评估方法评估上述创业机会是否可行，然后由师生共同选出最具创意、最具可行性的创业机会，并进行创业模拟。

第二节　创业的风险防范与管理

名人语录

指出谁是团队里最差的成员并不残忍，真正残忍的是对成员存在的问题视而不见，文过饰非，一味充当老好人。

——杰克·韦尔奇

问题导入

创业有风险，但也可以有效规避和防范风险。风险规避和防范的第一步就是要正确、全面识别可能面临的各种潜在风险。

在进行下面的学习之前，请思考以下问题：

(1) 创业有什么风险？

(2) 如何才能识别创业风险？

(3) 创业者该如何防范创业风险？

一、创业风险的内涵与特征

（一）创业风险的内涵

风险是指一定环境、一定时间段内，影响决策目标实现的不确定性，或是某种损失发生的可能性。创业风险是指在创业过程中，由于创业环境的不确定性、创业机会与创业企业的复杂性以及创业者、创业团队的能力与实力的有限性而导致创业活动偏离预期目标的可能性及后果。

创业风险包括三个构成要素。一是风险因素。风险因素指能够引起风险事件发生或增加风险事件发生的机会，或左右损失严重程度的因素，是风险事件发生的潜在条件，一般又称为风险条件。二是风险事件。风险事件是各种风险因素综合作用的结果，是风险损失产生的媒介物。三是风险损益。风险损益指风险事件的出现给创业者或创业企业带来的能够用货币计量的经济损失或收益，包括直接损益和间接损益。

（二）创业风险的特征

1. 不确定性

由于人们对客观世界的认识受到各种条件的限制，不可能准确预测风险的发生。因此，创业风险何时何地发生，发生的程度有多大，均是不确定的。例如，创业资金筹集不足、市场需求发生变化、新的技术难以实现、竞争对手采取了有效的对策等都可能导致创业失败。

2. 客观性

风险的客观性，表现为它是不以人的意志为转移的。无论是自然界中的洪涝、地震等自然灾害，还是社会领域的战争、破产等都是客观存在的，是无法回避和消除的。同样，在创业领域，风险也是客观存在的，不可回避。

3. 相对性

创业风险是相对的、变化的。不同的对象有不同的风险，不同的创业者对风险的承受能力也是不同的。而且随着时间、空间的改变，创业风险也会发生变化。

4. 可测量性

尽管风险具有不确定性，但是任何事物的发生都不是偶然的，而是有规律可循的，因此，随着科技的进步和人们素质的提高，风险的规律性是可以被认识和掌握的。企业可以通过定性或定量的方法对风险进行评估和测量。

5. 损益双重性

自然灾害和意外事故等带来的风险只会产生损失，而创业活动中的风险是和潜在的收益共生的。在创业活动中，对创业者来说风险和利益必然是同时存在的，即风险是利益的代价，利益是风险的报酬。

二、创业风险的来源

创业环境的不确定性，创业机会与创业企业的复杂性，创业者、创业团队与创业投资者的能力与实力的有限性，是创业风险的根本来源。

由于创业的过程往往是将某一构想或技术转化为具体的产品或服务的过程，在这一过程中，存在着几个基本的、相互联系的缺口，它们是不确定性、复杂性和有限性的主要来源，也就是说，创业风险在既定的宏观条件下，往往直接来源于这些缺口。

1. 融资缺口

融资缺口存在于学术支持和商业支持之间，是研究基金和投资基金之间存在的断层。创业者可以证明其构想的可行性，但往往没有足够的资金将其商品化，从而给创业带来一定的风险。通常，只有极少数基金愿意鼓励创业者跨越这个缺口，如富有的个人专门进行早期项目的风险投资，以及政府资助计划等。

2. 研究缺口

研究缺口主要存在于仅凭个人兴趣所做的研究判断和基于市场潜力的商业判断之间。在将预想的产品真正转化为商业化产品（大量生产的产品）的过程中需要大量复杂且可能耗资巨大的研究工作，从而形成创业风险。

3. 信息和信任缺口

在创业中，存在两种不同类型的人，一是技术专家，二是管理者（投资者）。管理者（投资者）通常比较了解将新产品引进市场的程序，但当涉及具体项目的技术部分时，他们不得不相信技术专家，如果技术专家和管理者（投资者）不能充分信任对方，或者不能够进行有效的交流，那么两者之间就会产生信任危机，进而带来风险。

4. 资源缺口

创业者没有所需的资源，创业也就无从谈起。在大多数情况下，创业者不一定也不可能拥有所需的全部资源，这就形成了资源缺口。如果创业者没有能力弥补相应的资源缺口，要么创业无法起步，要么在创业中受制于人。

5. 管理缺口

管理缺口是指创业者并不具备出色的管理才能。管理缺口产生的原因分为两种：一是创业者利用某一新技术进行创业，他可能是技术方面的专业人才，但却不一定具备专业的管理才能，从而形成管理缺口；二是创业者往往有某种"奇思妙想"，可能是新的商业点子，但在战略规划上不具备出色的才能，或不擅长管理具体的事务，从而形成管理缺口。

三、创业风险的主要类型

因划分角度、标准的不同，创业风险可分为不同类型。下面讲述其主要类型，包括机会风险、管理风险、资金风险、技术风险、市场风险、环境风险及其他风险等。

（一）机会风险

创业者选择创业也就放弃了自己原先所从事的职业。一个人只能做一件事，选择创业就丧失了其他的选择，这就是所谓的机会风险。这种机会风险是每个创业者都应认真考虑的问题。如果认为目前创业时机成熟，那么就立即着手创业。如果觉得目前创业时机尚不成熟，那么可以边工作，边认真观察等待，时机成熟时再开始创业。

（二）管理风险

1. 管理者风险

一个优秀的创业家，可以不具备精深的技术知识，但必须具备这样一些素质：强烈的创新精神与创业意识，不墨守成规，不人云亦云；追求成就感的强烈欲望，富于冒险精神、献身精神和忍耐力；敏锐的机会意识和高超的决策水平，善于发现机会，把握机会并利用机会；强烈的责任感和自信心，敢于在困境中奋斗，在低谷中崛起。发达国家创业企业的成功经验之一，就是技术专家、管理专家、财务专家、营销专家的有机组合，形成团队的整体优势，从而为创业企业奠定坚实的组织基础。那种由技术所有者包揽一切，集众权于一身的家长式管理，往往由于管理水平、管理模式等方面的问题，导致创业夭折。

2. 决策风险

决策风险是指在创业过程中决策失误而带来的风险。决策失误，会造成不可估量的损失，甚至直接导致创业失败。

由于决策失误而失败的事例实在是太多了，无论是政治、军事还是商业。对于创业者而言，绝不可以根据自己的喜怒哀乐或不切实际的个人偏好而做出决策。不进行科学分析、仅凭个人经验或凭运气的决策方式都可能导致惨重的失败。管理者决策水平的高低对创业企业的成败影响巨大，据美国兰德公司估计，世界上破产倒闭的大企业，85%是企业家决策失误造成的，中国的企业更是如此。20世纪80年代初，当IBM率先提出走计算机兼容道路时，其他一些计算机公司纷纷响应，然而苹果计算机公司的决策者却固执己见，提出绝不走兼容化的道路，正因为这一决策的失误，导致苹果计算机公司后来经营状况日益糟糕，几乎到了破产的地步。经济学家赫伯特·西蒙说："管理就是决策。"由此可见决策对创业成功的重要性。

3. 组织和人力资源风险

组织和人力资源风险是指创业企业的组织结构不合理、用人不当所带来的风险。创业企业的迅速发展如果不伴随着组织结构、用人机制的相应调整，往往会成为创业企业潜在危机的根源。其中管理体制的不畅是主要原因之一。对于新创企业，创业者从一开始就应该注意组织结构的设计、调整，人力资源的甄选、考评，薪酬的设计以及学习与培训等管理。从创业初始就需要建立健全各项规章制度，并开始建立企业文化。

案例阅读

惠信科技是一家创立三年的高科技公司。由于开始进入成长期，公司业务扩展，急需招募人员。为迅速取得所需的人力，该公司以较高的起薪来聘用新人。

考虑到已有人员的薪资水准可能会因为起薪的调高而低于新进人员，惠信的人事经理建议公司高级主管，在调高新进人员的起薪时，同时调高已有人员的薪资。

但不少高级主管认为如此一来，将增加公司的人力成本支出，使公司的产品价格提升，丧失竞争力。而且固定成本一旦增加，亦不利于财务调度与周转。主管们想以提供奖金或红利的方式来弥补较低的薪资水准，但考虑到公司正在成长阶段，员工个人绩效不易精确评估。而如果一律给予相同的奖金或红利，就会造成新的不公平。

此外，奖金或分红永远无法弥补老员工在薪资上低人一等的感受与心态。惠信的高级主管考虑到这些因素，迟迟难以采取行动，而员工们普遍认为公司"喜新厌旧"，对老员工"不公平"。因此，士气逐渐低落，公司的业务发展有逐渐减缓的征兆。

事实上，薪酬的公平性包括三方面：外部公平、个人公平与内部公平。

首先是外部公平问题。因业务扩展急需招募人员，该公司必须以较高的起薪来聘用新人，这反映了惠信公司的薪资水平要远低于市场价格，缺乏竞争力。

其次是个人公平问题。由于三年来惠信公司处于创业阶段，实行的是高积累、低工资、低福利策略，员工的大部分贡献被公司用来积累，而没有进行相应的奖励或回报，部分老员工和创业元老一直没有得到相应的回报，必然会对企业产生怨言。

最后是内部公平问题。惠信公司缺乏相应的衡量薪资差异的标准，对于新聘人员，只是简单地提高起薪，而不是根据实际工作岗位及贡献来确定薪资，导致同样岗位的新人还没有为公司作出贡献和成绩，就比老员工的薪资水平高，必然引起内部公平失衡。

（三）资金风险

资金风险是指因资金不能适时供应而导致创业失败的可能性。是否有足够的资金创办企业是创业者遇到的第一个问题。对于新创企业，资金缺乏是最为普遍的问题，企业创办后，就必须考虑是否有足够的资金支持企业的日常运作。对于初创企业来说，连续几个月入不敷出或者因为其他原因导致企业的现金流中断，都会给企业带来极大的威胁。相当多的企业会在创办初期因资金紧缺而严重影响业务的拓展，甚至错失商机而不得不关门大吉。

另外，对于高技术创业活动，由于资金不能及时供应，导致高技术迟迟不能产业化，其技术价值随着时间的推移不断贬值，甚至很快被后来的竞争对手超出，而使初始投入付之东流。例如，史玉柱的"巨人"集团，因为修建巨人大厦时的 1000 万元的资金缺口而轰然崩塌；辉煌一时的新疆德隆集团，短短几年内一下子进军十几个产业，总负债高达 570 亿元，酝酿了巨大的资金风险，2004 年年初，德隆系资金链开始断裂，建造在沙滩上的堡垒顷刻分崩离析。

（四）技术风险

技术风险是指在企业技术创新过程中，因技术因素导致创业失败的可能性。创新技术从研究开发到实现产品化、产业化的过程中，任何一个环节的技术障碍，都将使产品创新前功尽弃，归于失败。很多创业企业，在技术产业化实施过程中，屡试屡败，其原因是多方面的，如果赖以创业的技术创新不能够实现工业化，或不能在高技术寿命周期内迅速实现产业化，收回初始投资并取得利润，必然造成创业的夭折。

案例阅读

初涉商海的山东人侯某选定一项自认为大有前途的专利技术，决定斥巨资将这项技术的专利权买下来。有人提醒他这项专利虽然现在看好，但操作周期太长，而且，听说某某研究所正在研究一项更先进的技术并即将开发完成。侯先生却不听劝告，执意投资。当他将这项专利技术买到手，并且投资将其转化为产品后，新的技术已经问世，人们已不再需要它。

创业者在选择投资项目时，目光短浅，不能把握技术市场未来的发展方向，斥巨资购买眼看要落后的技术，遭受损失理所当然。当一项投资花费巨大，可能需要较长时间才能收回成本并获得盈利时，投资者不仅要考虑它的现在，还要考虑它的将来，一项产品现在有市场，不等于将来也同样有市场。

（五）市场风险

市场风险主要是指在创业的市场实现环节，由于市场的不确定性而导致创业失败的可能性。创业的成功依赖于创业者对市场计划的把握。一项好的高技术产品，如果没有好的市场战略规划，在价格定位、用户选择、上市时机、市场区域划分等方面出现失误，就会给产品的市场开拓造成困难，甚至功亏一篑。

创业之初，企业多推出新技术、新产品，其市场多是潜在的、待成长的，消费者多持观望态度，很难被市场接受。产品的市场容量较小或者短期内不能为市场所接受，那么产品的市场价值就无法实现。投资就无法收回，从而造成创业夭折。

一个全新的产品，打开市场需要一定的过程与时间，若创业企业缺乏雄厚的财力，没有过多的资金能投入到营销广告中去，产品被市场接受的过程就会更长，因而不可避免地出现产品销售不畅，前期投入难以回收的情况，从而给创业企业资金周转带来极大困难。另外，就产品价格而言，如果价格超出了市场的承受力，就很难被市场所接受，技术产品的商业化、产业化就无法实现，投资也就无法收回。当某种新产品逐渐被市场所接受时，其高额的利润会吸引众多的竞争者，可能造成供大于求的局面，导致价格下跌，从而影响高技术产品创新的投资回报。

（六）环境风险

环境风险是指一项高技术产品创新活动由于所处的社会、政治、政策、法律环境变化或由于意外灾害发生而造成失败的可能性。因此，高技术产品创新，必须重视环境风险的分析和预测，把环境风险减到最低限度。

例如，我国许多化工化学园区、企业与居民区交错布置，普遍缺乏统一的区域性环境风险应急预案、监测体系和风险防范措施；环境风险意识淡薄、防范制度不健全、环境保护考虑少、应急预案和风险防范措施缺乏。这对国民经济和人民生命财产安全构成严重威胁，产业整体布局存在很大的环境风险。

（七）其他风险

法律风险是指在法律实施过程中，由于企业外部的法律环境发生变化，或由于包括企业自身在内的各种问题，未按照法律规定或合同约定行使权利、履行义务，而对企业造成负面法律后果的可能性。

信用风险是指在商业契约关系中，由于对方可能违背契约，给一家企业带来的负面影响。

供应链风险的来源是各种不确定因素的存在，供应链网络上的任何一家企业出现问题，都会影响整个供应链的正常运作，甚至导致供应链的断裂。

库存风险是指在经营过程中可能出现的库存原材料、产成品等价格下跌的风险。库存风险为系统风险，是可以避免的。

巨人集团的起伏路

1962 年出生的史玉柱于 1989 年与 3 个伙伴以自己的产品和仅有的 4000 元钱承包了天津大学深圳科工贸公司电脑部，开始了巨人的创业。他用自己开发的中国计算机文字处理系统——汉卡，在不到 4 个月时间，就实现利润近 400 万元。至 1993 年年底，史玉柱已在全国范围内成立 38 家全资子公司，实现销售额 3.6 亿元，利税 4600 万元。巨人集团发展顺利，史玉柱也被视为高科技行业成功的创业家典型。

1994 年，巨人集团跨越当家产品桌面排版印刷软件系统，把生物工程这个利润很高的行业作为巨人集团新的支柱产业，向多元化方向发展。巨人集团同时涉足保健品、房地产、药品、化妆品、服装等多个新的产业，甚至开发中央空调。在保健品方面，在"脑黄金"一炮打响的刺激性，竟一举向市场推出 12 种新的保健产品，一年内在生物工程上投入的广告费猛增到 1 亿元，并在全国设立了 8 个营销中心，下辖 180 个营销公司。在市场没摸清的情况下，公司一下子生产了价值上亿元的新产品，成本又控制得不好，结果产品大量积压。同时，财务管理混乱，扣除债权还剩余 5000 万元左右的债务。公司的巨额亏损，明显暴露出巨人集团管理人才缺乏、管理不善等问题。在房地产方面，以 2 亿元的资金兴建需要投资 12 亿元的巨人大厦，巨人集团背上了沉重的债务和巨大的风险。同一时期，巨人集团还投资 4.8 亿元在黄山兴建旅游工程，投资 5400 万元购买并装修上海巨人集团总部，投资 5 个亿上新的保健品……其结果可想而知，非但新产业没发展起来，本业反而"病入膏肓"。

1996 年，巨人集团破产倒闭。

巨人集团短短几年，从奇迹到崩塌，令人叹息。其失败的原因主要有以下几个方面：(1) 盲目追求发展速度。以 1993 年 3.6 亿元的销售额，巨人集团竟提出产值目标：1995 年 10 亿元，1996 年 50 亿元，1997 年 100 亿元，真可谓雄心万丈。(2) 盲目多元化。巨人同时涉足电脑、房地产、保健、旅游、服装等行业，行业跨度大，关联性小，企业对行业不熟悉，风险过大。战线过长，漏洞百出，发展过速，使巨人集团由盛转衰。"多元化经验不足。比如就是一个汉卡，巨人汉卡确实做得不错，销售额也很大，利润也很可观，在同行业里面算是佼佼者了。但是很快我们就以为自己做什么都行，所以我们就去盖了房子，搞了药，又搞了保健品，保健品脑黄金还是成功的，但是脑黄金一成功，我们一下子搞了 12 种保健品。然后软件又搞了很多，又搞了服装。"(3) 决策失误。巨人倒闭的原因除了多元化经营之外，还有公司内部决策的失误。"决策中最大的一个决策，实际上是投资问题，我觉得投资是最容易让一个企业破产、让一个企业一蹶不振的。"(4) 缺乏科学管理。巨人集团由史玉柱一人说了算，没有监督约束机制，缺乏民主，完全是独裁式管理。在集团资产规模急剧扩张的时候，仍然沿用家庭企业的传统管理和企业主个人说了算的集权管理方式，直接造成内部的混乱和腐败。

四、创业风险的管理与防范

要创业就一定要在风险和收益之间进行抉择和权衡，既不能为了收益而不顾风险的大小，也不能因害怕风险而错失良机，而是要在争取实现目标的前提下，管理风险、控制风险、规避风险，这才是创业者对待风险的正确态度。

（一）规范化管理

创业失败，基本上是管理方面出了问题，包括决策随意、信息不通、理念不清、患得患失、用人不当、忽视创新、急功近利、盲目跟风、意志薄弱等。特别是新创企业的创业者，知识单一、经验不足、资金实力和心理素质明显不足，更会增加管理上的风险。因此，为了规避风险，企业首先要加强的就是规范化管理。

(1) 加强创业者素质提升。企业管理者的素质直接影响企业的行为，进而影响企业内部控制的效率和效果。因此，创业者应加强自身的学习教育，从知识、技能到职业道德、经营理念等方面提高水平，逐步成为学习型创业者，从而提高内部控制的效率。

(2) 合理授权。创业早期，创业者通常采用集权式管理。而当企业进入快速发展期后，创业者需要一定程度的授权。最有效的授权是由创业者拟定哪些问题由自己来决策，哪些工作可以授权给员工去完成。一般而言，创业者需要审批招聘计划、销售计划、财务预算、投资计划、生产计划，至于销售人员的行为管理、客户拜访计划、促销活动等，可以授权给中层管理人员负责。当然，财务报账签字和人事安排的重要工作，还是应该由创业者自己来掌控。

(3) 完善企业组织结构。企业为了更好地发展，必须建立一套完善的组织架构来有效地执行决策、规范决策。创业者不必奢求一步到位，也不要指望建立一套组织架构就可以一劳永逸，而应该尝试围绕工作本身来进行组织，打破围绕人来组织的习惯性思维，力图通过组织来实现企业管理决策和管理理念。通常的做法是创业者或企业委托外部咨询公司，或者聘请具有丰富管理经验的职业经理人，来帮助搭建组织结构。此外，实现管理规范化，不仅仅是简单地设计企业的组织架构，更需要同步进行的工作是健全和完善企业的管理制度和规章。

(4) 改进人力资源管理，提高奖励机制。良好的人力资源管理对培养企业人员、提高企业人员的素质、更好地贯彻和执行企业内部控制有很大的帮助。因此，企业应面向人才市场，引入竞争机制，合理配置企业人力资源，形成任人唯贤、优胜劣汰的用人机制。

（二）严控资金链条

资金不足是创业风险产生的一个重要原因。为规避风险，创业者必须严格控制资金链条，做好财务管理工作。

一是要认真筹划创业启动需要的融资或投资数额。融资时要仔细考虑准备借多少，能够借多少，最佳值应该是多少，风险有多大，风险能不能承受等问题。二是必须考虑企业的持续融资能力。企业在运营过程中，一旦资金供应中断，就很可能导致整个项目的流产和创业的失败。因此，创业者必须提前做好应急融资方案，并建立起快速融资渠道，以防万一。三是建立财务预防机制，正确把握企业负债经营的度。企业可以负债经营，但要保持合理的负债比率。生产经营状况好，资金周转快，负债经营比率可以适当高一些；生产经营不理想，产销不畅时，负债比率则要相对低一些。四是密切监控企业的现金流。现金流是企业一定时期内现金流入和流出的数量。初创阶段，将现金流问题提到任何高度都不为过，这是创业者真正的生命线。尤其是小资金创业，应当更加关注现金流的变化而不是成本的变化。五要注意由于供应链风险而导致的资金风险，包括建立战略合作伙伴关系，加强与供应链伙伴信息交流与共享，建立并加强有效的风险防范体系；建立应急处理机制，以便对紧急突发的事件进行应急处理。

（三）提高企业核心竞争力

保持竞争优势是每个企业持续发展的关键，新创企业必须选择、培养和不断发展核心竞争力才能取得并保持竞争优势，这是企业生命力所在。

培育和发展核心竞争力，必须让企业找出属于自身的核心专长，然后在这个核心专长上与他人竞争。所谓核心专长是指拥有别人所没有的优势资源，这里的资源可以是人力、产品、品牌、技术、流程、营销能力、企业文化及价值等。竞争优势可以为企业带来更多的利润，但随着竞争对手的学习、模仿和攻击，会随着时间推移而逐渐丧失。如果不采取有效措施，企业就会逐渐衰退，陷入亏损，甚至破产的境地，而这个有效措施就是处于快速发展阶段的新创企业必须研究并确立自己的发展战略。

企业战略体现在创业企业依据自身特点选择一个较小的产品或服务领域，集中力量进入并成为当地市场第一，再从当地市场到全国甚至全球市场，同时建立各种进入壁垒，逐步形成稳定、持久的地位和竞争优势的全过程。只有确立和选择了正确的战略，并在其指引下不断实施成功的战略行动，才能在竞争对手成功学习、模仿或攻击之前，建立起企业新的竞争优势，这是企业永葆青春的秘诀所在。

（四）建立风险责任机制

加强企业管理虽然可以防范企业风险，但并不等于风险管理本身。它不能转嫁、承担、化解或分散企业风险。因此企业必须加强风险管理，只有这样，当企业风险产生并威胁到企业的生存和发展时，通过风险管理才能将企业风险转嫁、承担或化解。

(1) 明确风险控制的目标责任。在健全的法人治理结构下，企业经营者全盘负责本单位的风险管理，建立从董事会到各职能部门、员工个人的严密、畅通的信息网络，形成以各部门、各小组为单位的风险责任中心，确定风险控制的目标责任落实到具体每个人。一旦发现问题，能够及时找到负责人并结合有效的奖惩制度，确保责任人在未来经营期间不再重蹈覆辙。在确定收益增长业务创新的同时明确现金流量、投资回报、资金周转等具体的财务指标，使风险控制细化到基层部门，企业每个员工都承担风险控制的责任。

（2）建立风险预警机制，规避事前风险。风险的预警、评估既是现代企业内部控制的重要组成部分，又是企业风险管理的基础。通过预警系统，企业一旦有风险的苗头初现，即可进行防堵，把风险消灭在萌芽状态，以避免或减弱对企业的影响。企业在编制预算时，应制订清晰的风险管理目标，将各个部门可能出现的商业风险和财务风险细化分析，预设能够承受的各种目标，一旦超出这些目标，就进行调整，使企业按既定目标运行。

（3）事中风险、事后风险的管理。在企业经营活动过程中风险与危机可能存在的前提下，运用各种定量、定性分析方法，观察监督风险状况，及时预防、阻止、抑制不利因素的发展，使风险降到最低限度。如企业通过参加保险、签订合同、要求担保、承包和租赁等方式，将风险损失及其有关财务后果转嫁给其他单位或组织，实现风险社会化；企业进行多角度经营或筹资，使项目之间盈亏互补，增加企业销售和盈亏的稳定性，把投资风险不同程度地转嫁给股东、债权人、供应商等。在风险已经发生的情况下，企业应合理处置，最大限度地减少损失，确保继续生存，维持企业正常运营，并吸取教训，做出必要的总结和调整。

案例阅读

1999年6月9日，比利时有120人（其中有40人是学生）在饮用可口可乐之后发生中毒，出现呕吐、头昏眼花及头痛等症状，法国也有80人出现同样的症状。已经拥有113年历史的可口可乐公司遭遇了历史上罕见的重大危机。在现代传媒十分发达的今天，企业发生的危机可以在很短的时间内迅速而广泛地传播，其负面作用可想而知。

可口可乐公司立即着手调查中毒原因、中毒人数，同时部分收回某些品牌的可口可乐产品，包括可口可乐、芬达和雪碧。一周后中毒原因基本查清，比利时的中毒事件是在安特卫普的工厂发现包装瓶内有二氧化碳，法国的中毒事件是因为敦克尔克工厂的杀真菌剂洒在了储藏室的木托盘上而造成的污染。

从一开始，这一事件就由美国亚特兰大的公司总部来负责对外沟通。近一个星期，亚特兰大公司总部得到的消息都是因为气味不好而引起的呕吐及其他不良反应，公司认为这对公众健康没有任何危险，因而没有启动危机管理方案，只是在公司网站上贴了一份相关报道，报道中充斥着没人看得懂的专业词汇，也没有任何一个公司高层管理人员出面表示对此事及中毒者的关切。此举触怒了公众，结果，消费者认为可口可乐公司没有人情味。很快，消费者不再购买可口可乐软饮料，而且比利时和法国政府还坚持要求可口可乐公司收回所有产品。公司这才意识到问题的严重性。

6月17日，可口可乐公司董事会主席和首席执行官道格拉斯·伊维斯特从美国赶到比利时首都布鲁塞尔举行记者招待会。为让公众消除对可口可乐的恐慌心理，伊维斯特在新闻发布会上当众喝了一罐可口可乐，并公布了一份由伊维斯特亲笔签名的致消费者的公开信，仔细解释了事故的原因，决定将比利时国内同期上市的可口可乐全部收回，向消费者退赔，为所有中毒的顾客报销医疗费用，并提出要向比利时每户家庭赠送一瓶可口可乐，以表示可口可乐公司的歉意。

同时，可口可乐的危机公关在全球展开。比如在中国，可口可乐积极配合卫生部门检查，与媒体密切沟通。在事故调查结果出来的当天，新华社、中央电视台等中国重要媒体均发布消息，强调这一中毒事件与所有在中国的装瓶厂无关，因为中国市场上的可口可乐均在中国制造，所用的原材料均不从欧洲大陆进口，所有中国厂房均装有二氧化碳净化系统，故不会出现不纯正二氧化碳的问题，另外中国所有供货商均不使用欧洲厂处理的木托板的材料。中国的消费者在享受到了充分的知情权的同时，也消除了对可口可乐的恐慌。可口可乐公司在世界各地类似的处理，稳定了事故地区外的人心，控制了危机的蔓延。此外，可口可乐公司还设立了专线电话，并在网上为比利时的消费者开设了专门的网页，回答消费者提出的各种问题。比如，事故影响的范围有多大，如何鉴别新出厂的可口可乐和受污染的可乐，如何获得退赔等。

整个事件的过程中，可口可乐公司都牢牢地把握住信息的发布源，防止危机信息的错误扩散，将企业品牌的损失降到最小。

随着这一公关宣传的深入和扩展，可口可乐的形象开始逐步恢复。比利时和法国政府相继宣布，从6月24日起取消禁销令，准许可口可乐系列产品在比利时和法国重新上市。中毒事件终于平息下来。

问题：

(1) 分析可口可乐公司在中毒事件处理中的成功之处与失败之处。

(2) 企业在处理风险危机时，应如何去做？

一、小组讨论

不管在什么行业，创业都存在风险。这些风险从开始创业时就潜伏在创业者的身边，有的创业者能很好地预测风险，所以能巧妙地避开。在创业过程中，一般会存在资金风险、竞争风险、技术风险、市场风险和团队风险。除了上述风险外，还存在其他风险吗？请头脑风暴，探索其他可能存在的创业风险，并想一想：你认为最大的创业风险是什么？该如何规避？

学生每3～6人为一组，就上述问题展开讨论，并记录讨论的结果。讨论结束后，每组选一个代表说说讨论的结果，然后由师生一起评比出观点最合理、方法最实用的讨论结果。

讨论结束后，教师可根据表 4-4 进行评分。

表 4-4　活 动 评 价 表

评 分 标 准	分　值	实 际 得 分	备　注
积极参与讨论	20		
能够提出鲜明的观点	20		
提出的观点具有合理性	20		
能够大胆表达自己的想法	20		
语言表达流畅	20		
总分	100		

二、探索活动

加盟户外运动品牌的风险探索

活动目的：

通过风险探索活动，掌握风险评估方法，并能针对企业存在的风险找出有效的应对方法。

活动内容：

随着户外运动的兴起，新兴户外运动品牌如雨后春笋般不断涌现，许多传统运动服装也嗅到了商机，纷纷开发出户外系列服装。选择一个你喜欢的户外运动品牌，并想一想：如果通过加盟该品牌的方式进行创业，需要注意哪些风险？应采取哪些防范措施？（主要针对加盟前、加盟过程中和加盟后的风险进行评估。）

活动的具体操作步骤如下。

第一步，教师对学生进行分组，每 3～5 人为一组，并选出一个小组负责人。

第二步，小组成员就上述资料中提出的问题进行讨论，然后写一份 600 字的分析报告。

第三步，小组负责人上台汇报讨论的结果。

活动检测：

活动结束后，教师可根据表 4-5 进行评分。

表 4-5　活 动 评 价 表

评 分 标 准	分　值	实 际 得 分	备　注
能识别出不同阶段的风险	25		
能针对各种风险提出应对措施	25		
风险识别准确，措施合理有效	25		
能积极参与讨论，发表见解	25		
总分	100		

三、创业访谈

访谈 2～3 个创业者，了解他们在创业和企业经营过程中遇到过的风险，以及他们是如何规避和化解这些风险的。（在采访前，一定要做好充分的准备，提前了解受访的企业；在访问过程中，要确保所提的问题有针对性。）

四、能力训练

假设你和你的合伙人一起创办了一家咨询公司。在经营过程中，你们经常在管理和营销决策方面发生分歧，且各自都觉得自己的想法是对的。由于两个人意见经常不一致，矛盾越来越尖锐，合伙人开始经常不来公司，并独自在外揽项目，且项目款项不经过公司的账户。请根据上述问题，找出解决方案（至少 2 个），填入表 4-6，并对每个方案进行分析。

表 4-6　解决方案分析表

解决方案	优　势	劣　势	是否可行

评分标准：方案越多，越具有可行性，得分越高。

第五章

创业团队组建

自我思考

创业是一场团队赛，创业者要想跑到终点，不仅需要具备一定的素质和能力，还要有由一群志同道合、优势互补的合作伙伴组成的创业团队。创业团队能发现更多的创业机会，经营好企业，使企业稳定、长远地发展。

想一想：人才是21世纪成功的关键，在创业团队里这更是一个真理。把正确的人用在正确的地方，会带来出乎意料的收获。既然要组建一个团队，那么什么样的组织才叫团队呢？作为创业者，又该如何去管理这个团队？

学习目标

◎ 知识目标

1. 掌握有关创业者的知识。
2. 掌握有关创业团队组建和管理的知识。

◎ 能力目标

1. 能够分析、评估自身具备的创业者素质、能力，针对性地进行提升。
2. 能够合理地运用创业团队组建和管理知识创建创业团队。

◎ 素质目标

1. 树立主动与他人合作、组建团队的意识。
2. 树立正确组建创业团队的意识，提升管理团队的能力，为创业做好心理准备。

开篇故事

2012年，刘某还是北京某大学的一名大二学生，在前期订餐网和团购网的试错基础上，他和几位同学合作，创办了一个面向高校学生的本地化生活服务平台——校联购，为学生提供安全、便捷的生活娱乐咨询服务。很快，校联购的广告就遍布了五道口。

如果说以前团队很努力，那么现在则是进入了拼命的状态。每个人脑袋只有一个想法，眼里只有一个目标。商户组负责不断地"扫街"，在五道口一家又一家的商铺谈合作，拿着合作协议，一遍又一遍地介绍"校联购"。两年时间，"校联购"在五道口谈了500家商家，而经过筛选后合作的有100家。营销部开始每天工作12小时，团队所有人弹性工作，随意休息。但是每个成员都很默契，每天休息时间甚至没有超过4个小时，会员组负责给各个学校大学生发卡，宣传、活动、展台从来都没有停过。"校联购"每个人都是全能成员，哪里有需要，哪里就有人补上；可以谈商家，可以发传单，可以写文案，能跳能唱，能攻能守。正因为有团队所有人的努力，才有了"校联购"的成果。2014年年初，校联购获得200万元人民币天使轮融资。

启示：刘某善于发现商机和市场痛点，但他更明白要找到志同道合的伙伴，组成团队，将创意转化成实实在在的商业项目。最终，通过团队的共同努力，取得了不错的创业成绩。

刘某的故事告诉人们，一个优秀的团队对于创业的成功起着举足轻重的作用，一个完美的团队存在的意义就是你只需要完成你自己喜欢又擅长的事情就可以了，剩下的事情可以交给团队的其他人来处理。所以，要想创立一个成功的企业，一定要先建立一个优秀的团队。

第一节　创　业　者

名人语录

不管一个人多么有才能，但是集体常常比他更聪明和更有力。

——奥斯特洛夫斯基

问题导入

1. 结合自身实际，谈谈如何提高自己的创业素质。

2. 以一个成功的创业案例为例，说明其体现了创业者的哪些创业素质。

一、创业者的素质与能力

创业者应该具有完全的行为能力，具有创办一个新企业并能时刻抓住市场潜在的盈利机会，维系这个企业的运营与管理，从而使企业获得收益的能力。要想成为一个成功的创业者，大学生需要在主观上提升自己的创业素质和创业能力。

（一）创业者的基本素质

创业是极具挑战性的社会活动，是对创业者自身智慧、能力、气魄、胆识的全方位考验。人是创业成功的第一要素，包括身体素质、心理素质、精神素质和技能素质四个方面。

1. 强健的身体素质

创业者应该具有健康的体魄和充沛的精力，能够适应新创企业外部协调和内部管理的繁重工作。创业初期是艰难的，"不劳筋骨者，不足承大任"，创业不仅需要大量的脑力劳动，而且体力付出比常人多。创业者只有具备良好的身体素质、足够的身体耐力，才能担当重任。

2. 良好的心理素质

创业之路是艰险而曲折的，在创业过程中，创业者需要面对变幻莫测的激烈竞争以及随时出现的需要迅速解决的问题和矛盾，这就需要创业者具有非常强的心理调控能力，持续的积极、沉稳的心态；否则，一遇到挫折就垂头丧气、一蹶不振，那么在创业的道路上是走不远的。创业者只有具备处变不惊的良好心理素质和越挫越勇的顽强意志，才能在创业的道路上自强不息、积极进取、顽强拼搏，才能从小到大、从无到有，闯出属于自己的一番事业。创业的成功在很大程度上取决于创业者的心理品质。

3. 优秀的精神素质

1) 强烈的创业意识

要想取得创业的成功，创业者必须具备自我实现、追求成功的强烈的创业意识。强烈的创业意识，可以帮助创业者克服创业道路上的各种艰难险阻，让创业者将创业目标作为自己的人生奋斗目标。创业意识包括创业动机、创业兴趣和创业理想等。

(1) 创业动机。创业动机是推动创业者从事创业实践活动的内部动因，是一种成就动机，是竭力追求获得最佳效果和优异成绩的心理动力。有了创业动机，才会有创业行为。

(2) 创业兴趣。创业兴趣指创业者对从事创业实践活动的情绪和态度的认识指向性。它能激活创业者的深厚情感和坚强意志，使创业意识进一步得到升华。

(3) 创业理想。创业理想是创业者对从事创业实践活动的未来奋斗目标有较为稳定和持久的向往及追求的心理品质。

2) 自信、自强、自主、自立的创业品质

自信能赋予人主动积极的人生态度和进取精神。自信就是相信自己有能力、有条件去开创自己未来的事业，相信自己能够主宰自己的命运，成为创业的成功者。

自强就是在自信的基础上，不贪图眼前的利益，不依恋平淡的生活，敢于实践，不断增强自己各方面的能力与才干，勇于使自己成为生活与事业的强者。

自主就是具有独立的人格、独立性思维能力，也就是能自己选择自己的道路，善于设计和规划自己的未来，并采取相应的行动。自主还要有远见、有敢为人先的胆略和实事求是的科学态度，能把握住自己的航向，直至到达成功的彼岸。

自立就是凭借自己的头脑和双手、自己的智慧和才能、自己的努力和奋斗，建立起自己生活和事业的基础。

3) 激烈的竞争意识

竞争是市场经济最重要的特征之一，是企业赖以生存和发展的基础，也是立足社会不可或缺的一种精神。人生即竞争，竞争本身就是提高，竞争的目的只有一个——取胜。创业者如果缺乏竞争意识，实际上就等于放弃了自己的生存权利。创业者只有敢于竞争，善于竞争，才能取得成功。创业者在创业之初面临的是一个充满压力的市场，如果创业者缺乏竞争的心理准备，甚至害怕竞争，就只能一事无成。

4. 全面的技能素质

创新技能是指个人或集体在技术、科学、艺术、管理等不同领域中，能够持续提出并实现新颖、有价值的思想、理论、方法或产品的综合能力。这些创新成果通常具备经济价值、社会价值或生态价值。创新技能不仅仅是创造新事物的能力，还涵盖了包括学习能力、分析能力、综合能力、批判能力、创造能力、解决问题的能力、组织协调能力等在内的一系列支持创新思维和行动的能力。创新技能的培养是一个动态过程，涉及个人特质、环境因素和实践经验的相互作用。

案例阅读

童某，宁波市某职教学校毕业生，现任某电脑公司经理。由于中考失利，童某没有如愿考上普高，而是来到职业学校继续学业。在校期间，童某成绩优秀，又是班里的团支部书记，并考取了计算机中级证书。尽管如此，毕业那年，童某四处寻找合适的工作，却都不尽如人意。"给别人打工，不如自己当老板。"家人的一句玩笑话，却一语惊醒梦中人。但是，一个刚刚毕业的中专生，没有社会经验，没有足够的资金，拿什么去创业呢？

正在童某心灰意冷的时候，一天，亲戚家的电脑坏了，请他上门维修。凭着过硬的专业技术，童某不到一小时，就把问题查出来了——零件出了问题，需要更换。亲戚对电脑一窍不通，只能请童某再跑一趟电脑市场，买来零件更换上去。就是这一来二去，带给了他创业的灵感。

为了实现自己的创业梦想，童某放弃了安逸的生活，开始四处奔走。当地的电脑公司大多没有上门维修的服务，这个市场空缺，让他看到了希望。他找人到住宅区和大街上分发传单，自己也在网上发布消息，凭借良好的技术和信誉，找他修电脑的人越来越多。

没过多久，童某筹集了五万元左右的资金，开了一家电脑公司，主要采用的是分店合作模式，一般一个区域或乡镇开设一两个服务点。以前上门服务过的客户都成了他的老客户，他的事业蒸蒸日上。

分析：童某能创业成功，首要的前提是什么呢？其前提就是他渴望创业。想创业、敢创业，是创业成功的必要前提。创业艰苦而且困难很多，除了渴望创业外，还要破除依赖心理和胆怯心理，要提高创业的能力，富于创新，善于学习。只有苦过、累过、奋斗过的收获，才是最宝贵的。

（二）创业者的能力

人是创业成功的第一要素，而创业者发挥着核心作用。创业活动是由创业者主导和组织的商业冒险活动；要成功创业，不仅需要创业者富有开创新事业的激情和冒险精神、面对挫折和失败的勇气和坚忍，以及各种优良的品质素养，还需要具备解决、处理创业活动中各种挑战和问题的知识与能力。

案例阅读

2008 年开始在宿舍创业，到 2015 年，获得 E 轮融资，拥有几千名员工，服务范围也从上海某大学周边快速扩展到全国 250 个城市，这便是中国最大的在线外卖订餐平台"饿了么"的快速发展轨迹。

2008 年，还在上海某大学读硕士一年级的张某认为，只要自己做的东西被市场认可，个体就是有价值的。一天晚上，他和室友一边打游戏一边聊天，突然感到饿了，于是打电话到餐馆叫外卖，但是要么打不通，要么不送。这让他有了一个创业的想法。张某和康某等同学一起，将学校闵行校区附近的餐馆信息搜集齐备，印成一本"饿了么"的外送广告小册子在校园分发，然后在宿舍接听订餐电话。接到订单后，他们先到餐馆取快餐，再送给顾客。这一模式完全依靠体力维持业务运转，没有太大的扩张余地，唯一的好处是现金流充沛（餐费由他们代收，餐馆一周结一次款）。2008 年 9 月，饿了么团队开始研发订餐网络平台，张某先通过校园 BBS（电子公告牌系统）招来软件学院的同学入伙。用了半年左右的时间，他们开发出了首个订餐网络平台。在网址注册时，他们用了"ele.me"（"饿了么"的汉语拼音）。网站订餐可按需实现个性化功能，比如顾客输入所在地址，平台便自动测算周边饭店的地理信息及外送范围，并给出饭店列表和可选菜单。网络订餐系统初运营时，有 30 家加盟店支持，日订单量有 500～600 单。可那段时间，张某和康某却因为过于奔忙劳碌而"后院起火"：先是窃贼光顾宿舍将电脑等财物一掠而空；接着，一位送餐员工在送外卖途中出车祸；随后，又有一辆配送外卖的电动车被偷……重重压力下，张某不得不撤销热线电话和代店外送，让顾客与店家在网上自动下单和接单。

为了给网站造势，张某不停地参加各种创业大赛，以扩充创业本金。2009 年 10 月，"饿了么"网站在上海慈善基金会和觉群大学生创业基金联合主办的创业大赛中获得最高额度资助 10 万元人民币全额贴息贷款。12 月，网站在欧莱雅大学生就业创业大赛上获得10 万元人民币冠军奖金……通过创业竞赛，团队总共赢得了 45 万元人民币创业奖金。获得资金的"饿了么"如鱼得水，到2009年年底，订餐平台已拥有50家餐厅进驻，日均订餐交易额突破1万元。为了网站的发展，张某招来了网站技术总监汪某，汪某专门编写了一个小软件，可在校内BBS上给每个会员用户自动群发站内消息，其中规模最大的一次发了6万条。饿了么网站因此访问量大增。靠线上和线下广告吸引学生订餐容易，但吸引更多饭店加盟绝非易事。对此，张某的策略是："谈，不停地谈。"他们每天出门"扫街"，最忙时一天要"扫"100多家饭店，最难谈的饭店，谈了40多个回合才拿下。

2010年5月，"饿了么"网站2.0版本成功上线。"饿了么"不仅攻下某师范大学，连附近紫竹科学园区也被纳入自己的"势力范围"，顾客群从大学生拓展到企业白领。仅隔一个月，"饿了么"就推出了超时赔付体系和行业新标准。9月，"饿了么"全上海版上线，合作餐厅超过1000家，单月最高交易额达到了100万元人民币。

2010年11月，"饿了么"手机网页订餐平台上线，订餐业务不仅覆盖了全上海，目标还直指杭州、北京等大城市。2011年3月，"饿了么"注册会员超过2万人，日均订单3000份。这一战绩很快引起了美国硅谷一家顶级投资公司的高度关注，接洽数次后，"饿了么"成功融得风险投资100万美元。

2011年7月，"饿了么"相继成立北京和杭州两大城市分公司，风投紧随而来，2013年完成B轮和C轮融资，2014年完成D轮8000万美元融资。张某称，融资后的三大任务是持续完善高校的外送服务；继续大规模地开拓白领住宅市场；搭建以自有物流为中心、社会化物流为辅的物流配送平台，使之成为广泛覆盖中国的"最后一公里"物流网络。

（资料来源：搜狐网）

创业者应具备以下几方面的能力。

1. 不屈不挠

创业是一场马拉松赛，过程中充满了不确定性，只有排除艰难险阻，才能取得最后的胜利。创业者不会因为比别人有更好的机会而赢得市场，也躲不过一些不可避免的错误，因此不屈不挠才是创业最重要的品质。许多人创业都会遭遇多次失败，甚至每周都会遇到好几次失败，要在失败后有勇气重新开始。

2. 激情

可能有些人会下意识地认为获取利益是创业者创业的动力，但实际上绝大多数创业者创业是出于对新产品、新服务的热情，或抓住了一些解决难题的机遇。大多数创业者有一种改变世界的信念，激情是支持创业的内在驱动力，它也是让创业者愿意不断付出的基础。

3. 能承受不确定性

用通俗的话来说，能承受不确定性就是对风险的承受能力，即能够承受不确定性带来的恐惧，并且能够承受潜在的失败。对恐惧的控制能力也是一项重要的创业者特质，在恐惧中可以选择放弃，也可以战胜它继续前行。

4. 远见

有预测未知机遇的能力，同时能预测他人不能预知的事情，这是创业者必备的特质之一，也即远见。创业者的好奇心会帮助他们辨识出一些被忽略的市场机遇，使其走在创新和一些新兴领域的前列。创业者能想象出另一个世界，把自己的远见有效地转化为一种切实可行的业务，随之吸引到投资人、客户和员工。创业者会碰到许多唱反调的人，为什么？因为创业者看到的未来和他们不一样，在未来还没有呈现之前，创业者就已经预见到了。

5. 自信

自信也是创业者的关键特质。创业者必须坚信自己的产品是全世界需要的，发现市场机遇，然后开拓新市场。在创业的过程中，创业者还要不断推翻现有的、普遍认可的观点。研究者将这种特质称为一种源自特殊使命的自信。有了这种信念，就算世界充满风险，创业者也可以做好充分的调查，有足够的信心完成任务，并把风险减到最小。

6. 灵活性

实际上，创业的生存规则也像物种一样，都是建立在适应周围环境的基础上的，公司最终推出的产品或服务很可能不是最初计划的。因此，灵活性有助于创业者适应市场环境，应对大众多变的喜好。创业者必须心甘情愿地忠于自己，必须围绕市场的变化进行调整。

7. 打破常规

创业者存在的意义之一，即否定已有传统智慧。实际上，简单来说，创业就是打破常规。柏森商学院的一项报告显示，只有 13% 的美国人最终可以进入创业者的行列，做别人没有做过的事情。打破常规是创业者的一种天性，也是他们创业的源泉。

> **案例阅读**
>
> 云鲸创始人张峻彬的创业有些偶然。在一次家庭聚会上，一位亲戚抱怨：弯腰拖地太累了，要是有一台能自动洗抹布的拖地机器人就好了。
>
> 张峻彬敏锐地意识到这是个市场痛点，也是个创业机会。他很快成立了公司"云鲸"，组建技术团队，目标就是做出亲戚口中的拖地机器人。
>
> 2019 年，张峻彬和团队用三年时间研制的拖地机器人上市。同年"双 11"，云鲸入驻天猫，销售额破千万元人民币。2020 年"双 11"，拖地机器人更是供不应求。2022 年 11 月 4 日，云鲸在天猫旗舰店发出公告：55 000 台拖地机器人预售已结束。

二、大学生创业者特质的培养

创业者的一些特质是可以通过后天学习获得的。因此，大学生创业者想要成功创业，必须先提高个人的创业特质。潜在创业者要全面提高个人的创业知识、素质和能力，可以采用以下几种方法。

(1) 与企业人士交谈，向成功的企业人士学习，做一个成功企业人士的助手或学徒。

(2) 参加一个培训班或学习班，接受培训。

(3) 阅读一些可以提高经营技巧的书籍。

(4) 制订未来创业计划，增强创业动机。

(5) 提高思考问题、评价问题以及应对风险的能力。

(6) 学习并思考如何更好地处理危机。

(7) 对别人的观点和新的想法要多接受。

(8) 遇到问题时，要分析问题的前因后果，总结经验，吸取教训。

(9) 加强对工作的投入，并且要认识到：只有努力工作，才能获得成功。

创业者自我评估

(1) 你在哪一种条件下会决定创业？（　　）

A. 等有了一定工作经验以后

B. 等有了一定经济实力以后

C. 等找到天使或风险投资 (VC) 以后

D. 现在就创业，尽管自己口袋里没有几个钱

E. 一边工作一边琢磨，等想法成熟了就创业

(2) 创业成功的关键是（　　）。

A. 资金实力　　　　　　　　B. 好的创意

C. 优秀团队　　　　　　　　D. 政府资源和社会关系

E. 专利技术

(3) 创业公司生存的必要因素是（　　）。

A. 高度的灵活性　　　　　　B. 严格的成本控制

C. 可复制性　　　　　　　　D. 可扩展性

E. 健康的现金流

(4) 开始创业后，你做的第一件事情是（　　）。

A. 找钱，找 VC　　　　　　B. 撰写商业计划书

C. 物色创业伙伴　　　　　　D. 着手研发产品

E. 选择办公地点

(5) 创业公司应该（　　）。

A. 低调埋头苦干　　　　　　B. 努力到处自我宣传

C. 看情况顺其自然　　　　　D. 借别人的势进行联合推广

(6) 招聘员工时最重要的是（　　）。

A. 学历高低　　　　　　　　　B. 朋友推荐

C. 成本高低　　　　　　　　　D. 工作经验

(7) 产品进入市场的最佳策略是 (　　　)。

A. 价格低廉　　　　　　　　　B. 广告投入

C. 口碑营销　　　　　　　　　D. 品质过硬

(8) 和投资人交流最有效的方式是 (　　　)。

A. 出色的现场 PPT 演示　　　　B. 详细的商业计划书和财务预测

C. 样品当场测试　　　　　　　D. 朋友的介绍和引荐

E. 通过财务顾问的代理

(9) 选择投资人的关键因素是 (　　　)。

A. 对方是一个知名投资机构　　B. 投资方和团队不设对赌条款

C. 谁估值高就拿谁的钱　　　　D. 谁出钱快就拿谁的钱

E. 只要能融到钱, 谁都一样

(10) VC 投资决策中最重要的因素是 (　　　)。

A. 商业模式　　　　　　　　　B. 定位

C. 团队　　　　　　　　　　　D. 现金流

E. 销售合约

(11) 从下面哪句话里可以知道 VC 其实对你的公司并没有实际兴趣? (　　　)

A. "我们有兴趣, 但是最近太忙, 做不了此项目。"

B. "你们的项目还偏早一些, 我们可以考虑跟投一些。"

C. "你们如果找到领投的 VC, 我们可以考虑跟投一些。"

D. "我们对这个行业不熟悉, 不敢投。"

E. 上面任何一句话

(12) 创业团队拥有 51% 的股份就绝对控制了公司吗? (　　　)

A. 正确　　　　　　　　　　　B. 错误

(13) 创业公司的 CEO 首要的工作责任是 (　　　)。

A. 制定公司的远景规划　　　　B. 销售

C. 人性化的管理　　　　　　　D. 领导研发团队

E. 搞进投资人的钱

(14) 凝聚创业团队的最好办法是 (　　　)。

A. 期权　　　　　　　　　　　B. 公司文化

C. CEO 的魅力　　　　　　　　D. 工资和福利

E. 团队的激情

(15) 创业公司的财务预测中最重要的是 (　　　)。

A. 销售增长　　　　　　　　　B. 毛利率

C. 成本分析　　　　　　　　　　D. 资产负债表

(16) 创业公司的日常运营中，最重要的工作是 (　　)。

A. 会议记录的及时存档　　　　　B. 业绩指标的合理安排和及时跟踪

C. 团队的经常性培训　　　　　　D. 奖惩制度的制定和执行

E. 管理流程的 ISO9000 认证

(17) 创业公司的日常运营中，最棘手的问题是 (　　)。

A. 人的管理　　　　　　　　　　B. 销售增长

C. 研发的速度　　　　　　　　　D. 资金到位情况

E. 扩张力度

(18) 创业公司产品市场推广效果的衡量标准是 (　　)。

A. 广告投入量和覆盖面　　　　　B. 营销推广的精准程度

C. 产品出色的品质保证　　　　　D. 广告投入和产出比例

E. 产品价格的打折力度　　　　　F. 品牌的市场渗透率

(19) 防止竞争的最有效手段是 (　　)。

A. 专利　　　　　　　　　　　　B. 产品包装

C. 质量检查　　　　　　　　　　D. 不断研发新产品

E. 比竞争对手更快地占领市场

(20) 创业公司的第一个大客户竟然是个 "土财主"，你会 (　　)。

A. 一视同仁地对他提供你公司的标准服务

B. 指导他如何来积极配合你的工作

C. 修理他，给他些颜色看看是为了他的提高

D. 提供全面服务＋免费成长辅导

(21) 创业公司中的最大风险是 (　　)。

A. 市场的变化　　　　　　　　　B. 融资的成败

C. 产品研发的速度　　　　　　　D. CEO 的个人能力和素质

(22) 当创业公司账上的现金低于三个月所需现金的时候，应该采取的措施是 (　　)。

A. 立刻启动股权融资　　　　　　B. 通知现有公司股东追加投资

C. 立刻大幅削减运营成本，包括裁员

D. 打电话给银行请求贷款

E. 把自己的存折和密码交给公司会计

(23) 创始人之间发生矛盾时，你会 (　　)。

A. 坚持原则，据理力争　　　　　B. 决定离开，另起炉灶

C. 委曲求全，弃异求同　　　　　D. 引入新人，控制局势

(24) 投资创业公司的理想退出方式是 (　　)。

A. 上市　　　　　　　　　　　　B. 被收购

C. 团队回购　　　　　　　D. 高额分红

E. 以上都是

测评标准 (以下为答案，每题 1 分)：

(1) D　(2) C　(3) E　(4) D　(5) B　(6) D　(7) D　(8) C　(9) E

(10) C　(11) E　(12) B　(13) B　(14) B　(15) A　(16) B　(17) A　(18) D

(19) E　(20) D　(21) D　(22) C　(23) C　(24) E

测评结果：

1～8 分：还不具备创业的基本知识，不要贸然创业。

9～16 分：游走在创业的梦想和现实之间，继续打磨吧。

17～24 分：已经做好了创业的基本准备，大胆往前走吧！

第二节　创 业 团 队

一、创业团队的概念

创业团队是指在创业初期 (包括企业成立前和成立早期)，由一群才能互补、责任共担、愿为共同的创业目标而奋斗的人所组成的特殊群体。创业团队有如下特征。

(1) 团队拥有共同的任务和目标。

(2) 成员同舟共济，共同承担风险与责任。

(3) 成员间知识技能具有互补性。

(4) 成员之间信息共享，彼此尊重、诚信。

(5) 对团队的事务尽心竭力，全方位奉献。

狭义的创业团队是指有着共同目的、共享创业收益、共担创业风险的一群创建新企业的人。广义的创业团队不仅包括狭义创业团队中所定义的一群人，还包括与创业过程有关的各种利益相关者，如风险投资家、专家顾问等。

二、创业团队的组建

（一）创业团队组建的关键要素分析

影响创业团队组建的因素很多，可以分为基本因素和其他因素。其中基本因素包括创始人、商业机会、外部资源、机会成本、失败的底线。其他因素则包括与个人目标的契合程度、个人偏好等。

1. 创始人

需要什么类型的团队取决于创业机会的性质和带头人的能力与作用。对创业战略进行准确的评价，是创业带头人建立团队的关键步骤。创业者需要考虑建立团队是否必需，以及是否打算把企业发展成一个更具潜力的企业，然后具体评价拥有的人才、专业技术、接纳功能、实战业绩、关系网络和其他资源，即已经获得的"资源组合"。一切就绪时，创业者就要进一步考虑企业必须具备什么条件才能获得成功，以及在什么时候需要什么样的人才与自己形成优势互补。最好的创业者真心希望提高自己的工作绩效，努力弄清哪些是他们所知道的，哪些是他们不知道的，并对此实事求是。创始人所需要考虑的问题包括以下几个方面：

(1) 需要哪些与行业、市场及技术有关的技术知识和经验？

(2) 是否拥有所必需的关系网络（以及已有的网络能否为企业带来竞争优势）？是否需要在这方面寻找合适的合伙人？

(3) 是否能够吸引且能够有效协调这些人和其他团队成员之间的关系？

(4) 是否知道将来要做出的牺牲和贡献有多大？为此做好了准备吗？

2. 商业机会

需要什么样的团队取决于创业者与创业机会之间的匹配程度，以及打算以多快的速度和多大的举措来推进创业。尽管大多数新企业打算依靠自身的资源来求得发展，而且只有在公司负担得起的情况下才会招募其他团队成员。然而如果打算寻找风险资本或者私人投资者支持的话，越早地组建团队，其价值就越高，这方面要考虑的问题包括以下几点：

(1) 做这项业务的附加值和经济利益如何？与谁共同获利？

(2) 能够影响拟建企业成功与否的关键变量是什么？需要什么因素或什么人来对这些变量产生积极影响？

(3) 是否拥有或得到把握创业机会所必需的关键外部关系（如投资人、律师、银行家、顾客、供应商、管理机构等）？需要这方面的帮助吗？

(4) 应该具有哪个方面的优势和竞争战略？什么样的人是推行这一战略或优势的必要人选？

3. 外部资源

通过获取外部资源来弥补企业的一些空白点，如董事会、会计师、律师、咨询顾问等。通常来说，税务和法律方面的专家在最初阶段最好以兼职的方式聘请，如果某些外部资源只需要一次或只在某个阶段有需求，或者这些需求对企业经营的关键任务、目标和活动来说并不重要的话，那么比较妥当的做法是聘请咨询顾问。创业者需要考虑的问题有：

(1) 那些专业性强、具有一次性特点或可请兼职人士提供的专业知识对于企业来说是不太重要的，还是至关重要的？

(2) 如果从外部获得专业技能，是否会泄露商业机密？

4. 机会成本

为了创业，你将放弃什么？可以从中获得什么？得失的评价如何？在决定进行创业之前，所有参与创业的成员都需要仔细思考创业所要付出的机会成本，必须通过对机会成本的客观判断，知道创业机会是否真的对个人生涯发展具有吸引力。

5. 失败的底线

古人说："留得青山在，不怕没柴烧。"创业必然要面对可能失败的风险。因此创业者不必也不宜将个人声誉与全部资源都压在一次创业活动中。理性的创业者（团队）必须设定承受失败的底线，以保留下次东山再起的能力与机会，因而需要了解团队成员有关创业团队对失败底线的看法。

（二）创业团队的组建策略

创业团队的组建，没有统一的程式化规程。创业者走到一起，多是机缘巧合，兴趣相同、技术相合的同事朋友，甚至是有相同想法的人都可以合伙创业。关于创业团队的成员，马云说过"创业要找最合适的人，不要找最好的人"。一支豪华的创业团队，所创企业不一定就是最好的企业。

创建团队，就是一个寻找人才的过程，而新企业由于自身的竞争实力难以与成功的大企业相比，而对所需的人才要求较高，这就造成了创业团队的组建困境。创业者如何解决这个问题，是考验其领导才能的关键。创业者需要知道，并不是高薪就能吸引人才。新创企业的企业愿景、蓬勃的活力、优秀的企业文化才是吸引人才加入的关键因素。对于想加入创业的人员来说，创业者的个人魅力、公司的发展潜力、长远回报、个人价值等因素对他们的吸引远比单纯的钱要大得多。组建团队，创业者应遵循以下原则。

1. 具有共同理想，利益兼顾

大学生创业时，一般首先会想到邀请与自己志同道合的同学、室友、工作中的同事加入，形成创业之初的合伙人团队，这是最初创业团队的形成方式之一。这样的团队成员往往有共同的理想、技能、兴趣爱好，合伙人之间相互了解、共同奋斗，往往是团队第一、个人第二。在创业过程中，尤其是创业初期，当公司的利润并不显现的时候，创业者与合伙人更多考虑的是公司的利益，而友谊成为维系他们之间关系的主要纽带。这种合伙人关系貌似牢固，但也有很大弊病。当企业发展步入正轨、运营平稳、利润增加的时候，个人的利益观念就会凸显，合伙人一方会因付出与得到的不对应或者以为不对应而产生负面情绪，容易离开团队，影响公司的持续发展。因此，在创建团队时，即使是最好的朋友，也应该建立一个合理的利益分配制度并得到合伙人的支持；应建立一个制度健全的公司组织，并制定合理的绩效制度，这样公司就不会因为某个人的离开而无法正常运作，为公司的发展打下良好的基础。

2. 技能与优势互补

建立一支互补性的团队有利于公司的发展，在组建创业团队时，应强调补缺性。这种补缺性是指在性格、能力、观念甚至技术上的互补。因为创业者在公司的管理上不可能面面俱到，技术性的创业者需要一个管理人才帮助自己建立公司的组织机构并进行日常的绩效监督，财务的管理也需要专业的人员；当创业者自己不能做这些工作时，可以由团队成员共同提出解决方案，这种平衡和补充的作用可以保证新创企业的健康发展。

3. 追求稳定

一开始就拥有一支成功的、不变的创业团队是每一个创业者的梦想，但现实是，创业合伙人"分手"的概率是很大的，即使企业成功地存活下来并得到发展，创业团队仍然有"分手"的可能。团队成员的离开有可能带走股份或需要收购股权，造成公司的资金紧张，因此如果团队成员急于离开，创业者就应该考虑是不是公司的管理出了问题，并及时与团队成员沟通，解决问题。在公司发展的初期，团队成员的离开有时会造成"灾难性后果"，这一点创业者应当在招募时就考虑到，并与团队成员进行约定。

4. 重视计划与沟通

创业者在组建团队时，首先应制订一份计划，至少应该在心里有一个明确的想法，如需要哪方面的人，希望对方从事什么工作，能够给予对方哪些有利条件等。沟通在心理学领域是非常重要的技巧。创业者应当成为一个沟通高手，通过沟通来了解彼此的需要，以更好地找到合适的人选。

在创业初期，各项业务开展都可能遇到障碍，而若有成员离开，则可能导致新公司倒闭，因此这一时期的团队成员就要做好沟通工作。一方面，沟通可以使团队成员相互了解，增进信任；另一方面，创业者可以通过沟通提前了解团队成员的技能优势、思想状态，提前决策。

5. 寻找相同或相似背景的伙伴

创业团队成员之间若有共同理想、相似的背景以及多年的了解，会产生默契。当个人与集体利益发生冲突时，若能顺畅地沟通，则有利于问题的解决。但这种人员搭配会有些单调，例如，技术类的创业者往往首先找技术类人才。因此，组建团队应当有完整的团队建设方案，并注重人员的搭配，有意识地跳出自己生活的圈子，寻找一些与自己完全不同的人才，这样更利于创业成功。

案例阅读

雷某是一名 90 后大学生，2009 年 9 月，他就读于广东某职业技术学院游戏专业，这是学校当年新开的专业。在大学期间，雷某对手机软件产生了浓厚的兴趣，常利用课余时间临摹手机桌面，上网浏览最新的技术动态。他在论坛上发的手机评测帖子，曾被太平洋网评为精华帖而置顶。雷某在学校的交际圈子很小，但是在互联网上却拥有许多资源，而且他通过互联网认识了创业团队的成员。大二时，他决心毕业后做 UI 设计（指对软件的人机交互、操作逻辑、界面美观的整体设计）。

2011年暑假，雷某与几个在网上结识的80后朋友来到深圳，租了一间小民房，组成一个6人团队，开始了手机软件开发之旅。雷某说："那段时间，我们的活动范围不足500米，有时连续加班30多小时。"大二暑假还未过完，团队的第一款产品"刷机精灵"第一版本正式上线测试。当天晚上，6个人在小民房附近的烧烤档庆祝，将压抑的心情释放成泪水。

不久，雷某所在团队就得到百万元级的天使投资基金。2011年8月中旬，团队注册成立科技有限公司，同年底，雷某的团队接受了1800万元投资入股。2012年，百度、盛大、腾讯等互联网巨头开始插足刷机行业，其他的大小竞争对手陆续涌现。面对巨大的行业竞争压力，团队加速产品的更新迭代，保持着行业的领先位置，赢得国内互联网巨头的青睐。

2012年8月，也就是雷某毕业还未满一个月，腾讯CEO亲自出马，以6000万元人民币全资收购雷某的公司。团队的每个成员都得到了丰厚的回报。6人再次来到路边的烧烤档庆祝。

从一个青涩学子摇身变成千万富翁，这条创业路走到今日，雷某感触良多。他说："创业不是靠单打独斗，需要团队的高效分工协作，每个人都要能够独当一面。勇敢挑战困难、担当压力是人生中非常精彩的一部分。不浮躁、不虚伪，善于总结失败经验并用心去沉淀，才能获得更多的成长。"

三、创业团队的管理

创业者可以从以下几方面着手管理创业团队。

1. 注重团队凝聚力

在创业过程中，团队所有成员都必须认同团队是一个密切联系而又缺一不可的整体，团队的利益高于团队每一位成员的利益。如果团队成员能够为团队的利益舍弃自己的小利，团队的凝聚力就最大。虽然创业团队中每一位成员都可以独当一面，但是合作仍然是团队成员首先要学会的；成功的创业公司中，团队的成功远远高于个人的成功，创业者与团队核心成员应相互配合、共同激励。

2. 致力于价值创造

团队的每一位成员都应致力于价值的创造，大家想尽办法解决问题。一旦提出决策方案，大家都会执行。每一位成员在从公司的成长期到成熟期的过程中都尽力做好，不但会获得丰厚的物质回报，同时个人的技能也会得到提升。

3. 分享成果

在新创企业中，一般的做法是将公司的股份预留10%～20%作为吸引新的团队成员的股份。团队中不仅包括资金的分享，还包括理念、观点、解决方案的分享。

4. 重视绩效考核

绩效考核是指给评估者和被评估者提供所需的评价标准，以便客观地讨论、监督、衡量绩效。绩效管理可以使团队成员明确自己的职、责、权与团队的目标和计划，明确自己的角色与承担的工作，也可以根据自己的价值对自己的薪资产生期待。

5. 充分发挥决策者的作用

决策者的角色一般由企业的拥有者承担，他们不但对问题进行决策，而且承担决策产生的后果。所以在做出每一项重要的决策前，决策者通常会召集团队成员讨论解决方案。作为团队中的决策者，如果大家的意见与决策者相左，决策者就应该重新分析方案的可行性，并对方案进行修改。决策的主要内容是公司发展的长期目标与一定阶段的计划，还有一些是与公司发展相关的重大决策。

6. 明确执行者的任务

执行者应根据公司制订的业务计划和目标，从职能领域安排自己的工作和计划，细化量化自己的工作，具体执行决策者的决策。有时会遇到团队成员职、责、权混淆的情况，这时就需要制定规范化的企业制度，而且企业的拥有者应该时刻记得自己的角色。需要明确的是，决策者的角色并不是一成不变的。决策者应首先从一个执行者的角度要求自己，只有当自己完成方案时，才能将方案交给其他执行者去执行。

难得的黄金创业团队

1998 年 11 月，马化腾与他的同学张志东共同出资注册了深圳腾讯计算机系统有限公司，之后又吸纳了曾李青、许晨晔、陈一丹三位股东。据说，这 5 个创始人的 QQ 号是从 10001 到 10005。为避免彼此争夺权力，马化腾在腾讯创立之初就和四位伙伴约定：各展所长，各管一摊。马化腾是 CEO（首席执行官），张志东是 CTO（首席技术官），曾李青是 COO（首席运营官），许晨晔是 CIO（首席信息官），陈一丹是 CAO（首席行政官）。

之所以说腾讯的创业五兄弟难得，是因为直到 2005 年，这五人的创始团队还基本保持着这样的合作阵形，不离不弃。都说"一山不容二虎"，尤其是在企业迅速壮大的过程中，要保持创始人团队的稳定合作尤其不容易，而对于腾讯的成功，工程师出身的马化腾在开始时对合作框架的理性设计功不可没。从股份构成上来看，5 个人一共凑了 50 万元。其中，马化腾出了 23.75 万元，占 47.5% 的股份；张志东出了 10 万元，占 20%；曾李青出了 6.25 万元，占 12.5% 的股份；其他两人各出 5 万元，各占 10% 的股份。虽然主要资金为马化腾所出，他却只持有不到一半的股份——47.5%，"要他们的总和比我多一点，不要形成一种垄断、独裁的局面。"而同时他自己又一定要出主要的资金，占大股。"如果没有一个主心骨，股份大家平分，到时候也肯定会出问题，同样完蛋。"

保持稳定的另一个关键因素，就在于团队的合理搭配。据《沸腾十五年》作者林军回忆，"马化腾非常聪明，但非常固执，注重用户体验，愿意从普通用户的角度去看产品。张志东是脑子非常活跃、对技术很沉迷的一个人，马化腾技术也非常好，但是马化腾的长处是能够把很多事情简单化，而张志东更注重把一件事情做得很完美。"如果说其他几位合作者都只是搭档级人物的话，那么曾李青则是腾讯5个创始人中最好玩、最开放、最具激情和感召力的人，其大开大合的性格，也比马化腾更具攻击性，更像拿定主意的人。不过或许正是这点，也导致他最早脱离了团队，单独创业。后来，马化腾在接受多家媒体的联合采访时承认，他最开始也考虑过和张志东、曾李青三个人均分股份的方法，但最后还是采取了5人创业团队根据分工占不同的股份结构的策略。在马化腾看来，未来的潜力要和应有的股份匹配，不匹配就要出问题。如果拿大股的不干事，干事的股份又少，矛盾就会产生。

经过几次稀释，最后他们上市所持有的股份比例只有当初的三分之一，但即便这样，他们每个人的身价还是达到了数十亿元人民币。可以说，在中国的民营企业中，能够像马化腾这样，兼收并蓄，选择性格不同的创业伙伴，成功开拓局面后依旧保持长期默契合作的情况，是很少见的，而马化腾的成功之处，就在于其最初就明确了创业团队的责、权、利。

四、创业团队的高效运作

（一）高效运作的原则

1. 领导者的"个人魅力"

心态平和、不急功近利是领导者魅力的核心部分。一个人的度量决定了他成就的高度，一个胸怀宽广的人，可以得到有才能的人的帮助。因此，领导者应以大局为重，不计较眼前的利益，高瞻远瞩。同时，领导者要有明确的愿景，善于用人，对下属恩威并施。

2. 让合适的人做合适的事

从人力资源管理上"人岗匹配"的原则来说，让合适的人做合适的事，是科学的用人原则。这样做的结果，对个人来说，可以调动团队成员的潜能，把人才的优势发挥得淋漓尽致；对团队来说，有利于扬长避短，得到提高效率的最佳配置。

3. 成员间相互信任

在情感上相互信任，是一个团队最坚实的合作基础。只有这样，才能给团队成员安全感。只有信任团队成员，他才会把公司当成自己的，并将公司作为施展个人才华的舞台。

4. 完善制度，明确权利、义务及奖惩

良好的约束机制对团队的后续发展至关重要。在团队里除了分工明确之外，每个成员最好跟团队签署一个协议，明确每个人的权利和义务，制定要达到的目标和必要的奖惩条例。

5. 具有良好的、有效的沟通协调机制

沟通有助于消除误会。如果团队成员之间缺乏有效的沟通，就可能导致严重的后果。

6. 利益分配公平

一般来说，人们希望贡献与回报对等。当成员感到分配不公时，有可能产生冲突，或者成员变得消极，不再努力或退出。

（二）高效运作的方法

1. 构建团队统一的价值观和使命感

要想发挥团队核心的力量，打造一支高效能的团队，就必须在团队中建立统一的价值观，将其凝结为团队理念和团队精神，实现价值共守、精神共通、情感共流、命运共担；让团队中的每一位成员明确团队价值观对每个人的影响，从而使团队成员全力以赴，形成说到不如做到、要做就做最好、第二名就意味着失败这样的观念，用希望别人对待自己的方式对待别人。

2. 明确心目中的目标

高效能团队的打造，要树立明确的团队目标，基于这个目标不断努力。但在实现团队目标时，也不要忽略团队中个人业绩目标和个人人生目标。这既是实现团队目标的需要，也是对团队中每位成员负责任的一种表现。但是，个人目标必须服从于团队目标。

3. 勇于兑现承诺

高效能的团队要勇于兑现承诺。这些承诺不仅包括团队对公司的承诺、个人对团队的承诺、公司对团队和个人的承诺，也包括个人对自己的承诺。这些承诺是相互的，不能随便割裂。如果团队成员中的个人对自己的承诺无法兑现，又怎么可能兑现对团队的承诺呢？因此，不要轻易承诺，一旦承诺了就一定要勇于兑现，哪怕困难再大。

4. 知识与技能的后天"充电"

无论哪一种类型的团队，要想成为一支能够打硬仗、素质过人的高效能团队，归根结底，打铁还须自身硬，需要不断地学习，弥补知识与技能上的不足。在经济与社会迅猛发展的今天，衡量一个人能力与水平的不是先天的学历，而是知识与技能的后天"充电"。

5. 积极参与，加深信任

高效能团队要求每一位成员对团队的每一项活动都表现出积极参与的态度，只有不断地进行深入交往和信息共享，才能够对决定产生有效的影响，使团队在确定目标时更为精准，分解任务时更科学合理，解决问题时大大提高效率。

6. 激励团队士气

保持团队高效能更重要的是团队成员都有一种正确的态度，各个成员都能独立高效地完成工作目标。其中，激励团队的士气就是一种最有效的手段。

拓展训练

课后反思

(1) 优秀的创业团队有哪些特征？

(2) 如何让你的团队高效运转？

(3) 高效能团队运作有哪些方法？

第六章

创业资源整合

自我思考

创业资源是企业创立以及成长过程中所需要的各种生产要素和支撑条件。对创业者而言，只要是对其创业项目和新创企业发展有所帮助的要素，都可以归入创业资源的范畴。创业者在拥有或者能够控制那些稀有的、有价值的、难以复制的和不可替代的资源时，就可以为自己的创业企业建立起持久的竞争优势。那么对于初创企业来说，如何进行创业资源整合呢？

想一想：获取创业资源有哪些技巧？有哪些途径？获取创业融资有哪些渠道？

学习目标

◎ 知识目标

1. 了解创业资源的内涵与分类，建立对创业资源的基本认知。

2. 了解创业资源获取的技巧，掌握获取创业资源的常见途径。

3. 了解创业资源整合的概念与意义，掌握整合创业资源的基本原则。

4. 了解创业资源的开发及企业获取创业资源的方法。

5. 了解创业融资及其相关概念，明确融资对创业的作用。

◎ 能力目标

1. 掌握获取创业资源的常见途径。

2. 掌握创业融资的基本策略，能够做出比较合理的融资决策。

◎ 素质目标

1. 树立法制意识，依法依规开展企业融资。

2. 树立社会责任感，培养奉献精神，提高创业资源整合能力及企业融资能力。

尤伯罗斯在奥运会上整合资源

2008 年北京奥运会的成功举办，让全世界对中国有了一个全新的认识，我国的国际形象得到了很大的提升。众所周知，现在的奥运会主办权是在很多有志于申办的城市中经过一轮轮选拔和论证才最终决出的。能够举办奥运会不仅仅是一项至高无上的光荣，更是一个宣传自己国家形象的大好机会。

但是，就在短短的 20 多年前，办奥运还只是一项花钱买荣誉的活动，想盈利是根本不可能的。

1972 年在德国慕尼黑举行的第 20 届奥运会所欠下的债务，久久不能还清。1976 年加拿大蒙特利尔第 21 届奥运会，亏损 10 亿美元，这笔钱直到 2006 年 11 月才还完。1980 年在莫斯科举行的第 22 届奥运会耗资 90 多亿美元，亏损更是空前。直到 1984 年的洛杉矶奥运会，才让办奥运变成了既光荣又赚钱的事，完成这壮举的是一个叫尤伯罗斯的美国企业家。他凭着自己的聪明才智，承包了这届奥运会，不但使体育活动举办成功，还获得了近 100 亿美元的资金，最终盈利 2.5 亿美元，创造了世界奇迹。

当时美国政府和洛杉矶市政府同意接纳奥运会在这里举办体育活动，但是同时声明：一分钱不出！谁能解救这场危机呢？洛杉矶奥运会筹备小组向一家管理咨询公司求助，请他们帮助寻找一位能在行政当局不补贴一分钱的情况下还能办好奥运会的最佳人选。最后，经过咨询公司的推荐，这个重担落在了彼得·尤伯罗斯的肩上。

1979 年年初，尤伯罗斯在就任组委会主席时，发现组委会竟然在银行里连个户头都没有。他立即自掏腰包开了一个户头。他想到的为奥运会筹款的方式也简单，那就是为奥运招商，利用奥运会这个世界上最大的综合性体育赛事的影响力进行招商。尤伯罗斯把握了一些大公司想通过赞助奥运会以提高自己知名度的心理，通过同业之间的竞争来争取厂商赞助，让各厂商以竞标的方式加入到办奥运这个光荣的事情中来。当然，奥运会也不会亏待它们，在全世界的观众观看奥运会的同时，这些企业的产品也将随之深入人心。

与此同时，尤伯罗斯还制定了一整套规则，企业要想沾奥运的光，就必须无条件遵守这些规则。比如：本届奥运会只接受 30 家正式赞助单位，每一行业选择一家，每家至少赞助 400 万美元，赞助者可取得本届奥运会某项商品的专卖权等。这些听起来很苛刻的条件反而使赞助具有更大的诱惑性，各大公司都拼命抬高自己赞助额的报价。结果，尤伯罗斯仅靠赞助就筹集了 3.85 亿美元的巨款，这些钱，没有一分来自当地政府。

火炬传递是奥运会的传统，以前的火炬传递任务由社会名人和杰出运动员独揽，尤伯罗斯看准了这点：当火炬手是无上的荣耀，有谁不想在有生之年光荣一次呢？而且越是普通人，就越渴望这份荣耀。于是，洛杉矶奥组委宣布：任何人交纳 3000 美元，可获得举火炬跑一公里的资格，仅这一项又筹集了 4500 万美元。

通过举办奥运会，尤伯罗斯赚了 2.25 亿美元。从此以后，"奥运会"三个字在国际上风评彻底逆转，从各国避之不及的"烧钱机器""烫手山芋"，一下子变成众多国家争抢的"香饽饽"。这才有了今天奥运会越办越红火，众多城市为了主办权而争破头的情景。

第一节　创业资源概述

名人语录

跳出企业看行业，放下眼前看未来。

——拉姆·查兰

问题导入

创业者创立一家企业后，为了能尽快让企业走上正轨，需要进行企业资源整合，以谋求更大的发展。

在进行下面的学习之前，请思考以下问题：

(1) 什么是创业资源？

(2) 创业资源有哪些特点？

(3) 创业资源有哪些分类？

一、创业资源的定义及其主要表现形式

创业资源是指新创企业在创造价值的过程中需要的特定资产，包括有形资产与无形资产。创业资源是新创企业创立和运营的必要条件，主要表现形式为创业人才、创业资本、创业机会、创业技术和创业管理等。

1. 创业人才

创业人才是指具有创新精神和创新能力，能够创造性地综合运用所学的各种知识，积极投入社会的创业实践中，并在此过程中不断探索、开拓，用自己的创造性劳动，为社会发展和人类进步作出贡献的人。

创业人才是一种综合型人才，既要有纵向的专业知识，又要有横向的跨学科知识和人文经管知识。只有这样，才能在知识的综合运用中、在与多方人士的交往与协调中、在充满挑战与希望的征途中闯出一片天地。创业人才文化知识素质的要求从面上讲要广、要博，因为学过的东西将在什么时候、以什么形式发挥作用，是难以预料的，只有对某一知识领域了解精深，才有可能在该领域的某个角落找到突破口。

现代社会文化知识的总量、信息的总量不断增加，使得教育对象很难成为"百科全书式"的人才，事实上这种人才培养在学校阶段也不可能完成。如果所掌握知识的内在结构不合理、不科学，缺少交叉、组合、迁移的灵活性，就很难发挥综合效果，很难找到创业的切入点。

创业人才的能力素质要求主要体现在专业能力、管理能力和综合创新能力三个方面。专业能力是人们从事某一行业所必须具备的本领，是谋发展、求生存的手段。专业能力影响着社会实践活动的效率和成败。管理能力是一种人、财、物、时间、空间的合理组合，是现代社会的一种十分重要的职业要求，是科学运筹和优化配置的心理能量的显示，在较高层次上决定着社会实践活动的效率和成败。综合创新能力是各种能力的有机整合，并不是各种能力要素的简单堆砌。综合创新能力的高低集中地体现着创业人才能力素质的高低，并在最高层次上决定着社会实践活动的效率和成败。

创业人才心理素质的要求主要体现在敢为性、外向性、坚韧性、合作性等方面。对创业人才道德素质的要求主要是，要具备奋发进取、自强不息、振兴中华的使命感和责任感。当代有志青年应当意识到自己身上的重担，既要放下包袱，又要自加压力、报效祖国。

2. 创业资本

创业资本在国内通常被称为"风险资本"，即 VC(Venture Capital)，是指创业者进行创业时的前期的资本投入，包括创业者能力提高的就业培训、店铺租赁、店面装修、店面展示商品所需资金以及数量不等的流动资金。

创业资本的资金来源主要有：一是自筹资金，包括自己的储蓄或者向亲属朋友借贷所得资金；二是社会筹资，即通过提供高价值的固定抵押物，向银行等金融机构贷款或者通过熟人或网络向非正式金融机构借贷。后者比前者利率高、风险大。

3. 创业机会

创业机会主要是指具有较强吸引力的、较为持久的有利于创业的商业机会。创业者据此可以为客户提供有价值的产品或服务，并同时使创业者自身获益。

创业机会是可以为购买者或使用者创造或增加价值的产品或服务，它具有吸引力、持久性和适时性。创业机会也是可以引入新产品、新服务、新原材料和新组织方式，并能以高于成本价出售的情况。创业机会还是一种新的"目的—手段 (Means-End)"关系，它能为经济活动引入新产品、新服务、新原材料、新市场或新组织方式。

4. 创业技术

创业技术主要是指围绕现代新式创业 (互联网 +、转型等) 所需的创业痛点挖掘、用户群识别、创新思想开发、落地路径设计、市场验证执行、模式复制扩张等展开的技术应用范畴。

5. 创业管理

创业管理主要研究企业管理层的创业行为，研究企业管理层如何延续并注入创业精神和创新活力，增强企业的战略管理柔性和竞争优势。

　　创业管理是一个系统的组合，并非某一因素起作用就能导致企业的成功。决定持续创业成功的系统必然包括创新活力、冒险精神、执行能力以及团队精神等。人们可通过这样的系统来把握机会、环境、资源和团队。创业管理的根本特征在于创新，创新并不一定是发明创造，而更多的是对已有技术和要素的重新组合；创业并不是无限制地冒险，而是理性地控制风险。创业管理若没有一套有效的成本控制措施及强有力的执行方案，只能导致竞争力的缺失。创业管理更强调团队中不同层级员工的创业，而不是单打独斗式的创业。

二、创业资源的种类

　　企业的创业资源种类繁多，按照不同的标准可将其划分为不同的类别。

（一）按照资源性质分类

　　按照资源的性质，创业资源分为人力资源、财务资源、物质资源、技术资源、组织资源五大类。

1. 人力资源

　　人力资源是指在一个国家或地区中，处于劳动年龄、未到劳动年龄和超过劳动年龄但具有劳动能力的人口之和。人力资源也指一定时期内组织中的人所拥有的能够被企业所用，且对价值创造起贡献作用的教育、能力、技能、经验、体力等的总称。

　　创业者自身也是一个团队中必不可少的人才。创业者们能够从外界的环境中找到机遇，并发现其中的风险。创业企业在创业过程中扮演着举足轻重的角色，因此，创业项目之间的竞争本质上就是创业者之间的竞争。

2. 财务资源

　　财务资源是指企业所拥有的资本以及企业在筹集和使用资本的过程中所形成的独有的不易被模仿的财务专用性资产，包括企业独特的财务管理体制、财务分析与决策工具、健全的财务关系网络以及拥有企业独特财务技能的财务人员等。财务资源与资本之间存在着密切的联系，但又不完全等同于资本，财务资源比资本具有更丰富的内涵。

　　对于创业初期的创业者来说，拥有一定的资金对于企业的发展与成长是十分关键的。通常情况下，企业若能够在初始阶段以较低的资本成本募集到足够的资金，这将是企业取得成功和运营的先决条件。

财务资源四个方面的构成要素

(1)财务信息资源。财务信息资源是按照特定用户的要求，加工、处理信息并提供结果。
(2)用户的信息需求。用户的信息需求本身就是一种信息资源；同时，用户受环境因素的影响，所需要的信息处于动态变化之中。

(3) 人力资源。在当今社会中，人力资源已成为各生产要素中最重要的组成部分，是财务资源的主要要素之一，并且是最具活力的要素。

(4) 计算机自动化设施。计算机自动化设施替代了传统的手段，成为信息处理的重要工具。

3. 物质资源

物质资源是指创新创业活动顺利进行所需的各种有形的资产和一些自然资源。有形的资产包括建筑物、各类设施以及原材料等；自然资源指的是矿山、森林等。

在某种意义上，物质资源可以是公司拥有的一种重要的战略资源。例如，一个具有良好地理位置的创新创业公司，能够顺利地取得成功。对于这类创业型企业来说，这些物质资源将成为其发展的关键。

4. 技术资源

技术资源是指服务业所需要的技术，包括服务流程、技术设备、软件系统等。技术资源的有效运用，能够提高服务质量，提升服务效率。

技术资源是企业创新活动不可缺少的重要资源，是企业创新的重要组成部分。技术创新活动的先决条件和保证，就是掌握了大量的专利技术。

5. 组织资源

组织资源是指企业总体水平上的资源与能力指标，是个体资源的应用与整合，主要体现在企业文化与精神风貌，企业形象与声誉，组织的协调能力、学习能力与应变能力等方面。它包含组织文化、组织结构和组织内部管理制度等。不过，创新创业者个人或创新创业团队对组织资源的构建有着不可替代的作用。

和谐的组织文化、组织结构与组织内部管理体系的有机协调，对于创新创业组织的顺利生产与发展都是百利无害的。

（二）按照资源属性分类

按照资源的性质，创业资源可分为有形资源和无形资源。

1. 有形资源

有形资源是指看得见的并且可以量化的资产。土地、写字楼、工厂、车间、机器设备，以及正式的(信息)报告系统、技术手段等，均属于有形资源。

2. 无形资源

无形资源是指植根于组织历史，伴随组织的成长而积累起来的，以独特的方式存在并且不易被竞争对手了解和模仿的资产。这类资产的外在特点是无形——看不见摸不着，但其存在是可以意会和被感知的。企业中的管理者和员工所掌握的知识与技能、相互之间的信任程度、交往方式、思想观念、创新能力、领导风格、管理制度、产品或服务的声誉等都可归于无形资源一类。

（三）按照资源来源分类

按照资源的来源，创业资源可分为内部资源和外部资源。

1. 内部资源

内部资源是指企业控制并拥有所有权和使用权的经营资源。企业的内部资源具有有限性和特定性等特征。企业拥有的内部资源的数量和质量决定了企业的竞争优势。

2. 外部资源

外部资源是指其他企业的资源和公共资源等，具有可利用性和相对无限性等特征。可利用性是指企业只要支付一定的使用成本或开发成本，就可让外部资源为自己服务；相对无限性是指与企业的资源需求相比，外部资源无论是在数量上还是在种类上都是无限的。当企业使用外部资源的时候，既可以以较高的代价获取外部资源的所有权和使用权而将其转变为内部资源，也可以付出较低成本只取得使用权。

（四）按照资源的重要性分类

按照资源的重要性，创业资源可分为核心资源和非核心资源。

核心资源包括技术资源和人力资源。这些资源涉及创业企业有别于其他企业的核心竞争力。

非核心资源主要包括场地、资金和环境资源。这些资源是创业企业成功创办和持续经营的基本资源。

案例阅读

某互联网公司创业故事

阿林，沿海城市阿里某林家具有限公司创始人，2007年上大学期间，就开始尝试在某宝网上代理家具。在大学最后一年的时候，他把原本要交给学校的学费拿到佛山开了一家网页制作公司，结果不到半年就因为熬不下去而被迫关闭。

才过了2个月，阿林有了再次创业的想法，这次创业项目还是他熟悉的行业——家具。经过实地调研，他决定先给别人做代理。他先是在某宝上开通了自己的店铺，然后到各大家具厂去淘一些价格便宜、质量好的小家具并挂到自己的店铺。藤制吊篮是他卖出去的第一件产品，也是他的企业成功的新起点。

2008年阿林正式成立公司，到2009年开始建立自己的第一家工厂，同时开设自主研发和产品生产线。截至目前，该店铺已经连续在某宝某猫家具品类中销量第一，年销售额超过3亿元。这对于一个只有25岁的年轻人来说，他已经取得了绝大多数人做不到的成绩。

不过在成功的路上阿林也遇到过很多问题。由于互联网家具行业业绩的增长，许多原本合作的供应商的产品纷纷涨价，在此期间，阿林也只能盲目跟风涨价。由于价格上涨，很多消费者难以接受，随即纷纷离去。好在阿林很快反应过来，通过实地考察调研，及时调整战略，推出了具有自己特色的家居田园风产品，才挽回了巨大损失。

这次事件也让他明白了一个道理：产品一定要有自己的特色，如果自己的产品比较大众化，那么消费者的选择空间就会变大，受市场和消费者的影响也就会变得无法控制。

三、创业资源的获取

创业资源的获取是指在确认并识别资源的基础上，得到所需资源并使之为创业服务的过程。创业资源的获取不但决定着能否把创业设想转化为创业行动，而且决定着企业这一契约组织的形成方式。

（一）获取创业资源的技巧

为了及时、足额并以较低成本获取创业所需的资源，创业者需要掌握一定的获取创业资源的技巧。

1. 以能用和够用为原则

创业者在获取资源时应坚持能用的原则，只有满足自己需求、自己可以支配并能充分发挥其作用的资源，才是需要获取的资源。另外，资源的使用是有代价的，因此在获取创业资源时应该本着够用的原则，而不是多多益善。一方面，资源的有限性使创业者难以获取更多的资源；另一方面，当使用资源的收益不能弥补其成本时，资源的使用并不能给企业带来效益。

2. 充分重视人力资源的获取

人力资源在创业资源中的决定性作用要求创业者必须充分重视人力资源的获取。创业者一方面应努力增强自身能力的培养，另一方面应充分重视创业团队的建设。知己知彼、能力互补、目标一致和彼此信任的团队是创业资源中最为重要的资源，也是创业成功必不可少的保证。

3. 尽可能获取多用途资源和杠杆资源

资源自身的特性决定了其用途的不同，不同资源在不同场合具有不同的用途，而多用途的资源可以帮助创业者应付创业过程中出现的意外。在知识社会，具有独特创造性的知识是现代社会的高杠杆资源，对杠杆资源的合理利用，有助于创业者取得一定的杠杆收益，达到事半功倍的效果。

（二）获取创业资源的途径

获取创业资源的途径分为市场途径和非市场途径两大类。

1. 通过市场途径获取创业资源

通过市场途径获取创业资源包括购买和联盟两种。

购买是指利用财务资源通过市场购入的方式获取外部资源，主要包括购买厂房、设备等物质资源，购买专利和技术，聘请有经验的员工及通过外部融资获取资金等。需要注意的是，诸如知识，尤其是隐性知识等资源虽然可能会附着在非知识资源之上，并通过购买物质资源（如机器设备等）得到，但很难通过市场直接购买，因此需要创业企业通过非市场途径去开发或积累。

联盟是指通过联合其他组织，对一些难以或无法自己开发的资源实行共同开发。这种方式不仅可以汲取显性知识资源，还可以汲取隐性知识资源。但联盟的前提是联盟双方的资源和能力互补，有共同的利益，而且能够对资源的价值及其使用达成共识。

2. 通过非市场途径获取创业资源

通过非市场途径获取创业资源包括资源吸引和资源积累等。

资源吸引是指发挥无形资源的杠杆作用，利用创业企业的商业计划和创业团队的声誉，通过对创业前景的描述来获得或吸引物质资源、技术资源、人力资源和资金等。

资源积累是指利用现有资源，在企业内部通过培育形成所需的资源，主要包括自建企业的厂房、设备，在企业内部开发新技术，通过培训来增加员工的技能和知识，通过企业的自我积累获取资金等。

（三）影响创业资源获取的因素

影响创业资源获取的因素主要有创业导向、创业者的管理能力、商业创意及社会网络等。

创业导向是创业组织解决问题与响应环境变化的一系列相关活动在管理实务上的具体表征。创业导向的企业能自主行动，具备创新和风险承担的意识，面对竞争对手时积极应对，面临市场机会时超前行动。企业追求机会所表现出的创业导向，驱使企业的事业扩张，技术进步，财富由此被创造。

创业者的管理能力是企业软实力的主要表现，管理能力越强，获取资源的可能性越大。创业者的管理能力可以从其沟通能力、激励能力、行政管理能力、学习能力和协调能力等多方面予以衡量。创业者在通过管理能力获取必要资源的同时，还能为创业企业创造良好的发展环境。

创业的关键在于商业创意。商业创意为资源获取提供了杠杆，但获取资源还有赖于创意的价值被资源所有者认同的程度。换言之，一种能被资源所有者认同的、有价值的商业创意，才有助于降低创业者获取资源的难度。

社会网络是由机构之间及人与人之间比较持久的、稳定的多种关系结合而成的网络关系。由于创业资源广泛存在于各种资源所有者手中，这些所有者又处于一定的社会网络之中，而且人们对于商业活动的认识和参与，客观上会受到自己所处网络及在网络中地位的影响，因此社会网络对于创业资源的获取具有重要的意义。不同的社会网络和网络地位，为人们之间的沟通协作提供了不同渠道。在社会网络中处于优势地位的创业者，具有较好的社会关系依托，可以有选择地了解不同对象的效用需求，有针对性地对不同对象传递商业创意，有目的地获取不同资源所有者的理解和信任，最终成功地从不同网络成员那里获取所需的资源，为自己进行资源配置方式创新提供基础。

除上述因素外，创业者的资源辨识能力和外部社会环境等也会对创业资源的获取产生一定的影响。

（四）创业资源的管理策略

1. 制订资源管理计划

在创业之前，创业者需要对所需要的资源列清单和进行需求的规划，然后根据规划制订资源管理计划，以便更好地管理、协调和优化各种资源。

2. 高效利用人力资源

人力资源是创业过程中最重要的资源之一，因此需要在招聘、培训和管理方面高度重视。为了更好地利用人力资源，创业者需要建立合适的团队组织结构、清晰的职责分工和沟通渠道，并制定有效的激励机制。

3. 合理规划物力和财力

在创业过程中，创业者需要不断地投入资金和物力来支持业务的发展。因此，创业者需要在启动阶段就建立财务计划，包括预算、成本、费用、利润等方面，以便更好地控制和管理财务。

4. 积极获取信息资源

信息资源对于创业企业而言，至关重要。创业者需要通过各种渠道积极获取信息，包括市场情报、行业趋势、竞争对手的动态、政策法规等。例如，及时了解《普通高校学生自主创业政策公告》（见附录一）、《国务院办公厅关于进一步支持大学生创新创业的指导意见》（见附录二）对于大学生创业极为重要。

一、案例分析

蒙牛乳业（集团）股份有限公司资源整合

蒙牛乳业（集团）股份有限公司（简称"蒙牛"）成立于1999年8月，是国家农业产业化重点龙头企业、乳制品行业龙头企业。2022年营业收入超过900亿元。牛根生创立蒙牛乳业股份有限公司时，没有工厂、没有奶源、没有品牌等，却跑出了火箭一般的速度。

蒙牛通过与工厂合作，将工厂、设备等生产资源化为己用。通过整合个体户投资买车，有了运输车；没有宿舍，通过整合政府出地、银行出钱、员工分期贷款等解决。就这样，农民用信用社贷款买牛，蒙牛用品牌担保农民生产出的牛奶包销，整合各方面资源，促进企业发展。

刚开始创业，没有品牌知名度，蒙牛通过借势、整合资源等，如打出口号"蒙牛甘居第二，向老大哥伊利学习"，与其他知名品牌关联，让自己的品牌迅速成为知名品牌。

思考：请结合上述案例，说说"资源整合"在企业成长中的作用和意义。

二、能力训练

选择一个你比较熟悉的行业，从中选择两个有代表性的企业作为研究对象，对这两个企业进行对比分析。分析的内容主要是企业如何进行资源整合，并谈谈你所获得的启示。

活动结束后，教师可根据表 6-1 进行评分。

表 6-1 活动评价表

评 分 标 准	分 值	实际得分	备 注
能准确分析该企业现有资源情况	35		
能准确分析企业内部资源管理情况	35		
能从中获得一定的启示	30		
总分	100		

第二节 创业资源整合

名人语录

微笑是公司最有效的商标，比任何广告都有利。

——康拉德·希尔顿

问题导入

企业创办之后，会面临如何开发与利用企业资源的问题。

在进行下面的学习之前，请思考以下问题：

(1) 创业资源开发方法有哪些？

(2) 企业获取创业资源的方法有哪些？

(3) 创业需要哪些资源？

一、创业资源的分类开发

（一）主要创业资源的开发方法

1. 人力资源的开发

人力资源开发的概念由美国学者纳德勒 (Leonard Nadler) 提出，是指一个企业或组织团体在现有的人力资源基础上，依据企业战略目标、组织结构变化，对人力资源进行调查、分析、规划、调整，提高组织或团体现有的人力资源管理水平，使人力资源管理效率更高，为团体(组织)创造更大的价值。

2. 物质资源的开发

物质资源是人类社会生存和发展的基础，其万千形态、特征和用途，源自何方与去向何处，用于生产或用于消费都不改变这一根本属性，因为"人们首先必须吃、喝、住、穿，然后才能从事政治、科学、艺术、宗教等等"，而"人并没有创造物质本身，甚至创造物质的这种或那种能力"，只能立足于最初由自然界所提供的物质资源。

物质资源是企业管理过程中决定企业目标达到期望效果甚至超标的前提和保证。物质资源包括原材料、资金、人脉、土地、厂房、办公大楼、业务来源、市场占有份额、企业利益相关者、企业文化等，作为企业生产、产出、高效运行的必要组成元素和构成部分。企业管理是为了使资源得到最优化分配，使组织内部和外部高效运行，最大限度地实现组织目标。能否实现目标直接关系企业的生存与发展。

大多数固定资产的单位价值较大、使用年限较长、物质形态较强、流动能力较差，其价值大多显示出边际收益递减规律的一般特性。在传统工业中，固定资产是企业资源系统的重要组成部分，是衡量企业实力的重要标志。

3. 技术资源的开发

技术资源的开发包括技术购买和技术并购。

技术购买是指实施创新的主体通过市场与外在的技术创新源直接交易。购买技术一般购买含新技术或新工艺的成套设备、关键设备或单项设备、技术许可、专利技术、专有技术、商标权许可、技术服务及技术咨询。

技术并购是以获取目标方技术资源为目标的并购活动。技术并购后，收购方获得了目标方的控制权，可以根据企业发展战略对目标方的技术资源重新整合，是技术转移的最彻底形式。技术并购可将组织外部的技术资源转化为组织内部的技术资源。技术层面的知识转移是我国企业海外并购的重要方面，其成功与否关系着并购的成败。

(二)企业获取创业资源的方法

企业获取竞争优势的前提是拥有异质性和非流动性的资源。因此，企业要想成功，面临的首要任务是如何获取这些资源；同时，充分利用仿制者的认知限制、时间劣势和经济劣势等难以复制的独立性机制障碍及早获取资金，持续不断地获取新的资源，推动企业向更高、更深层次发展。根据资源的来源和采取的方式不同，可以将企业获取资源的方式归纳为以下三种类型：内部培育、合作渗透和外部购并。

内部培育是指企业所需要的资源是通过自身长期不断地摸索、学习、创造等方式积累的。几乎所有企业的发展都经历了这一方式。需要内部培育的资源主要包括几乎所有的形象资源和部分规则资源，其中以企业商誉和企业文化最为典型。

合作渗透是通过与外界建立正式或非正式的合作关系来获得资源，包括非正式的网络和正式的战略联盟。网络是以专业化联合的资产、共享的资源控制和共同集体目的为基本特性的组织管理方式，是介于"市场"和"层级组织"的一种中间性治理结构，包括基于高度信任、投资于高专用性资产的信任增强性网络，以及基于低信任、投资于低专用性资产的生产网络。信任和使用效率分别是这两种网络中的关键因素。

外部购并(收购和兼并，含一般意义上的市场购买)是采取直接的、一次性的甚至带有"侵略性"的方式来获得企业所需要的资源。这是企业获取资源和能力的一种最直接、最迅速的方式，尤其是在信息社会里，速度竞争已成为企业战略管理的焦点。单纯依靠步步为营、稳扎稳打的战略，已经不能适应时代的发展，因此，企业尤其是高科技企业都竞相采用购并扩张的方式，力求以最快的速度增长，最快地获取发展所需要的各种资源和能力。

购并可以有效地降低进入新行业的结构壁垒，获得靠内部培育很难或需要很长时间才能获得的资源，可以提高企业现有资源或新资源的利用效率。

延伸阅读

大学生创业优势

一、政策

国家鼓励大学生、研究生和科技人员兴办科技民营企业，并出台一系列政策和措施予以支持。

二、自身

很多大学生在校期间很注重积累实践经验，他们积极投入课余的实践活动，这些活动为大学毕业生创业奠定了初步基础。各种创业计划大赛的开展，让许多学生脱颖而出，学生创业随即达到高潮。

三、时代

21世纪是信息科技时代，科技成为一种新的社会生产资源，大学生或可成为主要的信息资本拥有者和营运者。

四、实践

很多大学生在校期间积极参与课余的实践活动，或参加校园勤工助学，或在高新技术企业实习，这些活动为大学毕业生创业奠定了初步基础。

五、技术

大学生在学校里学到了很多理论性的东西，在开办高科技企业时有着较高层次的技术优势。

六、精神

现代大学生富有创新精神，有挑战传统观念和传统行业的信心和欲望，而这种创新精神往往造就了大学生创业的动力源泉，成为成功创业的精神基础。

二、创业资源的创造性利用

（一）资源整合

在获取和控制大量资源的基础上，创业企业应合理配置和利用这些资源，使其能充分发挥效益，体现出这些资源的价值。企业资源在未整合之前大多是零碎的、低效的，要发挥这些资源的最大使用价值，产生最佳效益，就必须运用科学方法对各种类型的资源进行细化、配置和激活，将有价值的资源有机地融合起来，使它们相互匹配、互为补充、互相增强。

在配置资源之后，新的资源或者说竞争优势就会形成，企业必须利用区别于其他企业的这种优势来赢得市场。在资源整合并转化为企业内部的独特优势之后，创业者需要协调各种资源之间的关系，匹配有用的资源，剥离无用的资源。企业通过协调，使资源的联系更加紧密，更加具有匹配性，形成"1＋1＞2"的局面，并为下一步拓展奠定基础。企业资源整合的主要作用包括：

(1) 决定进度：万事开头难。经验、技能、资源等三大创业要素会让很多初次创业者在起步开局或创业过程中陷入停滞、僵持阶段。事实上，这只是一般创业者的困惑，那些创业成功的人其实也会面临同样的问题，可他们之所以能取得成功，关键在于懂得审时度势地将别人的资源为自己所用。用别人的优势来弥补自己的不足，这是资源整合高手的特征，也是创业者成功的核心能力之一。很多创业者早期要钱没钱、要人没人，创业只能从资源整合开始起步。不夸张地说，资源整合能力决定着创业者的创业进度。

(2) 影响长度：创业是一个只有起点、没有终点的修行，很多创业者的创业之旅并没有走成路，不少人没走几步就倒下，还有一些人走了一段因实力不济而中途折返，剩下极少数人依靠整合各种资源，顽强地走到每一个阶段性目标终端。创业所走的路也是资源整合之路，创业能走多远的路，取决于创业者整合资源的力度和程度。不管你是刚开始创业，还是已经做出一番成绩，打造出了自己的品牌，所走之路、走多长的路，无一不是资源再造与整合的过程。换言之，资源整合能力决定着创业之路的长度。

(3) 延展宽度：创业不仅仅是一种生活方式，还是一种人生方式。对于那些势将创业进行到底的人而言，或许经历了多次创业折磨，但初心不改，继续在创业的道路上摸爬滚打。暂时的几次创业失败其实算不了什么，因为失败的最大意义就是找到自己适合的创业位置。过去的创业项目不合适，不代表所有的项目不合适，这就意味着创业者如果一上手就干了自己擅长的事，就应该坚持"一条道走到底"；倘若还没找到、找准适合自己的路径，就很有必要换条道尝试。坚持走一条道也好，换道而行也罢，道路的宽度会影响创业者成功的难度，而道路的宽度除了自身的条件外，还取决于外界资源的利用与整合。心有多大，舞台就有多宽。不管是干什么都成功的人，还是反复失败后取得成功的人，资源整合是延展成功宽度必需的。

(4) 抵达高度：人们常说的"逆商决定人生高度"，对创业者特别是失败过的创业者而言，具有特别的意义。无论是哪种创业，零起点和负起点状况下要把事情做了，而且还必须做成，不简单，也不容易，但不是不可能。要将不可能变为可能，有且只有依靠智慧与超强的资源整合能力。创业者的高度不仅仅体现在数字结果中，更重要的是以一己之力超越了多大的能量，带给了社会及身边多大的正面影响，达到了自己甚至一般人无法企及的目标。

创新成就了创业，还是创业造就了创新?

2006 年，汪滔在攻读研究生的同时与两位同学一起创立深圳市大疆创新科技有限公司（以下简称大疆），主要研发生产直升机飞行控制系统（以下简称飞控系统）。公司最初只有五六人，在深圳一间民宅里办公。

2008 年，大疆研发出第一款较为成熟的直升机飞控系统 XP3.1，随即在市场上销售。虽然在创业的前几年大疆处境比较困难，但因为能够采用自动悬停技术的产品稀缺，价格相对较高，因此大疆尚能保持正常盈利。当时，多旋翼飞行器的兴起给汪滔带来了灵感，大疆很快把在直升机上积累的技术运用到多旋翼飞行器上，植入了自己的飞控系统后再出售。之后，汪滔开始研发云台技术，他们的云台系统可以在飞行中调整方向，在各种环境下都能保证稳定拍摄。大疆在接下来的时间里不断攻克各种技术难关，拥有了开发一款完整无人机需要的技术，并成功将无人机的成本从数千美元降至不到 400 美元。

2012 年年末，大疆推出了一款包含飞行控制系统、四旋翼机体和遥控装备的微型一体机——"精灵"，它只需要简单调试就能轻松驾驭，在机身上架设摄像机之后即可进行航拍。

如今，大疆已经成长为一家有四千多名员工，客户遍布全球一百多个国家，估值超过100 亿美元的高科技公司。大疆的领先技术和产品已被广泛应用于航拍、遥感测绘、森林防火、电力巡线、搜索及救援、影视广告等工业及商业领域。

（二）创造性利用创业资源

1. 创造性拼凑

创业者在进行创造性拼凑时可从下面几方面考虑：

一是身边的已有资源。创业者通常利用身边能够找到的一切资源进行创业活动，有些资源对他人来说也许是无用的、废弃的，但创业者可以通过自己的独有经验和技巧，加以整合。

二是整合资源用于新目的。创业者善于用发现的眼光，洞悉身边各种资源的属性，将它们创造性地整合起来用于新目的。

三是将就使用。拼凑的载体往往是身边的一些"零碎"资源，出于时间和成本的考虑，这种先天不足从一开始就注定拼凑出的东西品质有限，只能将就使用。

2. 步步为营

在资源匮乏的情况下，创业者分多个阶段投入资源并在每个阶段投入最有限的资源，这种做法被称为"步步为营"。这种方法不仅适合于创业型小企业，也适用于高成长企业。

步步为营的策略首先表现为节俭，设法降低资源的使用量，降低管理成本。步步为营策略表现为自力更生，最大限度地降低对外部融资的依赖性，充分发挥企业内部资金的作用，使经营风险最小。

很多时候，步步为营不仅是一种做事最经济的方法，也是创业者在资源受限的情况下寻找实现企业理想目的和目标的途径，更是在有限资源的约束下获取满意收益的方法。

三、创业资源的开发机制

处于创业阶段的企业，对资源的开发与运用决定了企业的战略导向。在企业进入成长与成熟期后，资源结构影响企业的市场地位与长期的发展模式。因此，企业须将资源的开发与整合置于发展的、动态的市场环境中进行系统分析。企业资源要转变为企业优势能力，需经历识别创业资源、识别初始资源、整合资源、资源利用四个步骤。识别创业资源是企业开发资源的前提，可以为创业资源获取与整合的后续工作奠定基础。识别初始资源是一种战略选择，并将影响企业的后续战略。资源的种类与数量是创业企业迅速进入成长阶段，维持后续发展的不竭动力。整合资源，就是在获取之后将资源丰富化与细致化，升级并转化为企业的各项竞争力与优势。资源利用指将经过识别、获取、整合后的资源通过企业的生产与运营活动为企业贡献利润，同时为顾客提供价值的过程。

一、小组讨论

(1) 调研相关企业如何利用自身优势及当地政策充分实现创业资源的开发与利用。
讨论结束后，教师可根据表 6-2 评分。

表 6-2　活 动 评 价 表

评 分 标 准	分值	实际得分	备注
积极参与讨论	20		
观点有新意	20		
分析有条理	20		
踊跃发言	20		
表达清晰、流畅	20		
总分	100		

二、探索活动

企业资源如何充分开发与利用的调研

活动目的：
走访新建企业，运用所学知识分析该企业资源如何充分开发与利用。

活动内容：

走访几家新开办的企业，利用所学知识分析其企业资源是否充分开发与利用，撰写一份 1000 字左右的分析报告。该报告须说明以下情况。

(1) 企业的名称、开办地点、性质、所属行业、主要业务、开办时间和人员构成等情况。

(2) 企业对相关政策的了解程度。

(3) 企业获取创业资源的内部培育情况。

(4) 企业获取创业资源的合作渗透情况。

(5) 企业获取创业资源的外部购并情况。

(6) 企业所具有的资源情况。

活动提示：

(1) 学生可以选择几个比较典型的初创企业走访调查。

(2) 为了深入了解企业的资源开发与利用情况，学生可以通过各种途径搜集资料。

(3) 对于涉及企业商业秘密的数据，不用写得太具体。

活动检测：

活动结束后，教师可根据表 6-3 进行评分。

表 6-3　活 动 评 价 表

评 分 标 准	分　值	实际得分	备　注
按要求进行访问	20		
按要求写分析报告	20		
分析报告写得准确、合理	20		
能提出合理的改进建议	20		
积极参与活动实施	20		
总分	100		

第三节　企业创业融资

名人语录

承担风险，无可指责，但同时记住千万不能孤注一掷。

——乔治·索罗斯

问题导入

新企业成立后，发展到一定阶段，企业融资能力至关重要，关系到企业能否长久发展。

在进行下面的学习之前，请思考以下问题：

(1) 创业融资形式有哪些？

(2) 创业者应如何进行新企业成长管理？

一、创业融资的概念

创业融资是指创业企业根据自身发展的要求，结合生产经营、资金需求等现状，通过科学的分析和决策，借助企业内部或外部的资金来源渠道和方式，筹集生产经营和发展所需资金的行为和过程。创业融资的研究对象是创业企业的融资行为，包括如何获得资金、降低企业融资风险和成本、让企业价值最大化等。

从生命周期理论来说，创业企业一般处于初创期，所需资金较大但是盈利能力较差，产品也难以在市场中占据绝对优势。初创企业在产品研发和市场开拓方面需要投入大量的资金，但内部积累较少，风险承受能力差，所以筹资能力不佳。大多数创业企业首先会选择内部融资来募集资金，但是内部融资往往建立在基础社会关系延伸之上，可用资金一般额度较小，缺乏稳定性，随时有被要求还款的可能性，且有破坏亲友关系的可能性。这种融资最大的问题就是当企业规模扩大时，如果内部融资提供的后续资金支持不足，会制约企业的发展。所以，企业在发展到一定规模或者产品有了一定的市场知名度后，便会逐步引入外部融资。

创业融资形式众多，涵盖银行贷款、风险投资、众筹、平台贷款、融资租赁等多种，本节就五种常见的商业融资形式进行介绍。

（一）银行贷款

银行贷款是指银行根据国家政策以一定的利率将资金贷放给资金需要者，并约定期限归还的一种经济行为。一般要求提供担保、房屋抵押，或者收入证明、个人征信良好才可以申请。而且，在不同的国家和一个国家的不同发展时期，按各种标准划分出的贷款类型也是有差异的。如美国的工商贷款主要有普通贷款限额、营运资本贷款、备用贷款承诺、项目贷款等类型，而英国的工商业贷款多采用票据贴现、信贷账户和透支账户等形式。

这类专项贷款的优势是：利率相对于其他贷款更低，我国甚至部分省份还有贴息、无息的优惠。它的缺点是银行风控严格，手续烦琐，审批流程时间长。

（二）风险投资

风险投资者在选择投资的项目时考察细致、态度谨慎，对于仅有好的创意或者刚刚起步的公司，其兴趣一般不大。风险投资的优势在于：即使创业失败也不会产生债务；资金数量充足，可以满足后续的发展需要；风险投资者可以利用自身力量帮助项目成长；风险投资可以为创业企业提供更多的综合服务。

风险投资的核心目的是获利，在投资获利后，风险投资者倾向于退出创业企业。如果没有合理且高效的退出平台，风险投资者对渴望资金的创业项目会非常谨慎。

（三）众筹

众筹由发起人、跟投人、平台构成，具有低门槛、多样性、依靠大众力量、注重创意的特征，是指一种向群众募资，以支持发起的个人或组织的行为。一般而言，众筹通过网络上的平台联结起赞助者与提案者。

通过股权众筹，创业企业可以获得资金支持，同时获得出资人背后的各类可用资源；筹资人可以推介创意项目，设置合理融资层次；出资者则根据偏好和可承受的金额有选择地进行投资。

奖励众筹可以帮助创业企业在产品未生产前就获得足够的资金支持，为新产品圈定粉丝群和消费群，还可以为首次的生产提供合理的销售数量支持（互联网＋农业、互联网＋影视模式多采取此种模式）。除此之外，债权众筹也可以帮助创业企业获得企业发展资金支持。

（四）平台贷款

在创业初期，创业团队有时可以直接借助电商平台提供的融资渠道。例如京东、阿里巴巴等公司都提供了相应的供应链金融服务，其中包括订单融资、入库单融资、应收账款融资等。

在对客户进行筛选时，平台依托电商数据有效地对融资申请者的信用水平、偿还意愿、还款能力进行分析，制定准确度极高的用户画像，进而选择可贷对象。对于创业者小额、分散、抵押担保不足的融资要求来说，这是非常有效的支持。

（五）融资租赁

融资租赁（Financial Lease）是国际上最普遍、最基本的非银行金融形式。它是指出租人根据承租人（用户）的请求，与第三方（供货商）订立供货合同，根据此合同，出租人出资向供货商购买承租人选定的设备。同时，出租人与承租人订立租赁合同，将设备出租给承租人，并向承租人收取一定的租金。

融资租赁可以解决创业企业初期资金不足进而无法购买所需要的设备进行生产的问题，是融资与融物相结合的筹资模式。它的主要优势有三点：首先，这种融资租赁模式对于租赁者而言，本身的资金和担保要求不高；其次，通过融资租赁形式获得的设备或物资，后期将通过租金形式向外转移，降低了企业一次性付清的资金压力；再次，融资租赁属于资产负债表外融资，不会影响公司的整体资产状态，便于企业后期通过其他形式进行融资。这种融资模式在"互联网＋制造业"类企业中较常见。

二、大学生创业融资的主要影响因素分析

（一）创业项目本身的因素

在大学生进行创业融资的过程中，市场的投资者一般会对创业项目进行充分的论证。例如，有的创业项目是在校园经营咖啡馆，投资者就会考虑大学生所在校园的人流量以及

市场需求等情况。还有的大学生在进行创业融资的过程当中，在创业项目的选择以及创业项目的可行性等方面依然缺乏较为完善的体系。所以，创业项目本身是否具有一定的价值是影响大学生创业融资成功的一个主要因素。

（二）大学生自身的因素

在大学生进行创业的过程当中，其自身的创业热情、创业能力以及创业的相关基础技能也扮演着极为重要的角色。大学生应围绕创业中的诸多环节以及相关的问题，在自身的素养以及相关的能力等方面进行相应的改进与完善。技能以及经验层面的不足已经成为制约大学生创业融资的另一个主要问题。尤其是，大学生创业者需要具备良好的心理素质，从而更好地应对在融资和创业过程当中所面临的诸多问题与挑战。一些大学生之所以在创业融资中面临诸多的问题，与其自身的能力不足有着一定的关系。

（三）社会层面的因素

目前，大学生创业融资的支持性环境的建设以及创业融资扶持氛围的营造等方面，还存在一定的滞后性。这种社会层面的因素已经成了影响大学生创业融资顺利发展的一个重要问题。我国政府相关部门正在联合企业、学校等单位，为大学生创业融资提供良好的发展平台和载体。这将有利于大学生创业融资活动的开展。

三、创业资金的测算

合理地筹集创业所需资金是对创业者最基本的素质要求，也是其创办企业的前提。筹集不到足额资金会使企业出现资金断流的情况，甚至被迫清算；筹集的资金过多，又会导致资金的闲置，产生机会成本，导致企业经营效益低下。因此，创业者一定要对创业所需资金进行科学的估算。一般来讲，创业所需资金包括投资资金和营运资金两部分。

（一）投资资金

投资资金发生在企业开业之前，是企业在筹办期间发生各种支出所需要的资金，投资资金包括创业企业开业之前的流动资金投入、非流动资金投入，以及开办费用支出所需要的资金投入。在计算投资资金时，大部分创业者均能想到购置厂房、设备及材料等的支出，以及员工的工资支出，但常常会忽略诸如机器设备安装费用、厂房装饰装修费用、创业者的工资支出、业务开拓费、广告费等开业前可能发生的其他大额支出。此时，采用表格形式将投资资金的项目一一列举出来，是合理估算投资资金的有效方法。

（二）营运资金

营运资金，又称为运营资本或净营运资金，是反映创业企业短期财务状况和流动性的重要指标。具体来说，它是企业流动资产总额减去流动负债总额后的净额。流动资产包括现金、应收账款、存货等可以在一年内或一个经营周期内转化为现金的资产；流动负债则是指一年内或一个经营周期内需要清偿的债务，如应付账款、短期借款等。营运资金的管理对于创业企业的日常运营至关重要，原因有以下三点：

（1）足够的营运资金可以确保企业支付到期债务，避免现金流危机；

（2）高效管理营运资金可以减少不必要的资金占用，提高资金使用效率；

（3）营运资金的水平和变化还能反映出企业的经营策略和市场环境适应性，比如快速扩张可能伴随营运资金需求的增加。

创业企业应当关注流动资产和流动负债的结构及变化，合理安排融资策略，确保营运资金保持在既能支撑运营又不过度闲置的健康水平。

四、创业融资的渠道

（一）内部融资和外部融资

1. 内部融资

内部融资是企业依靠其内部积累进行的融资。国内外的中小企业基本是靠内部融资发展起来的。调动自有资金或是向亲朋好友借钱都属于内部融资。只靠内部融资，别说是进行扩张，企业连维持基本的生产经营可能都会有问题。

2. 外部融资

外部融资主要是银行贷款，以及创业风险投资。

银行贷款可以分为抵押贷款、担保贷款、质押贷款、创业贷款等多种形式。银行贷款的利率相对比较低，是很多初创企业的选择，但这种形式的融资对于申请企业的要求相对较高。

一般来说，风险投资者主要关注以高新技术为基础，生产管理与经营技术互相结合的企业，例如医药业和电子产品制造业等。由于企业是通过出让部分股权来获取融资的，不需要偿还从投资人处获得的创业资金，所以风险投资是流动性相对较小的中长期投资方式。风险投资除了能获得资金外，更大的好处是可以获得投资人的指点，尤其是对初创企业来说，知名投资机构的青睐对下一轮的融资可以起到非常大的作用。

（二）股权融资和债权融资

股权融资是指企业的股东愿意让出部分企业所有权，通过企业增资的方式引进新的股东的融资方式。对于股权融资所获得的资金，企业无须还本付息，但新股东将与老股东同样分享企业的盈利。股权融资的特点决定了其用途的广泛性，既可以充实企业的营运资金，也可以用于企业的投资活动。

股权融资按融资的渠道来划分，主要有两大类。一是公开市场发售，即通过股票市场向公众投资者发行企业的股票来募集资金。常说的企业的上市、上市企业的增发和配股，都是利用公开市场进行股权融资的具体形式。二是私募发售，即企业自行寻找特定的投资人，吸引其通过增资入股企业的融资方式。绝大多数股票市场对于申请发行股票的企业都有一定的条件要求。例如，《首次公开发行股票并上市管理办法》要求公司上市前股本总额不少于人民币 5000 万元。

债权融资是指企业通过举债的方式进行融资。债权融资所获得的资金，企业首先要承担资金的利息，其次在借款到期后要向债权人偿还资金的本金。债权融资的特点决定了其用途主要是解决企业营运资金短缺的问题，而不是用于资本项下的开支。

债权融资获得的只是资金的使用权而不是所有权，负债资金的使用是有成本的，企业必须支付利息，并在债务到期时须归还本金。债权融资能够提高企业所有权资金的资金回报率，具有财务杠杆作用。

（三）长期融资和短期融资

1. 长期融资

长期融资是指公司筹措使用期限在 1 年以上的资金的活动，主要用于公司购置固定资产、长期对外投资、取得无形资产等目的。长期融资方式有吸收直接投资、发行普通股票、长期借款、发行债券和融资租赁五种方式。

(1) 吸收直接投资：企业按照"共同投资、共同经营、共担风险、共享利润"的原则来吸收国家、法人、个人、外商投入资金的一种筹资方式。

(2) 发行普通股票：股权公司被核查准许上市或核查准许增发，公司凭借自己的股权交换需要的社会资金，从而开展直接性融资。

(3) 长期借款：企业向银行或其他金融机构借入的期限在 1 年以上 (不含 1 年) 的各种借款。

(4) 发行债券：发行人以借贷资金为目的，依照法律规定的程序向投资人要约发行代表一定债权和兑付条件的债券的法律行为。

(5) 融资租赁：出租人根据承租人 (用户) 的请求，与第三方 (供货商) 订立供货合同，根据此合同，出租人出资向供货商购买承租人选定的设备；同时，出租人与承租人订立租赁合同，将设备出租给承租人，并向承租人收取一定的租金。

2. 短期融资

短期融资是指筹集企业生产经营过程中短期内所需要的资金。短期融资的使用期限一般规定在 1 年以内，它主要用于企业日常经营所需的周转资金，如发放工资、购买原材料等。短期融资的方式主要有五种，即商业信贷、银行借款、商业票据、短期融资券和典当抵押融资。

(1) 商业信贷：在资产负债表中表现为应付账款，来自企业的日常商业赊销活动，随着销售额的增加，从应付账款中产生的融资供应量也就得到了增加。

(2) 短期借款：企业向银行或非金融机构借入的，期限在 1 年以内的借款。短期借款按照目的和用途可分为生产周转借款、临时借款和结算借款；按偿还方式可分为一次偿还借款和分期偿还借款；按有无担保可分为抵押贷款和信用贷款。

(3) 商业票据：突出优点是融资成本低和手续简便，省去了与金融机构签订协议等许多麻烦，特别适合大企业的短期融资。

(4) 短期融资券：由企业发行的无担保短期本票。短期融资券的筹资成本较低，筹资数额比较大，可以提高企业信誉和知名度，但发行短期融资券的风险比较大，弹性也比较小，发行条件比较严格。

(5) 典当抵押融资：简称典当，主要是指当户将其动产、财产权利作为当物质押或者将其房地产作为当物抵押给典当行，交付一定比例费用，取得当金，并在约定期限内支付当金利息、偿还当金、赎回当物的行为。

一提到王兴，很多人脑海里面立即想到的一个词就是连环创业者，因为他是校内网、饭否网、美团网这三个网站的联合创始人。除此之外，他还有另外一层身份——大学生创业者，在毕业之后，没有丰富的职业履历就开始创业的人。

王兴是一名人们口中的天才少年，高中没有参加高考就被保送到清华大学，毕业后以全额奖学金去了美国特拉华大学攻读计算机工程硕士学位，随后归国创业。王兴创立了中国版的 Facebook——校内网，并很快风靡于大学校园。校内网于 2006 年 10 月被千橡以 200 万美元收购。2007 年 5 月 12 日，王兴创办饭否网。这也是中国第一个类似 Twitter 的项目，但饭否网在发展势头一片良好之际被关闭，让王兴事业受到挫折。之后，王兴于 2010 年 3 月上线新项目——美团网，经过多年发展，美团稳居行业前三，并先后获得红杉和阿里的两轮数千万美金的融资。

拓展训练

一、小组讨论

请讨论以下问题：大学生创业在融资方面有哪些优势与劣势？如何改变大学生创业的劣势？

讨论结束后，教师可根据表 6-4 进行评分。

表6-4　活动评价表

评 分 标 准	分　值	实际得分	备　注
积极参与讨论	25		
观点新颖、合理	25		
能够大胆表达自己的想法	25		
语言表达流畅	25		
总分	100		

二、探索活动

企业融资情况调研

活动目的：

走访几家经营不同产品的企业，了解企业融资情况，并形成调研报告。

活动内容：

(1) 教师对全班同学进行分组，每4～6人为一组，每组选出一个小组负责人。

(2) 各小组选择经营不同产品的企业，深入企业进行调研。调研内容包括但不限于以下几项。

① 企业主要经营项目。

② 企业人员构成。

③ 企业销售额情况。

④ 企业的商业模式。

⑤ 企业融资情况。

活动提示：

(1) 学生可以通过自己的观察或与经营者交谈，了解企业的基本情况。

(2) 学生通过互联网了解企业融资相关情况。

活动检测：

活动结束后，教师可根据表6-5进行评分。

表6-5　活动评价表

评分标准	分值	实际得分	备注
按要求实施调研	25		
方案结构完整、逻辑清晰	25		
积极参与活动实施	25		
PPT制作精美，讲解清晰流畅	25		
总分	100		

第七章

商业模式构建

自我思考

商业模式是定义一个企业如何运作的核心，是企业价值主张的基石，可以直接影响企业的生存和发展。商业模式的基本构成包括客户、价值主张、渠道、客户关系、收入来源、资源、伙伴关系、成本等要素，每个要素有机协调运作，为企业提供战略性支持。商业模式创新是一个企业不断追求长远发展的重要策略，可以帮助企业拓展基本业务、发现新市场以及在竞争中获得优势。

想一想：什么是成功的商业模式？在创业项目未开发时，应该如何构建商业模式？构建商业模式有哪些注意事项？

学习目标

◎ **知识目标**

1.了解商业模式的定义和基本单元，熟悉商业模式的价值逻辑。

2.了解商业模式设计的步骤和核心原则，熟悉商业模式的评价指标。

◎ **能力目标**

1.掌握商业模式的逻辑，具备项目商业模式的分析能力。

2.掌握商业模式设计的基本知识，具备商业模式设计的基本能力，会用商业模式画布工具进行项目分析。

◎ **素质目标**

1.发扬先进性、创新性，形成服务国家和社会的大局观。

2.发挥攻坚克难、不畏艰苦的革命精神，努力打破技术"瓶颈"，打造中国商战新"长城"。

小米手机商业模式启示

（一）产品开发

1. 产品定位

在品牌知名度没有优势的条件下，国产品牌适合高配低价的高性价比的中端定位。国内的消费者普遍追求性价比，这一策略适应了中国国情。

2. 品牌延伸

在保证原有市场份额的条件下，通过品牌定位的延伸，合理布局中端和低端市场。在中端市场，小米的新产品往往定价于 1999 元；同时，通过逐步淘汰老机型这一策略，成功占领了 1299 元、1499 元和 1699 元这些价格区间。在低端市场，以 2014 年为例，小米手机率先与 QQ 空间合作，发布了红米 Note，巧妙占领了 799 元和 999 元这两个价格区间。

3. 软件生态圈

国产手机应该克服自己的短板，建设自己的软件生态圈，提升产品附加值。以小米手机为例，为了提升 MIUI 的知名度和影响力，开发团队分别做了以下事情：① 开放代码，让第三方开发 ROM 包，开发适配于其他手机的小米系统；② 开发小米桌面；③ 开发小米系统。通过上述措施，小米手机拓展了 MIUI 的市场份额，增加了潜在用户。

（二）运营模式创新

小米手机的运营模式，即电商和轻资产相结合的运营模式，值得学习。

首先，小米公司加强扁平化的网络销售方式，压缩渠道成本，做到手机的低价格、高配置；其次，小米手机尝试实体与网络渠道互补，提升它的销售和售后服务；最后，小米与运营商和其他电商平台合作，例如从发布小米 3 开始，小米为三大运营商定制手机，拓展在运营商渠道的市场份额。

（三）营销方式

从传播学和扩散学的角度，小米结合饥饿营销、病毒营销和网络营销，提高品牌在网络上的扩散速度和深度。小米公司与腾讯合作，在 QQ 空间开展病毒式营销：只要参与了小米手机（红米 Note）的预约，就可以获得一个抢购资格（F 码），同时用户会在自己的QQ 空间自动转发此文章。就这样，红米 Note 第一次预约人数达到了 130 万人。

第一节　初识商业模式

名人语录

当今企业之间的竞争，不是产品和服务之间的竞争，而是商业模式之间的竞争。

——彼得·德鲁克

商业模式的好坏在很大程度上决定了一个企业的成败，商业模式的创新更是企业创新的重要一环。如今，越来越多的企业通过新型商业模式取得了成功，如华为、IBM 公司、美国西南航空公司等。

在进行下面的学习之前，请思考以下问题：

(1) 企业的顾客在哪里？

(2) 企业能为顾客提供怎样的 (独特) 价值和服务？

(3) 企业如何以合理的价格为顾客提供这些价值并从中获得企业的合理利润？

一、商业模式的定义

"商业模式"这一概念第一次出现是在 20 世纪 50 年代，但直到 20 世纪 90 年代才开始被广泛使用和传播。哈佛商学院将商业模式定义为"企业赢利所需采用的核心业务决策与平衡"。目前比较贴切的说法是：商业模式是一种包含了一系列要素及其关系的概念性工具，用以阐明某个特定实体的商业逻辑。它描述了公司能为客户提供的价值以及公司的内部结构、合作伙伴网络和关系资本 (Relationship Capital) 等借以实现 (创造、推销和交付) 这一价值并产生可持续盈利收入的要素。商业模式可以理解为一个组织在何时 (When)、何地 (Where)、为何 (Why)、如何 (How) 和多大程度 (How much) 地为谁 (Who) 提供什么样 (What) 的产品和服务 (即 7 "W")，并开发资源以持续这种努力的组合。

关于商业模式，较为通俗的定义是"商业模式就是描述企业如何通过运作来实现其生存与发展的'故事'"，较为直白的说法是"商业模式就是公司通过什么途径或方式来赚钱"。例如，Google 让普通用户免费使用其搜索引擎，而通过广告从企业客户那里获得收益。

每个企业都有其特点，其商业模式也不尽相同。商业模式的设计是创业机会开发环节的一个不断试错、修正和反复的过程，因为企业所处的外在环境时刻都在发生变化，因此要维持较为持久的盈利优势，就要在实践中不断修正和完善商业模式。

二、商业模式的基本单元

商业模式的分析方法很多，亚历山大·奥斯特瓦德和伊夫·皮尼厄在《商业模式新生代》中提出的 9 大模块分析方法就非常清晰完整。这种方法将商业模式分成 9 个基本单元。

1. 目标客户

目标客户是公司所瞄准的客户群体。这些群体具有某些共性，从而使公司能够针对这些共性创造价值。定义客户群体的过程也被称为市场细分。目标客户可以有很多种，如大众、小众，相近、相异等。例如，当前的各类电商品牌，都是在把自己产品对应的客户进行细分后，发现了产品（服务）的发展方向。如果你的顾客对象是所有人，说明你没有做客户细分，说明你的项目没有明确的目标客户，这将直接导致项目无法执行。

案例阅读

近些年，有个卖老人鞋的品牌十分火爆，仅2016年就从0到开店1000家，它就是主打"专业老人鞋"的足力健。疯狂开店，是因为无一亏损。在这背后，则是足力健创始人张京康对于产品的执念。他把小米奉为学习对象，坚持打造优质低价的产品。为此，年近半百的他，一年出差320天，亲自下工厂、请顾问、跑店铺。

在做老人鞋之前，张京康做过很多工作，大都与销售有关。他创业做保健品，结果两年时间亏了3000万元。后来回忆起这次失败，张京康总结道："那个时候，我更侧重于对产品、品牌和资源的整合，而不是侧重于用户。"再次出发，他根据过往经验，给自己确定了创业标准：刚需、高频、细分、80%人的生意、B2C、能做到10个亿。于是在2013年，他做了款老年人健康鞋，并在郑州当地媒体做了广告，2014年开始全国招商，最后竟卖了40多万双。通过这次尝试，他认准了老人鞋行业。

张京康学习小米"以用户为导向"，所以，他走的第一步就是用户调研。他成立的第一个部门就是消费者需求调研部（后来升级为用户研究中心），由他直接领导。最初的调研，全由他亲自完成。他通过走访社区、亲自上门等方式，和老人开会聊天。几个月下来，一双手摸过不下500位老人的双脚。但是价格，只卖169元。

在超市里开店，一开1500家。足力健实体店专门开在超市里，这也是调研的成果。首先，超市是老人生活中最常去的地方之一；此外，很多老人认为，超市里的品牌可信度更高。

在足力健实体店里，张京康有三招：流量、试穿、团购。把店开到超市里、做流量产品、发单页宣传，这三步解决了流量问题。试穿时，工作人员全是半跪式服务，亲自给老人脱鞋、换鞋，这触动了很多顾客。做团购时，他也站在用户角度，将团购规则由满600送100改为满600减100，业绩大幅提升。

在创业路上，张京康也曾思考，一个企业为何能持续存在？最后得出的结论是：企业要为用户解决问题和创造价值。创业，应该以解决问题为导向，而不仅是赚钱。所以，他还要全力做产品。张京康说，"创始人一定要成为首席产品官"。现在的他，左手托着用户研究中心，右手托着产品研发中心，心无旁骛。因为他的目标是在中国开1万家店，让中国老人都穿上专业的老人鞋。

2. 价值内涵

价值内涵是指公司通过其产品和服务所能向消费者提供的价值。价值内涵的关键就是能为客户提供一整套产品与服务的组合，解决客户的问题，满足客户的需求。典型的价值内涵有创新、性能、定制、实用、设计、品牌、价格、节能、降耗、安全、易得、易用等。

延伸阅读

奥特莱斯吸引顾客的三大法宝：① 驰名世界的品牌，即将"工厂直销店"和"品牌折扣店"相结合，使品牌消费者能低价购买名牌商品；② 难以想象的低价，即一般以低至一折至六折的价格销售；③ 方便舒适的环境，即远离市区，交通方便。奥特莱斯集购物、休闲、娱乐功能于一体，打造顾客享受购物乐趣的好地方。名牌和低价是奥特莱斯的灵魂，它以体验为基本内涵，促使消费行为实现。

3. 传送渠道

传送渠道即公司如何通过沟通渠道、分销渠道、销售渠道把价值内涵交付给客户。

4. 客户关系

客户关系即公司与每个目标客户建立并保持关系。客户关系管理的目的是获取客户、保持客户、提高客户收益。

5. 收入来源

收入来源是指公司成功地把价值内涵提供给客户并获得的收入。收入来源可以是一次性的，也可以是长期的。收入来源的种类有卖产品、收使用费、收定金、出租出借、发放许可、交易费、广告费等。不同的收入来源需要不同的定价方式来支持。

6. 关键资源

关键资源指能够为企业带来竞争优势的资源，这些资源能够让企业创造并提供价值内涵，扩大市场，保持客户关系，并获得收入。这些资源包括物质资产、知识产权、人力资源、财务资源等。随着企业资源的变化以及配置与整合效率的提高，企业的核心竞争力也会发生变化。

7. 关键活动

关键活动是为了让商业模式运转所必须从事的活动，即为商业模式找到有效的实现手段、途径、渠道、载体等。主要的关键活动包括生产产品、提供服务、解决问题、构建平台等。

8. 关键伙伴

关键伙伴包括供应商和合作伙伴所形成的网络。公司之间为有效地提供价值并实现其商业化而形成了合作关系网络，构成了商业联盟。主要的伙伴形式有非竞争对手间的战略联盟、竞争对手间的"竞和"、合资合作、供应商－购买者关系等。寻求合作伙伴的动力在于优化组合、获得规模效益、减少风险和不确定性、获得特殊的资源、从事特殊的活动等。

9. 成本结构

成本结构即运营一个商业模式所需要的所有成本。创造价值、保持关系、获得收入都会产生成本。不同的商业模式有不同的成本结构，例如以固定成本为主、以可变成本为主、以人员成本为主（咨询业）、以原材料成本为主（钢铁行业）等。

拼多多商业模式

拼多多成立于 2015 年，仅仅通过不到三年的时间，就做到了月流水 400 亿元的规模。拼多多的商业模式并不复杂，就是一种网上团购的模式，用户以团购价来购买某件商品。用户可以将拼团的商品链接发给好友，如果拼团不成功，那么就会退货。我们看到许多人会在朋友圈和微信群转发拼多多团购的链接，于是拼多多通过社交网络实现了一次又一次裂变。

● **目标用户精准**

短短两年时间，拼多多瞄准了三、四、五线城市人群，以低价大量吸引用户。投资调研发现，拼多多上有三类典型人群：第一类是从没有过网购经验的人群；第二类是知道淘宝也在淘宝消费过，但未形成购买习惯的人群；第三类是淘宝满足不了的人群。拼多多关注了"能用就行"这批用户，将众多小市场汇聚成可产生与主流相匹敌的市场能量。

● **简单直接、病毒式的营销模式**

拼多多的商业模式很简单：电商拼团、砍价（早期还有 1 元购等模式）。在拼多多上拼团能够获得更优惠的价格，所以几乎没人会选择单独购买……本来就已经比市面普通价格便宜的大蒜，在拼团后又便宜了。付款后可以一键分享到微信等社交平台上，从下单到支付，再到离开拼单页面，每一个步骤都在引导买家"分享"。在完成拼团之后，拼主还有机会获得拼主免单券，也算是另一个变相的鼓励分享的方法。

● **发起拼单的用户会成为拼主**

这个看似简单的分享、拼团砍价模式，恰恰是拼多多崛起的关键！通过降价这种最直接的方式，鼓励买家将 APP 推广给更多人，买家省下来的钱也是实实在在的，拼多多获得的新用户也是实实在在的。这种拼团砍价其实就是批发和微分销的概念。借助 QQ、微信流量的助攻，分享的平台有了（社交圈传播）；还都是朋友、亲戚之间的分享，信用背书也有了（诱导用户产生裂变效应消费）；生活状态差不多，拼团的需求也是一样的，拼团的成功率也大大提高（进一步扩大影响）。

为了吸引商家入驻，拼多多同样用了很多办法。免佣金、免费上首页，这些都是淘宝、京东所给不到的优惠，因此有大量的商家涌入拼多多平台。

三、商业模式的价值逻辑

商业模式的价值逻辑是基于企业战略，从内外部环境、市场、资源、产品/服务、价值主张等开始，将企业的产品/服务能力、价值网络关系、价值要素等关键因素进行资源整合和价值匹配，是企业的一系列价值活动过程，是从价值发现到价值实现的过程。

（一）价值发现

价值发现是基于企业愿景与目标，通过内外部环境的 SWOT 分析，对企业的战略进行定位，进而利用核心优势创造市场价值的过程。价值发现是建立在客户精准分析上的关注客户、思维创新、合作共赢、资源整合等一系列理念的应用。价值发现主要立足于发现市场需求，深入分析企业的价值链环节和客户需求，判定企业的利润区分布和市场容量，分析产品／服务的市场价值。客户需求的空间是无限的，因此，企业必须持续不断地发现市场需求，适时调整并设计商业模式，抓住并掌握企业发展的时机和机遇。

一种优秀的商业模式，首先考虑的不应是能给企业带来什么，而是能给客户带来什么。一种商业模式所提供的生活方式或生产方式能否得到客户响应，关键在于它是否符合客户需求。价值发现，决定利润的来源。

（二）价值主张

价值主张是公司通过其产品和服务所能向消费者提供的价值。价值主张的阐释必须清楚、准确。如果价值主张表述得太复杂，会使顾客在购买的时候犹豫。价值主张必须对客户及其偏好有深刻理解，必须是真实的、可信的、独特的，具有销售力。价值主张的渗透力越强，就越能打动消费者的心，通过产品或服务创造的价值就越持久。

（三）价值创造

价值创造是指价值是如何被创造出来的，即价值的源泉是什么。商业模式是企业创新的焦点和企业为自己、供应商、合作伙伴及客户创造价值的决定性来源。产品研发与制造或服务是公司价值创造的核心，越来越多的顾客开始参与公司的价值创造活动。无论产品开发还是服务提供，顾客参与都是价值创造的重要来源。商业模式价值创造主要在于便捷性、成本低廉、新颖性、用户黏性、创新性。正如自动取款机，取款业务的重新安排给顾客提供了一种新价值，顾客取款不再受时间和地点的限制。

（四）价值管理

价值管理本质上是一种管理模式、一整套指导原则，是一种以促进形成注重内外部业绩和价值创造激励的战略性业绩计量过程。价值管理能够传承和落实公司的远景，设定员工守则、工作信条等，通过团队激励和价值优化等核心内容，沟通组织内外部，将组织与个人目标凝聚成共同信念，增加组织成员与顾客满意度，提高组织持续竞争力。价值管理方式取决于企业价值和企业的经营目的。

（五）价值配置

价值配置是资源和活动的配置，价值配置的目的是企业资源和能力的有效配置和协同发展。价值配置涉及价值链的各个环节，涵盖了企业的整个运营流程。价值配置能有效整合价值网络中的各种资源，实现资源的最佳利用，实现优化产出。价值配置以满足利益相关者需求和合作共赢为目标，以利益相关者价值网络构建为核心，通过对资源和活动的有效整合，建立合作共赢的价值网络体系。

（六）价值实现

价值实现是指企业创造的价值被市场认可并接受，完成要素投入到要素产出的转化。价值实现主要是依靠一系列商业策略来完成的。微利时代的到来，使企业需要依靠独特的价值主张吸引更多的用户来获取利润。

顺丰速运创立于 1993 年，是一家以国内外速运、冷链运输服务为主的民营企业。顺丰速运在顺德成立后，积极向外地扩展，大范围地建立了收货和取货营业点。2007 年开始，顺丰一直处于竞争领先地位，建立了良好的品牌形象，用户满意度高，消费者的信任感强。随着企业的发展，顺丰建立了自己的航空公司，并且进军国际市场，快递的服务优势明显增强。顺丰速运形成了自己的核心竞争力。

顺丰速运成功的关键因素可归纳为四个方面。

第一，高效的配送速度。顺丰速运的配送速度在国内的快递市场中一直是领先的，不仅超出同样的民营企业，也优于邮政快递。这种质量高、速度快的配送服务，为时间要求严格的客户节约了大量时间，不仅能够节省时间成本，还可以为这些客户带来更多的利益。

第二，良好的企业经营模式。顺丰的直营模式对企业的物流服务更加有利，这种由总公司统一管理和经营的模式和统一化的制度能够有效避免时间的浪费，也有助于对客户资料的保存、对货物的追踪管理。

第三，个性化的服务。针对不同客户的不同选择，有顺丰特惠、顺丰即日、顺丰标快等不同服务，以及各种增值服务，如上门取件、虚拟地址、委托收件、保价服务等，更大程度地满足了客户需求。

第四，先进的信息化技术支持。顺丰采用先进的信息化技术，既能提高作业水平，又能实现对货物的追踪、监测、查询等，不仅有利于企业内部管理，还方便客户自主查询，这种可视化操作，保证了货物的安全抵达。

拓展训练

一、探索活动

企业的商业模式分析

活动目的：

能准确分析不同企业的商业模式，并从中获得启发。

背景资料：

竞争是商业活动中的永恒话题。二十年前比产品，谁有好的产品，谁就能成功；十年前比品牌和渠道，谁的品牌影响力大，谁的渠道终端广而有力，谁就能成功；那么今天的企业比拼的是什么呢？

我们看到，现在是一个产品、价格、渠道、促销（营销4P）竞争激烈的时代，产品同质化、广告同质化、品牌同质化、促销同质化、渠道同质化、执行同质化等现象比比皆是，企业之间的竞争已经超越营销这一层级，进入到更高层面——商业活动的全系统。

活动内容：

(1) 请对表7-1所示企业的商业模式进行分析。

表 7-1　部分中国企业及其商业模式

公 司 名 称	商 业 模 式
京东商城	网上购物
途牛	在线旅游服务
前程无忧	人才招聘网站
淘宝商城	网上购物
唯品会	特卖网站
呷哺呷哺	火锅店

(2) 这些企业的商业模式对你有什么启发？

活动检测：

活动结束后，教师可根据表7-2评分。

表 7-2　活动评价表

评 分 标 准	分　值	实际得分	备　注
能准确理解商业模式的含义	20		
能准确分析各个企业的商业模式	20		
能找出各个企业商业模式的差异	20		
能从活动中获得启发	20		
其他	20		
总分	100		

二、能力训练

"硬币"带来的创业机会

情景：

一名普通的大学生利用闲暇时间勤工俭学，在学生公寓打扫卫生。第一次打扫学生公寓时，他在墙角、桌缝、床铺下扫出了许多沾满灰尘的硬币，这些硬币有1角的，也有5角和1元的。

他将这些硬币还给同学时，谁都没有表现出丝毫的热情。

请根据以上背景信息进行讨论：

1. 有哪些创业机会？

2. 创业项目可能的盈利模式是什么？

3. 基于价值链的商业模式盈利逻辑，给出价值发现、价值主张、价值创造、价值管理、价值配置和价值实现各部分的具体要点。

第二节　商业模式设计

　名人语录

商业模式设计不仅是为了获得短期的商业成功，更重要的是要持续地推进和创新。

——埃里克·莱斯（《精益创业》作者）

问题导入

商业模式设计不仅是创业者和企业家的必备技能，也是企业成功的重要因素之一。通过不断地思考和调整商业模式，企业可以在市场上取得优势，实现自身的商业价值。创业者或企业家通过更好地理解和把握商业机会，构建出可行的商业模式，从而实现商业目标。

在进行下面的学习之前，请思考以下问题：

（1）我们能够提供什么独特的价值，使我们的产品或服务与竞争对手区别开来？

（2）我们如何获得收入？盈利模式是什么？

（3）我们需要哪些资源和合作伙伴来支持我们的商业模式？

（4）我们的商业模式是否可持续？在未来的市场和行业变化中，我们需要做哪些调整？

一、商业模式设计的步骤

第一步：界定和把握利润源——顾客

利润源是指购买企业商品或服务的顾客群，它们是企业利润的唯一源泉。利润源及其需求的界定，决定了企业为谁创造价值。顾客群分为主要顾客群、辅助顾客群和潜在顾客群。好的目标顾客群有三个特点：一是要有清晰的界定，没有清晰界定的顾客群往往是不稳定的；二是要有足够的规模，没有足够的顾客群规模，企业的业务规模必然受限；三是企业对顾客群的需求和偏好要有比较深的认识和了解。

设计商业模式的时候，首先需要分析顾客需求，目的就是为产品寻找能够比较容易地呈现价值的顾客群。一般来说，企业赢利的难度并非在技术与产品端，主要在顾客端。有时即使只是把握了企业顾客的一点点需求，也可能产生巨大的顾客价值。

分析和把握顾客需求，并寻求产品在市场中的最佳定位，是设计商业模式的首要工作。

第二步：不断完善企业利润点——产品

利润点是指企业可以获取利润的、目标顾客购买的产品或服务。利润点决定了企业为顾客创造的价值是什么，以及企业的主要收入及其结构。

好的利润点是顾客价值最大化与企业价值最大化的结合点，它要求：一要针对目标顾客的清晰的需求偏好，二要为目标顾客创造价值，三要为企业创造价值。有些企业的产品和服务或者缺乏顾客的针对性，或者根本不创造利润，就不是好的利润点。

第三步：打造强有力的利润杠杆，构筑商业模式内部运作价值链

打造利润杠杆并规划企业内部运作价值链，是商业模式设计与完善的重要内容，它决定了产品或服务是否为企业带来价值和带来多少价值。企业利润杠杆主要包括组织与机制杠杆、技术与装备杠杆、生产运作杠杆、资本运作杠杆、供应与物流杠杆、信息杠杆、人力资源杠杆等。这些杠杆的运作可以清楚界定企业内部运作的成本及其结构，以及计划实现的利润目标。

将没有竞争优势的企业内部价值链外包，是打造利润杠杆的一条有效途径。很多公司意识到，在一个非常长而复杂的企业内部价值链上，它们也许只能在价值链的某些环节中具有竞争力，但要想在所有环节上都具有竞争力是不太可能的；而一旦认识到企业内部价值中的优势环节，就应该把公司定位在那个位置，将其他部分外包给别的公司，从而使利润杠杆更加有力。

同样的产品，由于利润杠杆不同，或者说由于企业内部运作价值链的差异，产品的成本与收益迥异，一个企业可能赚钱，另一个企业可能亏损。这足以说明，利润杠杆决定了企业利润的多寡。

第四步：疏通拓宽利润渠道，构筑商业模式外部运作价值链

利润渠道即企业向顾客供应产品和传递产品信息的渠道，是商业模式正常运作必不可

少的外部价值链。产品或服务的价值传递是企业把产品和服务传递给目标客户的分销和传播活动，目的是便于目标客户购买和了解公司的产品或服务。

第五步：建立有效的商业壁垒和利润屏障

利润屏障是指企业为防止竞争者掠夺本企业的目标客户，保护利润不流失而采取的战略控制手段。利润杠杆是撬动"奶酪"为我所有，利润屏障是保护"奶酪"不为他人所动。

比较有效的利润屏障主要有建立行业标准、控制价值链、领导地位、独特的企业文化、良好的客户关系、品牌、版权、专利等。

创业面对的是一种不确定性极高的未来环境，而市场信息也无法全盘取得，因此没有一个商业模式能确保未来利润一定会实现。在设计与执行商业模式的时候，一定要随环境变动，保持高度的弹性。

新零售代表之一：盒马鲜生的商业模式

盒马鲜生的创始人侯毅说：盒马还真的像河马——体型庞大，但温和亲民——庞大体系加互联网式亲民。但就是这只看上去笨拙的河马，成长速度飞快。在一片唱衰的生鲜业里，逆势增长。

● 盒马模式的灵魂——精准定位。

第一，目标消费群的定位越是精准，越能吸引目标顾客，增强与目标顾客的黏性。从盒马鲜生来讲，80％的消费者是80后、90后。他们是互联网的"原住民"，他们是在改革开放以后富起来的中国成长的一代消费者，他们更关注品质，对价格的敏感度不高。

第二，盒马鲜生是基于场景定位的，围绕吃这个场景来构建商品品类。而盒马吃的商品品类的构成远远超越其他卖场，所以在吃这个环节上，盒马鲜生能够给消费者满意的服务。盒马鲜生做了大量的半成品、成品，以及大量加热就可以吃的商品，希望让"吃"这个品类的结构更加完善、丰富。

● 盒马模式的核心——重新设计了一套消费价值观。

第一，"新鲜每一刻"。新的生活方式就是买到的商品都是新鲜的，每天吃的商品都是新鲜的。消费者追求的是新鲜的生活方式，所以盒马鲜生里买的所有商品仅供消费者吃一顿饭。需要什么就买什么，盒马鲜生会快速地送到你的家。

盒马鲜生把所有的商品都做成小包装，今天买今天吃，不追求原来所谓的大批量、大包装，所有的商品只用一次就够了。

第二，"所想即所得"。当顾客在上班，没有时间去买菜的时候，可以在盒马鲜生下单；在下班途中，也可以下单，商品会和你同步到家。线上线下的高度融合为消费者提供了随时随地购买的便利、全天候消费的便利，比如说下雨天盒马鲜生的线上销售非常火爆。

盒马鲜生提供的线上商品和线下商品是同一商品、同一品质、同一价格，所以能满足消费者随时随地、在不同场景下的需求，"所想即所得"，让消费者的生活更加方便。

第三，一站式购物模式，利用互联网技术 B2C 来扩大盒马鲜生的品类。盒马鲜生有门店，但面积、SKU 有限；同时扩建了绿色频道，来满足稀有商品的消费需求，顾客可以在盒马鲜生买到 5000 元一条的野生黄鱼，这些高档食材原来在超市买不到；还会推出各种各样的预售商品，来满足消费者的各种需求。盒马鲜生是围绕吃来定位的，会满足顾客所有吃的需求，所以一站式服务的盒马鲜生具备强大的竞争能力。

第四，让吃变得快乐，让做饭变成一种娱乐。盒马鲜生推出了各种各样的活动让消费者参与，让 80 后、90 后消费者在家里做每一顿饭的时候都能够体现其价值。所以盒马鲜生在整个店里面设置了大量的分享、DIY、交流机会。让"吃"这件事变成娱乐、变成快乐，消费者就会产生强烈的黏性。盒马鲜生满足了消费者对更高品质、更深层次、更广范围、更加个性消费的追求，让大家的生活更加美好、更加开心。

● 盒马模式的关键——新零售模式改变了传统零售模式。

盒马鲜生采用的是新零售模式。

第一，门店的定位。传统精品超市、社区超市、便利店是以店的规模、以人群的划分来定位的，而盒马鲜生是基于场景定位的，围绕吃这个场景来构建商品品类。

第二，在商品结构方面。盒马模式改变了传统超市、卖场的品类组合原则，使整体的品类组合更浅，更加扁平化。盒马追求的不是为顾客提供简单商品，而是提供一种生活方式，将以往家中完成的事情放到店里完成，为顾客提供可以直接食用的成品、半成品。因此，它改变了传统超市的商品结构。这些品类也带来了巨大的毛利空间。

第三，餐饮与超市的融合。餐饮是盒马鲜生里面的加工中心，它可以提供更多的半成品、成品在网上销售。餐饮与超市融合而成的加工中心，为盒马鲜生提供了所需要的半成品和成品。

第四，超市功能+餐饮功能+物流功能+企业与粉丝互动的运营功能。盒马模式已不是一个简单的超市模式，而是形成一个强大的复合功能体。特别是它基于经营顾客、粉丝互动建立的运营功能、物流功能、餐饮功能，已经颠覆传统的零售模式。

第五，新的门店组织架构，奠定线上线下的高度融合。盒马鲜生有餐饮副店长、物流副店长和线上运营副店长。从门店组织架构来讲，盒马鲜生不是一个 O2O 的企业，因为大部分销售来自线上而不是线下。

第六，强大的物流功能。盒马鲜生最大的特点是快速配送，门店附近 5 千米范围内，一般 30 分钟送达，最长一般不会超过 1 小时。在盒马鲜生 APP 购物，不能预约隔天送达，只能当天送达。从盒马的定位、商品结构来看，主要是改变传统零售以商品为中心的经营模式，走向以场景为中心的商品组织模式，加上强大的复合生态，大大方便了消费者，通过互联网，大大提高了效率。盒马鲜生顺应了消费升级的需求，提升了消费者的生活品质，这才是新零售变革的核心内容。

二、商业模式设计的核心原则

商业模式设计的核心原则包括客户价值最大化原则、持续赢利原则、资源整合原则、创新原则、融资有效性原则、组织管理高效率原则、风险控制原则和合理避税原则。

1. 客户价值最大化原则

一个商业模式能否持续赢利，与该模式能否使客户价值最大化有必然关系。一个不能满足客户价值的商业模式，即使赢利也是暂时的、偶然的，是不具有持续性的。反之，一个能使客户价值最大化的商业模式，即使暂时不赢利，也终究会走向赢利。所以企业应把对客户价值的实现再实现、满足再满足当作应该始终追求的目标。

2. 持续赢利原则

持续赢利，即确定赢利模式，是企业实现客户价值最大化的客观结果，也是企业的主观追求。赢利模式是企业实现既为客户提供价值又为自己创造价值的详细计划，包括以下构成要素。

(1) 收入模式：产品单价 × 销售数量。

(2) 成本结构：包括直接成本、间接成本和规模经济。成本结构主要取决于实施商业模式所需关键资源的成本。

(3) 利润模式：在已知预期数量和成本结构的情况下，为实现预期利润要求每笔交易贡献的收入。

(4) 利用资源的速度：为了实现预期营业收入和利润，需要实现的库存周转率、固定资产及其他资产的周转率。并且，还要考虑从总体上该如何利用资源。

企业能否持续盈利是判断其商业模式是否成功的唯一外在标准。因此，在设计商业模式时，如何盈利也就自然成为重要的原则。持续盈利是指既要"盈利"，又要有发展后劲，具有可持续性，而不是偶然盈利。

3. 资源整合原则

整合就是优化资源配置，就是要有进有退、有取有舍，就是要获得整体的最优。在战略思维的层面上，资源整合是系统论的思维方式，是通过组织协调，把企业内部彼此相关但却彼此分离的职能，把企业外部既拥有共同使命又拥有独立经济利益的合作伙伴整合成一个为客户服务的统一体，取得 $1 + 1 > 2$ 的效果。

在战术选择的层面，资源整合是优化配置的决策，要根据企业的发展战略和市场需求对有关的资源进行重新配置，以凸显企业的核心竞争力，并寻求资源配置与客户需求的最佳结合点，目的是要通过制度安排和管理运作协调来增强企业的竞争优势，提高客户服务水平。对方案的提供者来说，资源整合简化了客户流程，提高了效率，带来了更好的客户满意度与忠诚度，更重要的是建立了一种区隔性的竞争优势；对于方案的接受者来说，一站式的解决方案节约了自己的时间，把所有的问题一次性解决，更便捷、更高效，也更省钱。

4. 创新原则

时代华纳前首席技术官迈克尔·邓恩说："在经营企业的过程中，商业模式比高技术更重要，因为前者是企业能够立足的先决条件。"成功的商业模式不一定是技术上的突破，而是对某一个环节的改造，或是对原有模式的重组、创新，甚至是对整个游戏规则的颠覆。商业模式的创新形式贯穿于企业经营的整个过程之中，贯穿于企业资源开发模式、制造方式、营销体系、市场流通等各个环节，也就是说，企业经营的每一个环节上的创新都可能变成一种成功的商业模式。

5. 融资有效性原则

融资模式的打造对企业有特殊的意义，尤其是对中小企业来说更是如此。我们知道，企业生存需要资金，企业发展需要资金，企业快速成长更需要资金。资金已经成为所有企业发展中绕不开的障碍和很难突破的瓶颈。

从一些成功的企业发展过程来看，无论其表面上对外阐述的成功理由是什么，都不能回避和掩盖资本对其成功的重要作用，许多企业就是因为没有建立有效的融资模式而失败的。所以说，商业模式的设计很重要的一环就是要考虑融资模式。甚至可以说，能够融到资并能用对地方的商业模式，就已经是成功一半的商业模式了。

6. 组织管理高效率原则

高效率是每个企业管理者都梦寐以求的境界，也是企业管理模式追求的最高目标，即将系统内外的各要素，通过整合方式，使之高效率地运行，其目的就是使系统形成核心竞争力。用经济学的眼光衡量，决定一个国家富裕或贫穷的砝码是效率，决定企业是否有赢利能力的也是效率。

按现代管理学理论来看，一个企业要想高效率地运行，首先要明确企业的愿景、使命和核心价值观，因为它们是企业生存、成长的动力，也是员工高效工作的理由。其次是要有一套科学的、实用的运营和管理系统，解决系统协同、计划、组织和约束问题。最后还要有科学的激励方案，解决如何让员工分享企业的成长果实的问题，也就是向心力的问题。

案例阅读

如家快捷酒店（以下简称"如家"）借鉴了欧美完善成熟的经济型酒店模式，为商务和休闲旅行等客人提供"干净、温馨"的酒店产品，通过客房收入、餐饮收入、加盟费等获得利润。如家商业模式的核心在于以下三方面。

① 经济＋服务：如家在高标准的高星级酒店和低服务质量的低星级酒店之间找到了

一种平衡，并且将其服务的重心放在了住宿和早餐两个优先的酒店功能上，最终实现了"价廉物美"的价值诉求。

② 连锁模式：如家除了自建"直营酒店"之外，还通过特许经营的方式来扩充如家经济型酒店的规模和数量。在连锁系统管理上，如家开发了中央管理系统，使公司总部能够在第一时间了解全国分店的运营情况。

③ 人力资源开发：如家更加注重吸引和开发符合企业自身要求的人才系统。这一人才系统将总部、分店店长、资深店长、店助、城市或区域总经理等各个层面的员工纳入了公司的培训、开发和考核机制。

7. 风险控制原则

设计再好的商业模式，如果抵御风险的能力很差，就会像在沙丘上建立的大厦一样，经不起任何风浪。这个风险既包括系统外的风险，如政策、法律和行业风险，也包括系统内的风险，如产品的变化、人员的变更、资金的不继等。

8. 合理避税原则

合理避税，而不是逃税。合理避税就是在现行的制度、法律框架内，合理地利用有关政策，设计一套利于利用税收政策的体系。合理避税做得好也能大大增强企业的赢利能力。但企业若想达到既减少税负又避免潜在的法律风险的目标，在全球反避税的大背景下还是应该慎重思考的。

用七个问题完善商业模式

通过以下七个问题分析评估创业项目商业模式存在的问题与风险，并在此基础上进行商业模式的完善。

问题一：客户的转移成本有多高？

转移成本是指客户从一个产品（或服务）转移到另一个产品（或服务）所需的时间、精力或者金钱。转移成本越高，客户就越忠实于某项产品（或服务），不会轻易选择竞争对手的产品（或服务）。

将转移成本融入商业模式中的一个成功案例就是苹果 iPod 产品。这是一个专注于存储的产品创新，也是一个商业模式策略。消费者将音乐拷贝进 iTunes 和 iPod 里，用户使用了该产品以后很难再用其他产品。这种策略为苹果强大的音乐中心和创新打下了坚实基础。

问题二：商业模式的扩展性怎样？

扩展性是指在没有增加基本成本的情况下，能很容易地拓展商业模式，赢得利润。基于软件和互联网的商业模式，比基于砖头和水泥的商业模式有天然的扩展性。

问题三：能否产生可循环的经济价值？

循环价值有两个主要的优势：第一，可以重复销售，成本大幅降低；第二，可以有更多更好的想法来构想未来盈利模式。

还有另外一种循环价值形式：从之前的销售中获取增值收入。比如，人们买一个打印机，需要持续购买墨盒；又如，人们购买一个苹果手机，苹果公司在从硬件销售中赚得利润的同时，还可以获得来自内容和 APP 的稳定增长收益。

问题四：是否可以在你投入之前就有收益？

毫无疑问，每个创业者都希望在投入之前就获得收益。

戴尔就把这种模式运用到电脑硬件设备制造的市场上：通过直销建立的装配订单，避免了硬件市场的库存积压成本。戴尔取得的成功显示了其在投入之前获得收益的力量。

问题五：怎么样让用户为你工作？

这可能是商业模式设计上最具有"杀伤力"的"武器"。例如宜家让顾客自己组装在店里购买的家具。这些公司只提供平台，内容全部由用户创造，而公司却以此获利。

问题六：是否具有高壁垒，以防止竞争对手模仿？

一个优秀的商业模式不仅能够为顾客提供优秀的产品，还可以使企业保持长时间的竞争优势。

苹果主要的竞争优势来自其商业模式而不是单纯的产品创新。对三星来说，模仿苹果的产品比建一个像苹果那样的应用商店生态系统要容易得多。但是，三星无论产品做多么好，也很难撼动苹果的地位。

问题七：是否建立在改变成本结构的基础上？

降低成本是创业者的长期追求，有的商业模式不仅可以降低成本，更能够创造出一个与以往完全不同的成本结构。

三、商业模式的评价指标

（一）商业模式的适用性

适用性也可以称为个性，是商业模式设计的首要前提。由于企业自身情况千差万别，市场环境变幻莫测，商业模式必须突出一个企业不同于其他企业的独特性，这种独特性表现在它怎样为自己的企业赢得顾客、吸引投资者和创造利润。严格地说，一个企业的商业模式应当仅仅适用于自己的企业，而不可能由其他企业原封不动地搬过去。商业模式没有好坏之分，只有是否适用的区别，适用的就是好的，适用较长久的就是最好的。

（二）商业模式的有效性

有效性是商业模式设计的关键要素。在经济全球化、信息化的今天，无论哪个行业或企业，都不可能有一个万能的、单一的商业模式，用来保证自己在各种条件下均产生优异的财务结果。因此，评价商业模式的好坏，最根本的在于它的有效性。有效的商业模式是企业在一定时期、一定条件下，能够选择为自己带来最佳效益的有效的盈利战略组合。

根据埃森哲咨询公司对 70 家企业的商业模式所做的研究分析，这种盈利战略组合应当具有以下三个共同特点。

(1) 它必须是能提供独特价值的。这个独特价值可能是新的思想，也可以是产品和服务独特性的组合。这种组合要么可以向客户提供额外的价值，要么使客户能用更低的价格获得同样的利益，或者是用同样的价格获得更多的利益。

(2) 它必须是难以模仿的。企业通过确立自己与众不同的商业模式，如对客户的悉心照顾、无与伦比的实力等，来提高行业的进入门槛，从而保证利润来源不受侵犯。

(3) 它必须是脚踏实地的。脚踏实地就是实事求是，就是把商业模式建立在对客户行为的准确理解和把握上。

所以，有效的商业模式是丰富和细致的，并且它的各个部分要互相支持和促进。改变其中任何一个部分，它就会变成另外一种模式。

(三) 商业模式的前瞻性

前瞻性是商业模式的灵魂所在。商业模式是与企业的经营目的相联系的，一个好的商业模式要和企业的长期目标相结合。商业模式实际上就是企业为达到自己的经营目的而选择的运营机制。企业的运营机制反映了企业持续达到其主要目标的内在联系。企业以盈利为目的，它的运营机制必然突出确保其成功的独特能力和手段——吸引客户、雇员和投资者，在保证盈利的前提下向市场提供产品和服务。但是，仅仅这样是不够的，因为这只是商业模式的"现在式"，而商业模式的灵魂和活力在于它的"将来式"，即前瞻性。也就是说，企业必须在动态的环境中保持自身商业模式的灵活反应、及时修正、快速进步和快速适应。

商业模式画布

商业模式画布指的是把商业模式涉及的 9 个关键要素 (价值主张、客户细分、关键业务、分销渠道、客户关系、核心资源、合作伙伴、成本结构、收益来源) 整合到一张画布之中。商业模式画布的 9 个要素，更准确地说是 4 个视角下的 9 个要素。4 个视角就是商业模式衍生出来的 4 个问题：提供什么 (What)、如何提供 (How)、为谁提供 (Who)、成本和收益问题 (Cost)。商业模式画布可以灵活地描绘或者设计商业模式，直观、简单、可操作性强，其实质就是商业模式的可视化。商业模式画布不仅能够提供更多灵活多变的计划，更容易满足用户的需求，更重要的是，它可以将商业模式中的元素标准化，并强调元素间的相互作用，起到健全商业模式、将商业模式可视化及寻找已有商业模式漏洞的作用。

正确运用商业模式画布，能帮助创业者快速认识创新创业。商业模式画布是创新创业会议和头脑风暴活动的常用工具，因为它的呈现方式直观，非常容易让受众接受。

唯品会的运营模式

一、正品

与一、二线品牌形成合作，保证品质。唯品会舍弃了一线品牌当中的奢侈品，选取了大众熟知的一、二线品牌作为合作伙伴。在唯品会成立初期，即使消费者记不清唯品会的名字，耐克、阿迪达斯的名字总能记住；消费者挑选产品也十分方便，还能保证质量。

二、省钱

"限时抢购"作为特点吸引用户注册，也为厂家减轻压力。作为尾货清仓的电商，其商品价格要比市场价格低不少。每天上午10点有"限时抢购"。"限时抢购"不同于"秒杀"之处是供货量的差异，"限时抢购"的量要大很多，女装品牌Lily就曾创下24小时内超过4万件的销售记录。由此可见"限时抢购"对于消费者的吸引力。

除了给消费者带来新鲜刺激的抢购乐趣外，限时抢购模式还为供货商和唯品会的存货管理带来了便利。限时抢购模式具有大量进货、大量出货、大量退货的特点，可以帮助供应商较快处理库存商品，有助于唯品会加快周转，也避免了货源不足的问题。另外，限时限量抢购的模式，为供货商提供了一个专门消化存货的平台，由于特卖时间有限，且并非当季新品，可以避免与实体店冲突，还可以有效提升销售业绩。过了限时抢购的时间，特定品牌一周内就会从仓库中撤出，帮助厂家快速回笼资金，同时还能减轻厂家的资金压力。

三、快速反应

唯品会自建仓储保证发货和退换货速度，低价格和高质量吸引了不少消费者。想培养客户忠诚度就要更全面地满足需求。物流环节是后续服务的保障，唯品会不采取厂家发货方式，而是自建仓储，方便把握发货、退换货的物流环节，完全做到第一时间给消费者反馈，提升了唯品会高效率、高保障的形象。

唯品会为消费者提供了整体的配套服务，创造了一个没有顾虑的网络购物环境，让消费者愿意在唯品会再次消费，因此回头客的生意越做越大。

唯品会的商业模式画布如图7-1所示。

合作伙伴 强大的供应商网络； 联合太平洋保险，推出了正品担保服务	关键业务 奢侈品电子交易 自建仓库 售后服务 核心资源 折扣商品 服务规划 仓库网络	价值主张 "消费者满意"是唯品会最大的追求目标。因此，唯品会坚持安全诚信的交易环境和服务平台，为会员提供优质、高效、愉悦的售卖服务，以提升客户满意度为己任，为消费者提供畅快、安全、放心、便捷的消费流程体验服务	客户关系 购物体验 无条件退货 CSC 呼叫系统 分销渠道 电子交易平台 仓储物流	客户细分 奢侈品消费者 高档商品消费者 二三线品牌偏好者
成本结构 　进货费用 　物流费用 　库存管理			收益来源 通过线上电子交易，直接获取销售与进货之间的毛利润	

图 7-1　唯品会的商业模式画布

一、案例分析

美国西南航空公司独特的价值活动体系

西南航空公司是美国第二大航空公司，以"廉价航空公司"而闻名，是民航业"廉价航空公司"商业模式的鼻祖。自它之后，廉价航空逐渐控制了 1/3 的民航市场。

西南航空公司为旅客提供的服务是低票价、可靠安全、高频度的航班，舒适的客舱，一流的常旅客项目、顺畅的候机楼登机流程，以及友善的客户服务。

其商业模式如下。

(1) 采取短程飞行、点对点飞行方式，简化了航线结构，消除了行李转运的时间和烦琐程序。

(2) 采用单一机型，节约了设备采购、维护保养、人员编制和员工培训等方面的开支，同时又提高了资源调度的灵活性。

(3) 通过让飞机快速周转 (短程飞行尤为重要)、坚持弹性工作制，提高了飞机的空中飞行时间。

(4) 在二线机场或航班不是很繁忙的机场着陆 (让飞机周转更快)。

与其他老牌航空公司相比，西南航空公司的商业模式可将成本降低 40%～50%，再加上其高运载能力等因素，票价可降低 60%，很多航线的客运量可增加 2～3 倍。这样一来，乘客就可以享受更加优惠的票价。

思考：美国西南航空公司的商业模式创新体现在哪里？

二、能力训练

商业模式画布是一种关于企业商业模式的思想，直观、简单、可操作性强。在创业项目和大公司中，商业模式画布都起到了健全商业模式、将商业模式可视化及寻找已有商业模式漏洞的作用，在项目运作前常通过头脑风暴避免错误，减少决策失败带来的损失。

商业模式画布按照一定的顺序被分成九个方格，其内容如下。

客户细分——你的目标用户群，一个或多个。

价值主张——客户需要的产品或服务，商业上的痛点。

分销渠道——你和客户如何产生联系，不管是你找到客户还是客户找到你，比如实体店、网店、中介。

客户关系——客户接触到你的产品后，你们之间应建立怎样的关系。

收益来源——你怎样从你提供的产品或服务中取得收益。

核心资源——为了提供并销售这些价值，你必须拥有的资源，如资金、技术、人才。

关键业务——商业运作中必须要从事的具体业务。

合作伙伴——哪些人或机构可以给予战略支持。

成本结构——你需要在哪些方面付出成本。

请根据以上信息，浅用商业模式画布分析小米的商业模式。

第八章

创业计划制订

自我思考

　　制订创业计划是一种具体的实践方式，能够帮助学生将创新创业理论应用到实际中。通过编写创业计划，学生可以更好地理解创业流程并建立对创业企业的深入了解，在创业计划编写过程中，学生需要思考项目的目标、市场、竞争、产品、战略等方面，在创新创业的实践中，学生可能需要面对多种挑战和问题，这些挑战和问题能够帮助学生提高解决问题的能力和对创业创新的洞察力。

　　想一想：在创业计划编写过程中应该考虑哪些因素？如何审查创业计划？

学习目标

◎ 知识目标

1. 了解创业计划的定义和意义，熟悉创业计划的基本内容。
2. 了解创业计划的制订步骤和注意事项，熟悉创业计划书撰写的要求。

◎ 能力目标

1. 掌握创业计划书撰写的基本内容和要求，学会审查创业计划书。
2. 掌握创业计划书审查的方法。

◎ 素质目标

1. 树立服务社会意识，响应国家战略，积极投身社区治理、家乡建设。
2. 学习建党精神，发扬创新精神，立志为实现中华民族伟大复兴的中国梦做贡献。

开篇故事

从创业大赛到公益创业

2013 年 10 月，毕业于北京 XX 大学的郭同学创立了大学生科学技术协会，打造了一个服务大学生创新创业的良好平台。他的团队以创业计划项目"高密度人流场所安全疏散解决方案"在 2014 年"创青春"全国大学生创业大赛中斩获银奖。创业大赛结束之后，郭同学认识到"高密度人流场所安全疏散解决方案"项目极其适合公益创业。出于对公益事业的热忱及社会责任感，他决定实践创业竞赛的项目，将就业与创业相结合，扎根公益自主创业，实践公益精神，做到学以致用，服务百姓民生。

2015 年 9 月，刚刚走出校门的郭同学成立了北京市第一家由大学生自主创业成立的研究空间数据并服务于公众安全的科技类企业——北京 XXX 数据研究中心。机构是以高校专业的学术支持及人力资源为依托，基于对数据的采集、建模、仿真分析，专业从事人流安全疏散解决方案、人群组织与设施优化设计、交通基础设施设计与优化方案、密集场所人流检测技术的交通虚拟现实技术等服务的综合性研究中心。

中心成立伊始，创业的艰辛使郭同学深深意识到：创业本就不易，公益创业更是难上加难。只有坚持，挖掘出真正的民生需求，找到正确的切入点，才能使研究中心有所发展。由此，北京 XXX 数据研究中心作为一个先行者，尝试开展了"XX 安全屏障"项目。该项目完全从公益角度出发，出于对建筑保护、文化传承等方面的研究形成了初步成果并报送给北京市相关部门。研究中心作为年轻的团队，在情怀和梦想的推动下，将茁壮成长，走得更长更远。

公益创业注定是平凡但有意义的。郭同学作为一名扎根公益事业的创新创业者，在工作过程中践行"立足专业，服务民生"的专业理念，就是其自身价值的最好体现。

第一节　认识创业计划

名人语录

知识不是力量，掌握并运用知识的能力才是力量。

——弗朗西斯·埃尔金斯

问题导入

创业是一项系统工程，在开始创业前，创业者必须认真地进行创业计划，理清思路，避免盲动和追风等情况的发生，进而减少失败和损失。创业计划必须验证你的创业构想是否可行，是否合理且有创造性，否则无论投入多少时间和金钱，创业都会以失败告终。

在进行下面的学习之前，请思考下列问题：

(1) 什么是完整可行的创业计划？

(2) 制订创业计划的步骤有哪些？

一、创业计划的定义

创业计划又称商业计划、创业计划书、商业计划书，有时简称计划书，是对构建一个企业的基本思想及与企业创建有关的各种事项进行总体安排的文件，它从企业内部的人员、制度、管理以及企业的产品、营销、市场等各个方面对即将创建的企业进行可行性分析。创业计划包含创业定位、营销计划、财务计划、组织管理等，用以描述创办一个新的风险企业时所有相关的外部及内部要素。创业计划有时也叫行路图，因为创业计划主要回答三个问题：我们现在哪里？我们将去哪里？我们如何到达那里？

计划可以是短期的，也可以是长期的；可以是战略性的，也可以是操作性的。尽管不同的计划服务于不同的职能，但所有的计划都有一个重要目的，即在快速变化的市场环境中，为创业者提供指导准则和管理架构。

创业计划的基本目标有：

(1) 分析和确定创业机遇与内容；

(2) 说明创业者计划利用这一机遇发展新的产品或服务所要采取的方法；

(3) 分析和确定企业能够成功的关键因素；

(4) 确定实现创业所需要的资源以及取得这些资源的方法。

二、创业计划的意义

1. 认识创业前景

创业计划书是创业者为自己未来企业量身定制的一面镜子，在创业计划书的撰写过程中，创业者需要谨慎地对自己和即将开始的创业活动进行全面审视，这样才能帮助创业者更好地开展创业活动。

2. 获得风险投资

好的创业计划书是创业者打开风险投资大门的垫脚石。对于尚在雏形中或尚待创办的新企业，风险投资者无从知道它的商业数据，一般只能通过创业计划书来了解企业前景，判断是否具有投资潜力和利益回报。

3. 整合多方资源

创业者在编写创业计划书之前，会对创业过程进行全盘思考，完成市场调研、自我评估、市场定位、产品研发、营销策略制定、财务规划和人事安排。实际上，编写创业计划书的过程就是对这些创业过程中各种凌乱、分散的信息和要素进行梳理，理出它们之间的联系，并对它们进行整合重组，实现完整的商业运作计划的过程。并且，在此过程中，创业者也会对社会资源进行分析和运用，并充分利用社会关系和优惠政策来获得创业资金和平台。

4. 打造创业团队

创业计划书是创业者展示产品和服务的文件，也是展现创业者思想和才华的工具。优秀的计划书，一方面能使投资者看到创业者的潜力和决心；另一方面，还能让有识之士看到希望和未来，将志同道合的精英吸引到创业团队中来。

商 业 计 划 书

集富亚洲副总裁钟晓林强调，商业计划书是风险投资公司必不可少的文件。尽管这并不是决定一个项目本身能否成功投资的关键因素，但是如果没有一个好的商业计划书，风险投资人可能不会理解创业者的项目，因此就谈不上进行风险投资。钟晓林还指出，对创业公司来说，商业计划书还可以为公司的发展定下前进目标和发展方向，从而易于了解公司的经营目标，并激励他们为共同的目标而努力。

曹某是一家软件外包公司的总经理，该公司有60多名员工，年营业收入有1000多万元，业务主要面向美国、日本等国，国外的订单接连不断。然而，面对公司的高速发展态势，曹某却愁容满面，原因是公司缺乏足够的资金扩大生产规模。

融资心切的曹某希望能够直接同风险投资人对话，这样就不必再撰写商业计划书了。但风险投资人认为对话并不能够取代商业计划书，因为除了一些朋友介绍的项目外，主要还是通过商业计划书来了解整个项目的情况。

由于曹某认为自己不擅长撰写商业计划书，与其自己在这上面浪费很多时间，不如让专业中介公司代写。而钟晓林并不赞成这种做法。他认为，创业者整理、撰写商业计划书的过程，也是首先把该项目推销给风险投资公司和创业者自己的过程。一个连创业者自己都不相信的商业计划，是不可能推销给别人的，更不可能说服风险投资者。反过来，一个实际上很好的项目，如果没有通过商业计划书这一众多投资者认可的文字方式充分展示出来，其结果很可能是把项目留给创业者自己。

对于需要风险投资的企业和创业者，商业计划书是必不可少的。创业者通过商业计划书介绍公司目前发展的状况和需求，以及未来的发展方向；而风险投资人面对大量潜在可行的创意时，只能通过对创业投资方案的评估做出选择。从国内外风险投资发展的经验来看，商业计划书对于能否成功地吸引风险投资是极为关键的。因此，良好的商业计划书往往被称为创业企业的"敲门砖"或"金钥匙"。

三、创业计划的核心信息

创业者提供的产品和服务各不相同，所以，创业计划书各具特色，但优秀的创业计划书有着相同的内容，主要包括以下几个方面。

(1) 概念。让阅读创业计划书的人了解企业所提供的产品或服务的特性，以及这个领域未来的发展前景。

(2) 顾客。分析企业的产品和服务所适合的客户群体类型，了解客户的需求、购买力，并对潜在的客户群体特征进行判断，预测市场销售情况。通过对市场的调查，了解企业产品或服务的市场需求，为改良和开发新产品以及市场营销提供可靠依据。

(3) 在创业初期，创业者必须进行深入客观的自我分析，了解自己的长处和短处，以便构建互补型团队，弥补个人能力的缺失之处。与此同时，也要为自己设立能力成长的目标，通过自身的不断进步带动企业的良好发展。

(4) 公司。根据投资主体和所成立机构的法律形式，企业的设立条件、投资者承担的责任、税收征缴、财务核算等都不相同。因此，创业者需要根据自己的实际情况成立相应的机构。选择相应的法律形式对创业进行保险，同时为企业的发展提供基础保障。

(5) 资本。资本属于投入的生产资料，包括劳务、土地、资金。从企业会计学理论上说，资本是指所有者投入生产经营能产生效益的资金，可能是现金，也可以是资产，如机器、厂房、货币、原料、商品等。作为创业者，要清楚在事业初期需要投入多少资本，自己可以承担的部分有多少，不足部分是通过借贷、融资还是其他方法获得；当创业者拥有充足的启动资金时，要知道如何使用这些宝贵的资源，让企业赢在起跑线上。

(6) 持续经营。持续经营源于会计学的假设，当企业还没有到达破产、关闭等清算环节时，必须按照持续经营原则进行会计处理。因此，创业者在对自己的企业进行战略部署和规划时，要仔细分析会对企业产生关键性影响的风险因素，并通过调查、研究、协调等初步制定有效的应急预案，将风险因素降到最少，同时，要避免将过多的精力放在非关键性风险上；只有积极主动维护企业，才能实现创业初期持续经营的目标。

(7) 竞争者。这里的竞争者是指与本企业提供相似产品或服务，并且所服务的目标顾客也相似的其他企业。作为创业者，需要了解竞争者的类型、实力，与自己是直接还是间接竞争关系，出售的产品或服务与自己的相似度，优势与弱点，以及销售区域和业绩状况。同时，分析自己的竞争优势及劣势。预测所能占到的市场份额，能帮助创业初期的企业趋利避害，进一步制定竞争策略和经营方案，为企业发展奠定良好的基础。

四、创业计划的基本内容

为了将创业计划书的内容编制得更全面、思路更明确、条理更清晰、细节更详细、包装更到位，在编撰创业计划书时，可以参考下面的编制模板。创业计划书的基本内容包括封面、摘要、公司介绍、产品与服务、创业团队、市场分析、市场营销策略、风险与风险管理、项目股权与启动资金、项目财务分析、三年发展规划等。

（一）封面

封面是读者对创业计划书的第一印象，因此，封面要设计得美观、简洁大方、有艺术感，并且与创业计划的内容相呼应。

（二）摘要

创业计划书的摘要是整个创业计划书的概括与精华，一般字数不能太多，篇幅控制在一定范围内。摘要应围绕创业项目的社会环境背景、市场需求、产品服务内容、市场空间容量、创业团队情况、创业项目的优势与特色、创业项目的商业盈利模式、创业项目的投资回报，以及创业项目的风险与控制等进行简要描述。要让计划书的读者从摘要中，清楚地了解创业项目的全貌。

（三）公司介绍

公司介绍要让外人了解创业公司的基本情况，包括创业公司的成立时间、注册资金规模、人员数量及学历情况、定位、宗旨、理念、主营业务、组织架构和目标等。

（四）产品与服务

产品与服务是创业计划书描述的重要内容。创业者在描述产品与服务时，除了要将创业公司所提供产品的功能、质量、外形、尺寸、包装、服务等方面的情况描述清楚外，还要重点描述以下内容。

(1) 技术水平。创业项目如果属于技术含量高的高科技项目，技术水平的描述就十分重要。技术水平的介绍应围绕项目产品的技术水平是处于国际领先、国际先进还是国内领先、国内先进等不同的阶段陈述；如果该技术填补了国际空白或国内空白，应该尽可能描述清楚。

(2) 自主知识产权。创业项目中如果有大学生自主发明的专利或著作权，会提升创业项目的技术含量。因此，如果创业项目中拥有自主知识产权，就应该在计划书中详细介绍和描述。

(3) 产品销售服务。产品销售在项目经营中是重要环节，直接影响创业企业的运营，包括：产品的销售对象是谁，产品能否销售出去，产品销售的大客户有多少，年销售量有多少。所以，产品销售服务要在创业计划中全面描述。当然，项目产品的宣传，销售渠道的建设，产品的市场定价与定位，产品的售前、售中、售后及目标客户与潜在客户的培育等，也包括在产品与服务的内容中。

(4) 产品与服务特色。描述产品时，应该从产品的便利性、低价性、环保性、安全性、舒适性、美观性、功能性等方面进行描述。服务模式是关键内容，更是衡量创业项目质量的一个重要指标。

(5) 涉及制造类的创业项目，要详细描述原材料采购、产品设计、生产制造、检测检验、包装运输、产品销售、售后服务等不同环节。产品设计围绕产品图纸设计、制造工艺设计、加工模具设计、概念设计和工业设计等方面描述。产品生产制造可以重点围绕生产流程、生产工艺、产品检验、产品包装与交付发货等方面描述。

（五）创业团队

人员及组织结构也就是创业团队，是创业项目的核心力量，对于有效运营创业项目至关重要。所以，创业团队的描述在计划书中是重要一环，具体包括以下几个方面。

(1) 团队的学历、专业和技能情况。在介绍创业团队时，要描述清楚每个团队成员的姓名、性别、年龄、专业、学历和技能，明确谁是项目负责人、每个成员各自负责哪些工作，让组织协调、项目策划、工业设计、软件编程、信息查询、市场营销等能力强的成员各尽其才。

(2) 创业梦想和创业激情。创业梦想和创业激情是创业必不可少的。

(3) 活动情况。相比较而言，参加社会实践和社团活动的大学生，组织能力和活动能力更强。因此，每个成员是否参加过重大社会实践活动及社团活动及其情况，在介绍时应该详细描述。

(4) 团队合作与组织协调情况。创业团队成员之间的理念认同、性格磨合、工作协同都会影响创业团队的战斗力，因此在计划书中详细描述成员的合作精神和善于配合的工作态度，能更加全面地反映创业团队的整体实力。

(5) 抗挫折能力情况。创业激情强烈，不畏创业失败，且拥有坚强毅力的心理素质的人，最适合创业。因为创业绝非易事，创业过程中不仅会遇到风险，也会遇到阻力和障碍。如果在计划书中描述团队成员的抗挫折能力，就能看出这个创业团队是否能经受住创业失败的打击。

（六）市场分析

当企业要开发一种新产品或向新的市场扩展时，首先要进行市场预测。计划书中市场分析应包括以下几个方面的内容。

(1) 市场服务预测。创业项目要实现与市场结合，要围绕市场服务需求设计，就需要分析创业项目的市场空间有多大，会有哪些人购买，服务产品是否具有市场需求，会给购买服务的对象带来哪些好处等方面。

(2) 公司选址。企业计划书中要对办公地点进行充分的调研和分析。如果项目属于科技类的公司，地段应该选择科技氛围比较浓厚、能享受科技扶持政策的地段，如大学生科技园或科技孵化园；如果属于文化和设计类的公司，应该选择产业集聚的地段或商业写字楼，如文化产业基地。

(3) 分销渠道。公司要经营下去，不仅要生产出产品，更要把产品卖出去，形成销售收入。因此，要确定如何建立分销渠道，并创新销售模式。

(4) 产品价格定位。产品的市场价格的确定也很重要。价格高，产品不好卖；价格过低，公司的利润会受到影响。这就需要创业者提前对市场上类似产品的价格进行横向比较，制定对应的价格策略。

(5) 目标客户定位。产品销售一定要确定目标客户，要清楚哪些人会购买公司的产品与服务，主要可以围绕以下几个方面分析：从收入差异上，可以划分为蓝领、白领和金领；从消费差异上，可以划分为奢侈消费、高端消费、中端消费和低端消费；从受教育程度上，可以划分为初等教育、中等教育和高等教育；从性别上，可以划分为男人和女人；从年龄上，可以划分为新生儿、学龄前儿童、小学生、中学生、大学生，或老年人、60后、70后、80后、90后；等等。

(6) 市场覆盖率与占有率。创业公司要规划好产品销售到哪些地区和领域，销售的规模有多大，每年产品的地域覆盖率、市场占有率，需要多少人去拓展市场，需要投入多少资金等。

（七）市场营销策略

创业公司成立后就会面对为客户提供产品和服务的问题，这就涉及产品与服务的市场营销策略。营销过程是个循环过程，要使各部分都达到内部连贯且互为补充的目的，营销策略就要不断地修正。营销策略包括市场机构和营销渠道的选择、促销计划和广告策略、营销队伍的管理和价格决策。营销是企业经营中有挑战性的环节，影响营销策略的主要因素包括消费者的特点、产品的特性、企业自身的状况和市场环境。最终影响营销策略的是营销成本和营销效益因素。

在市场营销中，有传统的策略，如上门推销、打商品广告、向批发商和零售商让利，也有 4P、4S 等现代营销理论为创业者提供借鉴和使用。

延伸阅读

4P 营销理论 (The Marketing Theory of 4P) 产生于 20 世纪 60 年代的美国，随着营销组合理论的提出而出现。1953 年，尼尔·博登在美国市场营销学会的就职演说中创造了"市场营销组合" (Marketine Mix) 这一术语，是指市场需求或多或少地在某种程度上受到所谓"营销变量"或"营销要素"的影响，为了寻求一定的市场反应，企业要对这些要素进行有效组合，从而满足市场需求，获得最大利润。4P 分别指产品 (Product)、价格 (Price)、地点 (Place) 和促销 (Promotion)。

4S 营销理论强调从消费者需求出发，打破企业传统的市场占有率推销模式，建立起一种"消费者占有"的行销导向。企业对产品、服务、品牌不断进行定期定量以及综合消费者指数和消费者满意级度的测评与改进。4S 分别是满意 (Satisfaction)、服务 (Service)、速度 (Speed) 和诚意 (Sincerity)。

（八）风险与风险管理

创业计划书中对风险的分析和控制可以让创业者清楚地看到，创业项目的风险在哪里，风险有多大，如何规避风险和控制风险，并制订应对风险的预案。风险主要源于以下几个方面。

(1) 资金风险。创业者要认真思考资金的问题，因为有的创业项目可能需要经过很长时间才会盈利，但是自有资金又不足，会导致公司维持不下去；有的项目启动资金需求很大，但是能够募集到的资金又不多，很难保证项目的顺利开展；而创业初期，若不注意开源节流、控制成本，各方面支出很大，将造成很大的财务亏空，导致创业失败。因此，针对以上可能出现的资金风险，创业者要全面分析，并想好应对措施。

(2) 团队风险。创业公司有时也会遇到团队风险。创业公司成立前，合伙人之间的关系都不错，不存在经济利益关系，而公司成立后，彼此都是公司的股东，会存在利益和权力的直接冲突；同时，每个人的思想观念、价值观念也不尽相同，团队合作中的矛盾也会逐渐产生。为了防止合伙人离开公司，创业者要提前思考如何与合伙人之间加强交流沟通，统一思想，最终达成共识，化解利益冲突。

(3) 管理风险。新成立的公司，由于员工少，可能会出现一人多职、一人多岗的情况，可能产生工作上跨岗越位引起的冲突与矛盾，这就需要大家相互配合，并在一段时间里磨合。要使创业公司向规范化、程序化、标准化的方向发展，创业者必须使公司员工做事有章可循，特别要提前制定公司的人事制度、考勤制度、财务制度、销售制度、薪酬绩效考核制度等。

(4) 市场风险。创业者最应该重视市场风险。导致市场风险增大的有可能是国际和国内的一些突发事件。当然，市场上竞争对手太多，产品价格混乱，假冒伪劣商品增多，市场需求不足也是重大隐患。所以，要认真分析市场风险，并做好应对预案。

(5) 政策风险。政策风险是指创业项目是否与国家产业发展政策相违背，是不是属于国家限制性发展的行业或国家不支持发展的产业。创业项目如果与国家产业和环境发展精神相抵触，就要认真研究项目实施的可行性了。例如，我国一直在提倡节能减排和绿色生产，尤其是近些年雾霾加重，如果所选的创业项目将对大气造成严重污染，那么这个创业项目就有很大的政策风险。一定要尽可能规避这样的政策风险。

创业计划书的重要内容就是良好的风险管理，包括对风险投资的度量、评估和应变策略。理想的风险管理，就是一连串排好优先次序的过程，把风险相对较低的事情押后处理，把容易引起最大损失及最可能发生的事情最先处理。风险管理的内容包括公司在市场、竞争和技术方面存在的基本风险，应对风险的方法，在现有资本基础上如何扩张，在最好和最坏情形下的五年计划表现如何，公司还有哪些机会，等等。

（九）项目股权与启动资金

创业者在组建创业团队时，应该考虑股东人数和股权比例。在股权方面，要避免股东一股独大，影响决策的合理性。另一方面，股东人数不宜太多，否则会使重大决策很难决定。

创业者在创业前，要仔细核算到底需要多少创业资金，要清楚有哪些途径和渠道、能筹到多少资金，因为要实现创业梦想，必须有足够的资金。

(1) 创业资金的估算。对于大学生来说，创业项目所需的资金在几万元到几百万元不等，创业资金主要取决于创业项目在运营过程中可能会发生的资金支出，主要包括房租水电、财税费用、办公用品、办公设备、宣传印刷、人员薪酬、网络通信、生产设备、检测仪器、原材料、销售费用、交通差旅和公益费用，以及不可预见的支出等。

(2) 资金的筹措。创业者可以从以下途径尝试筹措创业资金。

① 创业团队自筹。这是创业资金筹措最容易、最常用的方法，项目合伙人根据自身能力和创业启动资金总额认购项目股份。

② 信用贷款。大学生要充分利用国家颁布的大学生创业信用贷款政策，向银行提交

相关创业资料，申请创业贷款。

③ 创新创业大赛奖金。大学生要积极参加各类大学生创新创业大赛，力争在比赛中取得好名次，获得大赛的支持奖金。此类支持奖金一般从 5000 元到 30 万元不等。

④ 天使投资。天使投资是大学生筹措创业资金的好途径。大学生可以将自己的创业计划准备好，广泛地寻找成功的企业家、自然投资人以及机构等天使投资，争取获得创业资金支持。

⑤ 风险投资。大学生要想获得风险投资并不容易，因为这要求创业项目不仅要有完善的创业计划和优势互补的创业团队，还要有很好的商业模式。

（十）项目财务分析

财务分析能通过财务数据完善生产管理，控制成本支出，规避财务风险，也能帮助创业者通过梳理财务指标来审视创业项目的投入与产出。而且，财务分析能让投资人清楚地看到创业项目的关键财务指标情况，以此判断是否值得投资。因此，创业项目的财务分析在创业计划书中特别重要。创业者要尽可能填好资产负债表、现金流量表和利润表这三张最为重要的财务报表。在进行创业项目的财务分析时，应该将项目的投资总额、产品的年销售额、产品销售的毛利率、年净利润、投资回收率、内部收益率等财务指标描述清楚。

（十一）三年发展规划

制订公司的中长期计划，明确企业的功能定位、规划公司发展前景，对于企业的发展非常重要。据统计资料分析，三年是新公司成败的关键节点。因此，创业公司要确立和完善公司的规章制度，做好公司发展的整体规划。创业者可以根据不同的科目内容，按照年度设定预期完成任务。公司三年发展规划可参照表 8-1 设计。

表 8-1　公司三年发展规划

序 号	科 目 名 称	第一年	第二年	第三年
1	产品研发品种			
2	申请专利数量			
3	产品生产数量			
4	产品销售额			
5	产品销售数量			
6	产品利税			
7	产品货款回款额			
8	库存率			
9	废品率			
10	市场覆盖率			
11	市场占有率			
12	质量管理体系建设			

 拓展训练

说出你的创业计划

活动目的：

能提出可行性较强的创业计划。

活动背景：

王梅是电子商务专业的学生，是新疆人。王梅到学校附近的超市看了一下，发现超市的新疆特产品种比较少，品质参差不齐，而且价格比较贵，但是新疆特产市场需求量大。想到家乡的特产，顿时有了创业想法。

活动内容：

如果是你要开一家新疆特产店，你会提出什么样的创业计划？请你先运用所学理论知识，想出尽可能多的创业计划内容，然后运用市场调研的方法，对你的计划进行论证。

活动检测：

活动结束后，教师可根据表8-2进行评分。

表8-2　活动评价表

评价项目	评分标准	分值	实际得分	备注
创业团队	团队成员能力突出，分工明确、合理	20		
产品与服务	产品形态设计合理，销售渠道规划合理	20		
市场分析	市场调研分析有结论	20		
财务分析	启动资金落实到位，股权分配合理	20		
风险管理	风险分析到位，控制合理	20		
总分		100		

 第二节　创业计划的制订

 名人语录

没有一个计划模型而贸然创业是十分危险的。

——田溯宁

对于众多创业者来说，创业计划书是进行融资的必备文件。随着创业融资程序的日益规范，创业计划书更是成为投资公司进行项目审批的正式文件之一。因此，撰写一份高质量的创业计划书是每一个创业者都必须掌握的技能。

在进行下面的学习之前，请思考以下问题：

(1) 创业计划书包括哪几部分内容？

(2) 如何写出一份高质量的创业计划书？

一、制订创业计划的步骤

第一阶段：创业构思

创业构思包括产品定位和环境分析。

(1) 产品定位。好的创业构思建立在市场需求和产品开发上，而好企业建立在好的构思上。在创业前，创业者要给自己的产品或服务一个明确目标定位，分析市场的需求，清楚目标客户、需求类型、行业态势和市场特征，并根据实际设计开发出新产品或服务，从而把握住市场的发展趋势。

(2) 环境分析。创业环境包括微观环境、中观环境和宏观环境。微观环境就是直接制约和影响企业活动的力量和因素，主要包括供应商、顾客、竞争者、企业内部门和社会公众。中观环境是企业所属的行业状态，主要包括行业环境、业务环境和地域环境。创业者根据中观环境状态变化获知机遇和挑战，对创业进行战略部署。宏观环境是指能对企业活动产生强制性、不可控性和不确定性影响的因素，如法律、政治、科技、人文和自然环境。企业对于宏观环境，只能适应，并通过关注宏观环境的变化把握社会发展的趋势，从中获得商机。

第二阶段：市场调研

市场调研是创业构思不可或缺的部分，指运用科学的方法，收集、整理和分析创业的信息和资料。要了解适应环境并满足顾客要求的商机，就必须对商场进行彻底的调查，才能准确把握市场的脉搏。市场调研需要创业者站在消费者的角度思考和分析顾客的需求，并把所得信息与未来的企业相结合，对自己的产品或服务进行调整，尽可能满足社会和顾客的需求。创业者的调研方式可以是在线调查或问卷调查，最终的目标是了解企业的产品或服务是否能满足市场需求，是否能给创业者带来利润。

第三阶段：起草大纲

经过环境分析和市场调研，创业者就可以开始起草创业计划的大纲了。大纲框架搭建得越详细，投资者就越能清楚了解创业者的意图，越能让创业者仔细思考创业的过程。一份比较完整的计划大纲主要包括 9 个方面的内容：企业介绍、产品或服务介绍、商业模式、管理团队介绍、营销策略、市场分析及风险管理、发展规划、财务规划、融资需求及资金用途。

第四阶段：起草计划

计划书应以计划大纲为蓝本编写。

(1) 对大纲进行详细的扩充和延伸。让读者了解创业者创建的是什么样的企业，为社会和顾客提供的是什么样的产品和服务，创业者是一个什么样的团队，用什么策略取得创业成功等。计划书中的摘要是对计划书进行的浓缩，一般要让投资者在 5 分钟内获得商业信息，篇幅大概为 3 页 A4 纸。

(2) 演示文稿。创业计划书的另一种形式是 PPT 形式的演示文稿，在一个小时左右的时间内，把创业计划展示给潜在的投资者，吸引投资人投资。在演讲的过程中，创业者的演讲水平成为投资者进一步了解创业者的创新思维、灵活应变和表达能力的机会。

(3) 完整版创业计划书。如果投资者对创业者的项目感兴趣，就会对产品销售的特性、商业模式、竞争对手和财务预测及消费市场等进行深入的了解。

(4) 未来几年的财务预测。财务预测是根据财务活动的历史资料，考虑现实的要求和条件，对企业未来的财务活动和财务成果进行的预计和测算。它是创业者经营决策的重要依据，也是合理安排收支、提高资金使用效益和企业管理水平的重要手段。展现未来三年或五年的预期销售收入、利润、资产回报率等财务预测数据，能给予投资者和创业者更多信心。

第五阶段：审核更新计划

由于市场、环境是不断变动的，所以创业者经常要对创业计划进行检查更新，确保计划的完备性和时效性。

二、制订创业计划的注意事项

创业发起人能否找到合作伙伴、获得政策支持和获得资金，往往取决于创业计划书的质量。为了确保创业计划书能够得到投资者的充分关注，计划书的编制要注意以下事项。

(1) 执行摘要，突出重点。在创业计划书中要有执行项目摘要，因为摘要部分是投资者首先看的内容，因此，要对创业计划进行高度的浓缩，让投资者对即将投资的公司的基本情况、组织结构、管理队伍、产品或服务的竞争优势、营销和财务战略，以及竞争对手等细节有清楚的了解。这就需要摘要做到简明生动、突出重点、逻辑思路清晰、证据确实充分，让读者能看到项目具备一定的优势，且能明白需要的帮助和支持的方向。

(2) 知己知彼，战胜对手。"商场如战场"，在创业计划书中，创业者要做到知己知彼，这就需要创业者分析竞争对手的情况，了解竞争对手的服务、产品与自己的相比有哪些相同点和不同点，他们的营销策略是什么，他们的销售额、毛利润、销售量、市场占有率分别是多少，再清楚认识本企业相对于每个竞争对手的优势，并向投资者展示顾客选择本企业产品或服务的原因，企业将采取何种方法战胜竞争对手。具有可行性和竞争实力的计划书，才能让投资者敢于投资。

(3) 分析市场，注重细节。创业计划书不仅要细致分析市场、经济、职业、地理和心理等因素对消费者选择购买本企业产品的影响，以及各个因素所起的作用，而且要给投资者提供企业对目标市场的深入分析和理解。计划书也要注重销售中的一些细节：企业的销售战略，是使用销售代表或内部职员，还是由转卖商、分销商，或者特许商销售；主要的营销计划；开展广告、促销以及公共关系活动的地区；每个活动的预算和收益等。

(4) 变换角度，明确重点。创业者要依照目标，站在读者的角度，确定计划书的重点。因为不同的读者，对于计划书的重点有不同的理解。例如，站在潜在投资者的角度，就要突出创业的美好未来、管理团队和创业行动的方针这三个方面。

撰写摘要时应回答的关键问题

鉴于摘要在创业计划书中的重要地位，在撰写摘要时一定要简明生动、精练贴切，以便投资者发现其中的闪光点。一般来讲，撰写摘要时应回答下列关键问题。

● 第一组问题

你的创意由来和存在的理由是什么？你的理念是什么？

你能准确客观地描述你的目标市场吗？

你了解它们吗？你能给你的目标客户带来什么价值？他们为什么接受？

你预计市场占有份额和增长率会是多少？

你最大的竞争者是谁？你将如何应对？你需要多少投资？

● 第二组问题

你预计需要多少资金？怎么安排这些资金？

销售额、成本及利润情况如何？你会使用何种分销渠道？

你的核心能力是什么？

在什么时候达到盈亏平衡点？

你有专利吗？如何保护它？

● 第三组问题

你的团队能胜任这一项目吗？为什么？

你将如何为团队成员分工？

你有行动时间安排表吗？为什么你是创业带头人？你能胜任吗？

撰写营销策略时应回答的关键问题

● **第一组问题**

产品的出厂价格是多少？

产品最终的销售价格是多少？你能控制最终价格吗？产品定价的依据是什么？

在产品的定价中，利润占多少？产品的定价合理吗？为什么？

产品的定价和营销策略是一致的吗？如何应对市场价格乱象？

● **第二组问题**

目标客户中，哪些是最容易入手的？

你有多少条销售渠道？各销售渠道的情况如何？在哪里可以买到你的产品？

你会通过哪些分销渠道来分别接近哪些目标客户？你将如何让目标客户注意到你的产品？你将如何与目标客户进行沟通？

你有一个能够聆听顾客心声的渠道吗？你将如何争取第一批客户？

如何抢在竞争对手之前迅速占领市场？你是如何控制渠道的？

你会如何管理一线推销员？你有广告计划吗？

● **第三组问题**

一线推销员是如何展现企业形象的？

广告内容和企业理念是一致的吗？

产品设计反映了客户价值吗？

三、撰写创业计划书的要求

创业计划书编写的目的是为创业融资、宣传提供依据，同时作为创业实施的规划方案，创业计划书的编写除要尽可能地展现创业项目的前景及收益水平外，还要展现出创业项目的可实现性。

(1) 简洁完整，突出重点。为了让读者了解创业的过程，创业计划书要对创业的目的、过程、预期结果进行描述。同时，为了引起投资者的兴趣，还要注重行文的简洁和实效，突出重点，显示出独特优势及竞争力。

(2) 语言通畅，表述精确。计划书的写作是为了让读者获知计划书所表述的内容，因此，无须用华丽的辞藻对内容进行过度美化。比如，在财务分析时，尽量用形象直观的图表进行描述。

(3) 数据翔实，尊重事实。计划书中的数据，应该基于前期认真的市场调研和分析，由财务专业人士协助完成。这样才不至于高估市场需求和创业成功率，忽视竞争威胁和重大风险，也让投资者降低或丧失信任。

(4) 保护产权，以防泄密。知识产权是企业的生命，要注重对知识产权的保护，把最核心的技术用专利保护起来。在编写计划书时不要将核心技术描述得过于详细，实在无法回避或必须展示核心技术产品时，要和阅读计划书的投资者签署保密协议，以防商业机密泄露造成不可挽回的损失。

(5) 团队合作，优势互补。投资者很关注人才，因此，计划书中要详细介绍创业团队中核心人物的技术和能力，以及团队成员间的互补优势，这样才能获得投资者的青睐。

四、创业计划书的审查

"文章不厌千回改"，创业计划书也不例外。初稿写好后，需要进行详细的审查，并对一些重要的内容进行核实。审核主要注意以下几个方面。

1. 格式检查

创业计划书的形式和格式各有不同，但要素和大纲大同小异。不管是用于商业融资还是用于创业大赛的计划书，都有一定的商业价值，所以，从创业计划书的封面开始，就要严格遵守规范和要求。检查时，主要考察计划内容整体表述是否条理清晰、重点突出，专业语言的运用是否准确和适度，相关数据是否科学、翔实，是否容易被投资者领会。

2. 文字检查

创业计划书是创业者对创业意图完整的表达，是对未来美好蓝图的勾勒，所以，计划书中的字句、文法和标点要十分准确。逻辑层次要分明，段落要清晰，所用词语要简单准确。此外，可适量用图表来形象说明问题。

3. 内容检查

内容检查主要分为两个层次，第一是整体检查，第二是重点检查。创业者要在整体检查的基础上进行重点检查，完成重点检查并进行修改后，才能重新进行整体检查，最终定稿。内容检查一般包括：

(1) 计划书摘要。由于投资者一般会选择浏览计划书摘要，以求快速获得所需要的信息。所以，摘要要突出重点且简明扼要，以阐明创业者的思路并具有吸引力和说服力为目的。审核时主要考察的是摘要是否简明、扼要，是否具有鲜明特色。摘要部分重点包括对公司及产品或服务的介绍、市场调研、企业管理、创业团队的特殊性和优势、财务预测、企业发展目标等。

(2) 管理经验。创业者在创业时，实践能力有所不足，企业要有好的发展，必须进行正规的经营管理，才能吸引并获得投资。正是因为缺乏管理公司的实践能力，计划书中要明确说明公司已经聘请专业人士来管理。审核时主要考察：管理层成员教育和工作背景、经验、能力和专长，曾有的商业战绩，创业者管理公司的才能；经营团队是否有诚信，企业文化是否以诚信为基础。计划书中还要明确公司营销、财务、行政、生产、技术团队等管理分工和互补情况，公司的领导层成员、创业顾问、主要投资人的持股情况和公司的组织结构情况。

（3）市场分析。创业者要在计划书中展示对市场的认真分析，目的是让投资者认识到市场需求是真实的，有发展的潜力。审核时主要考察：市场调查和分析是否严谨科学，是否对市场容量与趋势、市场变化趋势及潜力、细分目标市场及客户进行详细描述，从而估计市场份额和销售额。这就要摸清市场竞争状况，对现有和潜在的竞争者进行分析，也要对替代品竞争及行业内原有竞争进行分析，包括市场定位、全盘战略及各阶段的目标等。总结本企业的竞争优势并研究战胜竞争对手的方案，并对主要的竞争对手和市场驱动力进行适当分析。

（4）产品或服务。投资者关注的是创业者提供的产品或服务，因为他们接受的是满足市场需求的产品或服务。审核时主要考察：产品或服务技术含金量及创新程度，是否适应市场的需求，能否满足关键用户的需求，能否实现产业化；专利权、著作权、政府批文和鉴定材料等是否完备。另外，产品或服务应具有未来发展趋势，但不可过分超前于市场，否则易导致无法被接受。

（5）财务预测。财务预测是财务管理的主要环节，计划书应该显示企业有应对风险和偿还债务的能力，也相当于给预期的投资者提供一份完整的财务分析。审核时主要考察：前两年财务月报、后三年财务年报，固定成本和变动成本、营业收入和营业支出、现金流量、盈利能力和持久性等，数据是否能反映出公司的财务绩效，数据是否是基于对经营状况和未来发展的正确估计。

（6）关于营销。市场营销是将产品及服务从创业者直接引向消费者或使用者以满足顾客需求并实现公司利润，是创造、沟通与传送价值给顾客，经营顾客关系，以便让组织与其利益关系人受益的一种组织功能与程序。审核时主要考察：能否保持并提高市场占有率，把握企业的总体进度；对收入、盈亏平衡点、现金流量、市场份额、产品开发、主要合作伙伴和融资等重要事件是否有所安排；是否有新颖而富于吸引力的促销方式以及通畅的营销渠道。

风险投资最喜爱的商业计划书

风险投资公司每天从各种渠道收到的商业计划书很多，但每天能用来看商业计划书的时间是有限的。所以第一次给投资人的商业计划书，最好用 PPT 展示。一方面，PPT 图文排版更方便、表现更丰富，方便讲清楚创业项目；另一方面，PPT 一般是按页查看，让人更有耐心去了解。其内容控制在 20 页左右，但不要刻意控制页数，要把每页内容说清楚。

● 第一部分（2～3 页）：What——讲清楚自己要做什么

用 2～3 页 PPT 讲清楚自己准备干一件什么事。不要整页 PPT 都是大段文字，应该用一两句话将自己要做的事说清楚。最好能配上简单的图，让人对项目一目了然。这里核心是要突出专注，表明自己就想做一件事，而且就想解决这件事中的某一个关键问题。不要追求大而全，也不要产业链太长。

● 第二部分 (4～6 页)：Why now——行业背景、市场现状

用 4～6 页 PPT 讲清楚行业背景、市场发展趋势、市场空间。要说明自己在正确的时间做正确的事，要描述在目前的市场背景下，抓住一个用户的痛点或者为用户带来更高性价比的产品或服务。尽量列出与竞争对手的对比分析，表明当前的商业机会。

● 第三部分 (5～10 页)：How——如何做，以及现状

用 5～10 页 PPT 讲清楚商业模式实现的具体方案，包括产品的研发、生产、市场、销售策略。

● 第四部分 (2～3 页)：Who——你的团队

用 2～3 页 PPT 讲清楚团队的股份和分工。团队要有合理分工，需要介绍团队主要成员的背景和特长。强调个人的能力适合该岗位，团队的组合适合创业项目。

● 第五部分 (1～2 页)：Why you——优势

用 1～2 页 PPT 讲清楚自己的项目和团队优势。"事为先，人为重"，让投资人相信自己的项目非常有前途，而且自身团队很适合这个项目。回答好两个问题：① 为什么是我在做这个项目？② 为什么能做成功？

● 第六部分 (2～3 页)：How much——财务预测与融资计划

用 2～3 页 PPT 讲清楚前三年的财务情况，以及后三年的财务预测。基期项目的盈利不重要，投资人主要对高增长性感兴趣。表明自己的融资计划，说明需要多少资金，准备稀释多少股份。

拓展训练

确定创业项目，并编写创业计划书，具体实施步骤如下：

(1) 每 5～8 人为一组，选出一名小组长。以小组为单位，寻找与自己所学专业相关的创业项目，或者从日常生活中寻找创业项目。组长负责创业项目的最终确定。

(2) 从网上搜索几篇优秀的创业计划书作为参考。

(3) 各小组成员讨论创业计划书的基本结构与目录，由组长敲定。

(4) 组长分配撰写任务，每个成员编写创业计划书的一部分或几部分，最后由组长进行统稿并修改。

(5) 创业计划书完成后，各组成员可以交换阅读，并指出对方的优点及不足之处，以相互促进。

活动结束后，教师可根据表 8-3 进行评分，并评选出表现最优秀的一组。

表 8-3　评 分 标 准

评 分 标 准	分 值	实际得分	备 注
所选创业项目具有可行性	20		
所选的创业计划书具有可参考性	20		
小组成员分工合理、明确	20		
编写过程中能积极探讨，各成员能虚心听取他人的建议	20		
定稿的创业计划书结构完整、内容丰富、条理清晰	20		
总分	100		

第九章

创新大赛路演

 ## 自我思考

创新创业大赛通过提供创业机会和竞技平台，激发参赛者的创新思维和创业激情，同时为参赛者提供一个实践创业的机会。创新创业大赛通常由政府、企业、投资机构和高校等多方合作举办，形成了一个创业生态系统和资源网络。创新创业大赛有助于推动和培育创新创业文化，有助于鼓励创新、创业和创造就业机会。优秀的创业项目和企业有望为经济发展带来新的动力和增长点，推动产业升级和技术创新。

想一想：大学生可以参加哪些创新创业大赛？参加创新创业大赛有哪些注意事项？参加创新创业大赛需要做哪些准备？在项目路演中如何呈现创业计划？如何开发一个生动有趣的项目路演来呈现你的创业计划？

 ## 学习目标

◎ 知识目标

1. 了解创新创业大赛的背景及意义。

2. 了解创新创业大赛的种类和特点。

3. 了解大赛项目路演的方式方法和注意事项。

◎ 能力目标

1. 掌握参加创新创业大赛的各项要求。

2. 掌握创新创业大赛的路演技巧。

◎ 素质目标

1. 树立服务社会意识，响应国家战略，积极投身社区治理、家乡建设。

2. 学习建党精神，发扬创新精神，立志为实现中华民族伟大复兴的中国梦做贡献。

第五届中国"互联网＋"大学生创新创业大赛金奖负责人的获奖感言

尊敬的各位领导、各位媒体朋友，大家上午好！很荣幸今天能够在这里和大家分享我的参赛感受和心路历程。

岁月不居，时节如流，我们迎来了第六届中国国际"互联网＋"大学生创新创业大赛。参赛项目和学生规模再创新高，更全面、更国际、更中国、更教育、更创新。"我敢闯，我会创"的旋律在耳畔再次萦绕，伴随着"海远浪狂，天高云险，我们是无所畏惧的勇仔"，思绪不觉就来到了一年前。

既然选择了远方，何畏风雨兼程。去年4月受学校召唤，作为校友参赛，肩负着清华的重托，小伙伴殷切的期盼。一路从校赛、市赛到国赛，半年时间，无数次的模拟与改进，让内在夯实、外在升华，每一次都不容有失的路演，让抗压能力得到充分的锻炼。参赛，颠覆了我作为一名工科生对创业路演的既定认知。之前路演，我基本是按博士答辩来汇报，一路理论推演下来，自己很投入，但投资人、市场听不懂。所以，第一个要突破的就是表达，用慷慨但通俗的语言讲出理论的奥妙、科技的创新。第二个要突破的就是在错综复杂中提炼主线。我有一段时间很苦恼，因材料的修改，大家各执一言，都有道理，但无从下手。这个时候，导师一句看似很朴素的话，让我走出困境。导师说你要能从错综复杂中找到要点，并凝练成你的一家之言，你的境界就提升了。就这样，我让自己更平静、更自信地去面对矛盾、处理矛盾。第三个要突破的就是口音，这个难度是非常大的，我是山西人，上大学之前一直在县城，前鼻音后鼻音、平舌卷舌不分，并且一着急，发音更混乱。没办法，练吧！创业不仅要技术过硬，人也得过硬。有那么一个多月，每天早上起来第一件事就是边做俯卧撑、仰卧起坐，边练发音。高强度下发音要是没问题了，自然状态下肯定更没问题。果不其然，效果显著。克服了三大困难，我信心满满地来到了国赛舞台。那时第一次听主题曲"我敢闯我会创"，感觉写得太好了，写出了我们的心声。经过半年的备赛，我们对创新创业有了更加深刻的认识。

创新是突破常规，创业需要突破自我。终于在国赛大舞台，汗水与泪水浇筑的创业之花结出了果实，激动难以言表；创业第一次以如此奔放、如此扣人心弦、沁人心脾的美丽，震慑人心，让灵魂入迷。

敢闯会创，勇立潮头。互联网＋大赛，让我们从大学生创业蜕变为真正的创客。与全世界优秀团队的同台竞技，让我们更加自信。与最优秀投资人的对接，让我们更加务实。荣誉让我们更知不忘初心的重要性，大赛平台让我们站得更高、走得更远。

撸起袖子加油干！在创业的日子里，不知道什么是苦、什么是甜，只知道确定了便义无反顾，要输就输给追求，要嫁就嫁给幸福，"千难万险都不管"，"我们是勇仔，海阔天空美少年；我们是勇仔，新世纪的新一代"。春华秋实，我们迎来新的一届大赛，愿各个团队赛出水平，赛出风采，愿第六届大赛圆满成功。谢谢大家！

（资料来源：中华人民共和国教育部政府门户网站）

第一节　创新创业大赛

名人语录

一个人想做点事业，非得走自己的路。要开创新路子，最关键的是你会不会自己提出问题，能正确地提出问题就是迈开了创新的第一步。

——李政道

每一天创新一点点，是在走向领先。每一天多做一点点，是在走向丰收。每一天进步一点点，是在走向胜利。

——邹金宏

问题导入

通过对创新创业大赛的研究学习，大学生可以全面了解各类大赛的背景、条件、流程和评审要求，同时可以从成功案例和经验分享中获得启发和指导，为自己参赛做好充分的准备。

在进行下面的学习之前，请思考下列问题：

(1) 大学生参加创新创业大赛的价值是什么？创新创业大赛实践意义有哪些？

(2) 大学生可以参加哪些创新创业大赛呢？

(3) 不同类别的创新创业大赛有什么区别和特点？

一、创新创业大赛的背景

创新创业大赛是针对创新创业活动开展的竞争性比赛活动。这类比赛种类众多，针对大学生的创新创业竞赛项目也有不少，其中规模最大、影响最广泛的有中国创新创业大赛、中国"互联网＋"大学生创新创业大赛等。

中国创新创业大赛是由科技部、财政部、教育部、国家网信办和中华全国工商业联合会共同举办的一项以"科技创新，成就大业"为主题的全国性创业比赛。大赛秉承"政府引导、公益支持、市场机制"的办赛理念，既有效发挥了政府的统筹引导能力，又最大化激发了市场活力。

为落实党中央、国务院提出的"大众创业、万众创新"的重大部署，深入实施创新驱动发展战略，中国创新创业大赛聚集和整合各种创新创业资源，引导社会各界力量支持创新创业，搭建服务创新创业的平台，弘扬创新创业文化，激发全民创新创业的热情，掀起创新创业的热潮，打造推动经济发展和转型升级的强劲引擎。

（一）弘扬文化，营造氛围

充分利用各种媒体，宣传创新创业人物、事迹和精神，树立创新创业品牌，让更多的人了解和参与创新创业，激发全民创新创业的热情，引领创新创业文化的形成，营造良好的创新创业氛围。

（二）搭建平台，服务企业

聚集和整合人才、技术、资本、市场等各种创新创业要素，提供辅导培训、金融投资、技术转移、展览展示、市场对接等各类服务，加速中小微企业的成长，打造全国最强的"众扶"机制。

（三）创新方式，促进改革

探索以创投专家为评委、以市场化方式进行项目评审的新途径，建立便于媒体和社会监督的，公正、公开、公平的筛选方式，促进科技计划管理体制改革和财政资金支持方式的创新。

二、举办创新创业大赛的意义

（一）搭建创新创业素质训练平台，培育大学生创新创业精神

1. 以科技竞赛为抓手，培养大学生科技创新与创业意识

课外科技作品竞赛是高校共青团开展创新创业教育的立足点，也是培养大学生创业兴趣的有效途径，并在工作实践中形成了体系。例如，南通大学逐步形成了"3＋3＋X"的多级竞赛体系。第一个"3"是指"挑战杯"全国大学生课外学术科技作品竞赛、"挑战杯"中国大学生创业计划大赛、青年创意创业计划大赛3个在全国影响较大且具有普遍意义的科技创新创业类竞赛；第二个"3"是指南通大学课外学术科技作品竞赛、大学生创业计划竞赛、校园营销精英挑战赛；"X"是指除上述主要竞赛以外，有选择性参加的竞赛，如电子设计竞赛、电子商务竞赛等不具有普遍意义的竞赛。举办此类竞赛可推动学生参与科研活动，培养大学生创新创业的兴趣，增强青年学生的创业主动性。

2. 以社会实践为依托，激发青年大学生的创新创业热情

共青团通过组织暑期、寒假社会实践活动，坚持把大学生社会实践与创新创业教育紧密结合，力争在实践中不断激发青年学生的创新创业热情，强化创业内驱力。在高年级团员青年中开展以"学业、就业、创业、事业"为主题的大学生社会实践主题活动，进行有

目的、有计划的创新创业培训，锻炼其执行能力，提升综合素质，为他们将来有效地进行创新创业打下坚实的基础。

3. 以勤工助学为纽带，提升在校大学生的创新创业动力

随着高校勤工助学的不断发展，越来越多的大学生开始从事经营型、管理型勤工助学工作，甚至有部分同学从事科研型勤工助学工作，创办勤工助学企业，提前走上自主创业的道路。参与勤工助学实践活动是培养创新精神和提升创业动力的一条重要途径。大学生通过参与"智力型""管理型""经营型""服务型"等各种类型的勤工助学活动，运用自己的聪明才智和知识能力，不断推陈出新，创造性地解决工作中的各种问题，敢于和愿意承担风险，尝试做一些具有创新性的事情，感受创业的艰难和快乐，将使创新创业意识在这个过程中在不知不觉地得到培养，创新动力在不断的实践中得到增强。

（二）完善创新创业教育服务体系，提高大学生创新创业的能力

1. 建立一支创新创业教育导师团，加强对青年学生创新创业实践活动的指导

一方面，通过集中培训，使教师了解创业教育，具备创业教育的基本知识；另一方面，在一些理论与实践结合密切的学科中，通过开展"产、学、研一体化"活动，让教师深入高新技术企业，体验创业过程，积攒创业案例，丰富创业教学经验。高校在政策上鼓励有能力的教师进行创业，成就一批创业者兼学者，同时在政策上吸引成功的创业者成为高校教师。在师资队伍的结构上，主动吸纳社会优秀青年企业家、青年创业成功人士、成功的企业家作为兼职教师给学生开设课程，这样既弥补了高校创业教育教师数量的不足，也实现了创业教师个性、能力、学识和经验的互补，优化了师资结构。

2. 建设一批创新创业实训基地，培养大学生创新创业实战技能

实施创新创业教育还要增加投入和改善软硬环境，组建创新创业教育实践训练基地。第一，学校主动与企业合作，通过走产学研相结合的道路，以校企联合的模式，创立大学生创新创业教育实践训练基地，实行"真项目、真操作、真环境"的见习模式，使学生的创新创业活动与企业之间形成良好的互动。第二，牵头建立创新创业基金会、创新创业协会等组织机构，为大学生提供创新创业的实战演习场所，以项目化的运作手段，保证学生实践训练活动的开展，促进大学生与创业企业、创业者建立互动关系，体验创业过程，开展创业实践，提升创业企业的运行管理能力。第三，通过其他形式多样、丰富多彩的创新创业实践活动，推动学生参与科研，为学生提供创新创业的实践平台，提高他们的创新创业能力，为将来的创新创业积累有益经验。

3. 培育一群青年创新创业典型，打造创新创业的领军人物

完善创新创业激励和扶持机制，积极筹措资金，通过"青年成才发展基金"、小额担保贷款等渠道，健全大学生创新创业的促动机制，促进学生的职业自立，塑造大学生的创新创业理念，推动大学生创新创业实践活动向纵深发展，培育出一批创新创业的领军人物，

逐步提升大学生整体创新创业水平。

参赛经历成为大学生抹不掉的珍贵记忆

中国高等教育学会 2019 年发布 2014—2018 年中国高校创新人才培养暨学科竞赛评估结果。在"2018 年全国普通高校竞赛排行结果（本科）"榜单中，武汉理工大学以获得 119 次奖项、总分 100 分的成绩，位列全国第一。

● 整合资源塑造科创体系"硬环境"

为了给学生打造良好的科创"硬环境"，让有创新想法的同学能够跨学科组合，学校将材料复合新技术国家重点实验室等 34 个国家级和省部级科研基地，以及 3 个省部级协同创新中心，面向全校学生开放。校院各级团委牵头打造了 100 多个创新团队和兴趣小组，畅通学生开展科创活动的"大门"。

● 赛事引领培育校园科创"沃土"

学校充分连接行业、校友等校内外资源，每年举办 100 余场次、1.5 万余人次参与的校院两级"博学科普讲堂""优秀学子报告会"等系列科普教育活动，结合学院学科特色打造"一院一品一特色"，材料文化节、航海文化节、汽车文化节等都是特色鲜明且深受学生喜爱的科技文化节。

在此基础上，学校梳理搭建了"院级—校级—省部级—国家级"四级创新创业竞技平台，完善"竞赛奖金鼓励＋奖学金奖励＋竞技保研激励"政策保障体系。同时，每年开展院士报告、理工大讲堂、特色学科讲座和优秀学子沙龙等教育活动，校园科技创新文化氛围逐步形成。

● 科创驱动打造创业实践"摇篮"

以科技文化为载体，连接校内外资源所构建的科技创新创业育人效应逐渐凸显。依托学院实验室、科研基地、科技创新基地，学校建设具有学科和专业特色的创客空间，针对创业团队和初创企业发展不同阶段的需求，打造"创新创业园—孵化器—发展加速器"三级连接创新创业教育实践平台，为以创新为基础的创业实践提供了有力保障。

（资料来源：《中国青年报》）

三、创新创业大赛的种类及特点

（一）中国国际"互联网＋"大学生创新创业大赛

21 世纪以来，面对新形势，中国将创新驱动发展作为解决发展问题的优先战略，将创新创业人才培养作为推动国家发展、民族振兴的重要支撑。2015 年，国务院办公厅出台了《关于深化高等学校创新创业教育改革的实施意见》，明确提出要"把深化高校创新创业教育改革作为推进高等教育综合改革的突破口"。

中国国家"互联网+"大学生创新创业大赛自2015年开始创办，是全国规格最高、知名度最大、覆盖院校最广、申报项目种类最多、参与学生最多、国家重视度最高的大学生创新创业大赛。

1. 大赛赛事背景

2017年8月，习近平总书记亲自给参加第三届"互联网+"大赛"青年红色筑梦之旅"的大学生回信。信中写道："实现全面建成小康社会奋斗目标，实现社会主义现代化，实现中华民族伟大复兴，需要一批又一批德才兼备的有为人才为之奋斗。艰难困苦，玉汝于成。今天，我们比历史上任何时期都更接近实现中华民族伟大复兴的光辉目标。祖国的青年一代有理想、有追求、有担当，实现中华民族伟大复兴就有源源不断的青春力量。希望你们扎根中国大地了解国情民情，在创新创业中增长智慧才干，在艰苦奋斗中锤炼意志品质，在亿万人民为实现中国梦而进行的伟大奋斗中实现人生价值，用青春书写无愧于时代、无愧于历史的华彩篇章。"

中国"互联网+"大学生创新创业大赛，紧扣国家发展战略，是促进学生全面发展的重要平台，也是推动产学研用结合的关键纽带。教育部门和广大教育工作者要认真贯彻国家决策部署，积极开展教学改革探索，把创新创业教育融入人才培养，切实增强学生的创业意识、创新精神和创造能力，厚植大众创业、万众创新土壤，为建设创新型国家提供源源不断的人才智力支撑。

自2015年创办以来，中国国际"互联网+"大赛已成为覆盖全国所有高校、面向全体大学生的影响最大的高校双创盛会，极大地激发了大学生创新创业热情，释放出"青年+创新创业"的无穷力量，参赛覆盖面愈发广泛。据教育部统计，大赛自创办以来，前五届累计有近千万名大学生、230万个大学生团队参赛，培养了一大批有理想、有本领、有担当的源源不断的青春力量。

大赛受到国内外媒体的高度关注。每年大赛国赛期间，中央电视台、《人民日报》、新华社等超过几十家权威主流媒体和网络媒体纷纷将目光聚焦于此，形成了百余篇图文视频报道，影响力深远。

2. 大赛目标

中国"互联网+"大学生创新创业大赛的主要目标包括以下几个方面：

(1) 以赛促教，探索人才培养新途径。全面推进高校课程思政建设，深入推进新工科、新医科、新农科、新文科建设，不断深化创新创业教育改革，引领各类学校人才培养范式深刻变革，形成新的人才培养质量观和质量标准，切实提高学生的创新精神、创业意识和创新创业能力。

(2) 以赛促学，培养创新创业生力军。服务构建新发展格局和高水平自立自强，激发学生的创造力，激励广大青年扎根中国大地了解国情民情，在创新创业中增长智慧才干，坚定执着追理想，实事求是闯新路，把激昂的青春梦融入伟大的中国梦，努力成长为德才兼备的有为人才。

(3) 以赛促创，搭建产教融合新平台。把教育融入经济社会发展，推动成果转化和产学研用融合，促进教育链、人才链与产业链、创新链有机衔接，以创新引领创业、以创业带动就业，推动形成高校毕业生更高质量创业就业的新局面。

3. 大赛参赛要求

(1) 参赛项目能够紧密结合经济社会各领域现实需求，充分体现高校在新工科、新医科、新农科、新文科建设方面取得的成果，培育新产品、新服务、新业态、新模式，促进制造业、农业、卫生、能源、环保、战略性新兴产业等产业转型升级，促进数字技术与教育、医疗、交通、金融、消费生活、文化传播等深度融合 (各赛道参赛项目类型详见附件)。

(2) 参赛项目应弘扬正能量，践行社会主义核心价值观，真实、健康、合法。不得含有任何违反《中华人民共和国宪法》及其他法律法规的内容。所涉及的发明创造、专利技术、资源等必须拥有清晰合法的知识产权或物权。如有抄袭盗用他人成果、提供虚假材料等违反相关法律法规和违背大赛精神的行为，一经发现即刻丧失参赛资格、所获奖项等相关权利，并自负一切法律责任。

(3) 参赛项目只能选择一个符合要求的赛道报名参赛，根据参赛团队负责人的学籍或学历确定参赛团队所代表的参赛学校，且代表的参赛学校具有唯一性。参赛团队须在报名系统中将项目所涉及的材料按时如实填写提交。已获本大赛往届总决赛各赛道金奖和银奖的项目，不可报名参加本届大赛。

(4) 参赛人员 (不含产业命题赛道参赛项目成员中的教师) 年龄不超过 35 岁。

(5) 各省级教育行政部门及各有关学校要严格开展参赛项目审查工作，确保参赛项目的合规性和真实性。审查主要包括参赛资格以及项目所涉及的科技成果、知识产权、财务状况、运营、荣誉奖项等方面。

4. 参赛组别

1) 职教赛道

(1) 参赛项目类型。

① 创新类：以技术、工艺或商业模式创新为核心优势；

② 商业类：以商业运营潜力或实效为核心优势；

③ 工匠类：以体现敬业、精益、专注、创新为内涵的工匠精神为核心优势。

(2) 参赛组别和对象。本赛道分为创意组与创业组。

① 创意组：

a. 参赛项目具有较好的创意和较为成型的产品原型、服务模式或针对生产加工工艺进行创新的改良技术，在大赛通知下发之日前尚未完成工商等各类登记注册。

b. 参赛申报人须为团队负责人，须为职业院校的全日制在校学生或国家开放大学学历教育在读学生。

c. 学校科技成果转化项目不能参加本组比赛 (科技成果的完成人、所有人中参赛申报人排名第一的除外)。

② 创业组：

a. 参赛项目在大赛通知下发之日前已完成工商等各类登记注册，且公司注册年限不超过 5 年。

b. 参赛申报人须为企业法定代表人，须为职业院校全日制在校学生或毕业 5 年内的学生、国家开放大学学历教育在读学生或毕业 5 年内的学生。企业法人在大赛通知发布之日后进行变更的不予认可。

c. 项目的股权结构中，企业法定代表人的股权不得少于 1/3，参赛团队成员股权合计不得少于 51%。

2) "青年红色筑梦之旅" 赛道

参加 "青年红色筑梦之旅" 赛道的项目，须为参加 "青年红色筑梦之旅" 活动的项目；否则一经发现，取消参赛资格。根据项目性质和特点，分为公益组、创意组、创业组。

① 公益组：

a. 参赛项目不以盈利为目标，积极弘扬公益精神，在公益服务领域具有较好的创意、产品或服务模式的创业计划和实践。

b. 参赛申报主体为独立的公益项目或社会组织，注册或未注册成立公益机构 (或社会组织) 的项目均可参赛。

② 创意组：

a. 参赛项目基于专业和学科背景或相关资源，解决农业农村和城乡社区发展面临的主要问题，助力乡村振兴和社区治理，推动经济价值和社会价值的共同发展。

b. 参赛项目在大赛通知下发之日前尚未完成工商等各类登记注册。

③ 创业组：

a. 参赛项目以商业手段解决农业农村和城乡社区发展面临的主要问题、助力乡村振兴和社区治理，实现经济价值和社会价值的共同发展，推动共同富裕。

b. 参赛项目在大赛通知下发之日前已完成工商等各类登记注册，学生须为法定代表人。项目的股权结构中，企业法定代表人的股权不得少于 10%，参赛成员股权合计不得少于 1/3。

5. 中国国际 "互联网 +" 大学生创新创业大赛评审规则 (以第九届为例)

第九届中国国际 "互联网 +" 大学生创新创业大赛评审规则如表 9-1 所示。

表 9-1 第九届中国国际"互联网 +"大学生创新创业大赛评审规则

"青年红色筑梦之旅"赛道项目评审要点：公益组

评审要点	评 审 内 容	分值
教育维度	1. 项目应弘扬正确的价值观，体现家国情怀，恪守伦理规范，有助于培育创新创业精神 2. 项目体现团队扎根中国大地了解国情民情，遵循发现问题、分析问题、解决问题的基本规律，将所学专业知识、技能和方法应用于解决各类社会问题，展现创新创业教育对创业者基本素养和认知的塑造力和提升创业者综合能力的效力 3. 项目充分体现团队解决复杂问题的综合能力和高级思维；体现项目成长对团队成员创新创业精神、意识、能力的锻炼和提升作用 4. 项目能充分体现院校在新工科、新医科、新农科、新文科建设方面取得的成果；项目充分体现专业教育、思政教育、创新创业教育的有机融合；体现院校在项目的培育、孵化等方面的支持情况	30
公益维度	1. 项目以社会价值为导向，以谋求公共利益为目的，以解决社会问题为使命，不以营利为目标，有一定公益成果 2. 在公益服务领域具有较好的创意、产品或服务模式的创业计划和实践，追求社会效益的最大化	10
团队维度	1. 团队的组成原则与过程是否科学合理；是否具有从事公益创业所需的知识、技术和经验；是否有明确的使命愿景 2. 团队内部的组织构架、人员配置、分工协作、能力结构、专业结构、激励制度的合理性情况；团队外部服务支撑体系完备（如志愿者团队等）、具有一定规模、实施有效管理使其发挥重要作用的情况 3. 团队与项目关系的真实性、紧密性情况；团队对项目的各项投入情况；团队的延续性或接替性情况 4. 支撑项目发展的合作伙伴等外部资源的使用以及与项目关系的情况	20
发展维度	1. 项目通过吸纳捐赠、获取政府资助、自营收等方式确保持续生存能力情况 2. 团队基于一定的产品、服务、模式，通过高效管理、资源整合、活动策划等运营手段，确保项目影响力与实效性 3. 项目对促进就业、教育、医疗、养老、环境保护与生态建设等方面的效果 4. 项目的模式可复制、可推广，具有示范效应 5. 项目对带动大学生到农村、城乡社区从事社会服务就业创业的情况	20
创新维度	1. 团队能够基于科学严谨的创新过程，遵循创新规律，运用各类创新的理念和范式，解决社会实际需求 2. 项目能够从产品创新、服务创新等方面着手开展公益创业实践，并产生一定数量和质量的创新成果 3. 鼓励将高校科研成果运用到公益创业中，以解决相应的社会问题	20
必要条件	参加由学校、省市或全国组织的"青年红色筑梦之旅"活动	

"青年红色筑梦之旅"赛道项目评审要点：创意组

评审要点	评审内容	分值
教育维度	1. 项目应弘扬正确的价值观，体现家国情怀，恪守伦理规范，有助于培育创新创业精神 2. 项目体现团队扎根中国大地了解国情民情，遵循发现问题、分析问题、解决问题的基本规律，将所学专业知识、技能和方法应用于乡村振兴和农业农村现代化、城乡社区发展，展现创新创业教育对创业者基本素养和认知的塑造力和提升创业者综合能力的效力 3. 项目充分体现团队解决复杂问题的综合能力和高级思维，体现项目成长对团队成员创新创业精神、意识、能力的锻炼和提升作用 4. 项目能充分体现院校在新工科、新医科、新农科、新文科建设方面取得的成果；项目充分体现专业教育、思政教育、创新创业教育的有机融合；体现院校在项目的培育、孵化等方面的支持情况	30
团队维度	1. 团队的组成原则与过程是否科学合理；团队是否具有支撑项目成长的知识、技术和经验；是否有明确的使命愿景 2. 团队的组织构架、人员配置、分工协作、能力结构、专业结构、合作机制、激励制度等的合理性情况 3. 团队与项目关系的真实性、紧密性情况；对项目的各项投入情况；创立创业企业的可能性情况 4. 支撑项目发展的合作伙伴等外部资源的使用以及与项目关系的情况	20
发展维度	1. 充分了解乡村振兴、农业农村现代化、城乡社区发展的内容和要求，了解其中的痛点、难点，进而形成对所要解决问题完备的认知 2. 在服务乡村振兴、农业农村现代化、城乡社区发展等方面有较好的创意、产品或服务模式，追求经济效益和社会效益的平衡 3. 项目对推动乡村振兴、农业农村现代化、城乡社区发展等方面的贡献度 4. 项目的持续生存能力，模式可复制、可推广、具有示范效应等	20
创新维度	1. 团队能够基于科学严谨的创新过程，遵循创新规律，运用各类创新的理念和范式，解决乡村振兴、农业农村现代化、城乡社区发展中遇到的各类问题 2. 项目能够从产品创新、服务创新等方面着手开展创新创业实践，并产生一定数量和质量的创新成果 3. 鼓励院校科研成果和文创成果在乡村或社区进行产业转化落地与实践应用 4. 鼓励组织模式或商业模式创新，鼓励资源整合优化创新	20
社会价值维度	1. 项目直接提供就业岗位的数量和质量 2. 项目间接带动就业的能力和规模 3. 项目对社会文明、生态文明、民生福祉等方面的积极推动作用	10
必要条件	参加由学校、省市或全国组织的"青年红色筑梦之旅"活动	

"青年红色筑梦之旅"赛道项目评审要点：创业组

评审要点	评审内容	分值
教育维度	1. 项目应弘扬正确的价值观，体现家国情怀，恪守伦理规范，有助于培育创新创业精神 2. 项目体现团队扎根中国大地了解国情民情，遵循发现问题、分析问题、解决问题的基本规律，将所学专业知识、技能和方法应用于乡村振兴和农业农村现代化实践，展现创新创业教育对创业者基本素养和认知的塑造力和提升创业者综合能力的效力 3. 项目充分体现团队解决复杂问题的综合能力和高级思维，体现项目成长对团队成员创新创业精神、意识、能力的锻炼和提升作用 4. 项目能充分体现院校在新工科、新医科、新农科、新文科建设方面取得的成果；项目充分体现专业教育、思政教育、创新创业教育的有机融合；体现院校在项目的培育、孵化等方面的支持情况	20
团队维度	1. 团队的组成原则与过程是否科学合理，团队成员的教育和工作背景、创新能力、价值观念、分工协作和能力互补情况，是否有明确的使命愿景 2. 公司是否具有合理的组织构架、清晰的指挥链、科学的决策机制；是否有合理的岗位设置、分工协作、专业能力结构；是否有良好的内部沟通机制；是否有合理的股权结构、激励制度 3. 团队对项目的各项投入情况及团队成员的稳定性情况 4. 支撑公司发展的合作伙伴等外部资源的使用以及与公司关系的情况	20
发展维度	1. 充分了解乡村振兴、农业农村现代化、城乡社区发展的内容和要求，了解其中的痛点、难点，进而形成对所要解决问题完备的认知 2. 在服务乡村振兴、农业农村现代化、城乡社区发展等方面有较好产品或服务模式，追求经济效益和社会效益的平衡 3. 项目通过商业方式推动乡村振兴、农业农村现代化、城乡社区发展等方面的贡献度 4. 项目的持续生存能力，模式可复制、可推广、具有示范效应等	30
创新维度	1. 团队能够基于科学严谨的创新过程，遵循创新规律，运用各类创新的理念和范式，解决乡村振兴、农业农村现代化、城乡社区发展中遇到的各类问题 2. 项目能够从产品创新、服务创新、组织创新等方面着手开展创新创业实践，并产生一定数量和质量的创新成果，获得相应的市场回报 3. 鼓励院校科研成果和文创成果在乡村或社区进行产业转化落地与实践应用	20
社会价值维度	1. 项目直接提供就业岗位的数量和质量 2. 项目间接带动就业的能力和规模 3. 项目对社会文明、生态文明、民生福祉等方面的积极推动作用	10
必要条件	参加由学校、省市或全国组织的"青年红色筑梦之旅"活动	

职教赛道项目评审要点：创意组

评审要点	评 审 内 容	分值
教育维度	1. 项目应弘扬正确的价值观，体现家国情怀，恪守伦理规范，有助于培育创新创业精神 2. 项目符合将专业知识与商业知识有效结合并转化为商业价值或社会价值的创新创业基本过程和基本逻辑，展现创新创业教育对创业者基本素养和认知的塑造力 3. 体现团队对创新创业所需知识（专业知识、商业知识、行业知识等）与技能（计划、组织、领导、控制、创新等）的娴熟掌握与应用，展现创新创业教育提升创业者综合能力的效力 4. 项目充分体现团队解决复杂问题的综合能力和高级思维；体现项目成长对团队成员创新创业精神、意识、能力的锻炼和提升作用 5. 项目能充分体现院校在职业教育建设方面取得的成果；体现院校在项目的培育、孵化等方面的支持情况；体现多学科交叉、专创融合、产学研协同创新、产教融合等模式在项目的产生与执行中的重要作用	30
创新维度	1. 具有原始创意、创造 2. 具有面向培养"大国工匠"与能工巧匠的创意与创新 3. 项目体现产教融合模式创新、校企合作模式创新、工学一体模式创新 4. 鼓励面向职业和岗位的创意及创新，侧重于加工工艺创新、实用技术创新、产品（技术）改良、应用性优化、民生类创意等	20
团队维度	1. 团队的组成原则与过程是否科学合理；团队是否具有支撑项目成长的知识、技术和经验；是否有明确的使命愿景 2. 团队的组织构架、人员配置、分工协作、能力结构、专业结构、合作机制、激励制度等的合理性情况 3. 团队与项目关系的真实性、紧密性情况；对项目的各项投入情况；创立创业企业的可能性情况 4. 支撑项目发展的合作伙伴等外部资源的使用以及与项目关系的情况	20
商业维度	1. 充分了解所在产业（行业）的产业规模、增长速度、竞争格局、产业趋势、产业政策等情况，形成完备、深刻的产业认知 2. 项目具有明确的目标市场定位，对目标市场的特征、需求等情况有清晰的了解，并据此制定合理的营销、运营、财务等计划，设计出完整、创新、可行的商业模式，展现团队的商业思维 3. 其他：项目落地执行情况；项目对促进区域经济发展、产业转型升级的情况；已有盈利能力或盈利潜力情况	20
社会价值维度	1. 项目直接提供就业岗位的数量和质量 2. 项目间接带动就业的能力和规模 3. 项目对社会文明、生态文明、民生福祉等方面的积极推动作用	10

职教赛道项目评审要点：创业组

评审要点	评审内容	分值
教育维度	1. 项目应弘扬正确的价值观，体现家国情怀，恪守伦理规范，有助于培育创新创业精神 2. 项目符合将专业知识与商业知识有效结合并转化为商业价值或社会价值的创新创业基本过程和基本逻辑，展现创新创业教育对创业者基本素养和认知的塑造力 3. 体现团队对创新创业所需知识（专业知识、商业知识、行业知识等）与技能（计划、组织、领导、控制、创新等）的娴熟掌握与应用，展现创新创业教育提升创业者综合能力的效力 4. 项目充分体现团队解决复杂问题的综合能力和高级思维；体现项目成长对团队成员创新创业精神、意识、能力的锻炼和提升作用 5. 项目能充分体现院校在职业教育建设方面取得的成果；体现院校在项目的培育、孵化等方面的支持情况；体现多学科交叉、专创融合、产学研协同创新、产教融合等模式在项目的产生与执行中的重要作用	20
商业维度	1. 充分掌握所在产业（行业）的产业规模、增长速度、竞争格局、产业趋势、产业政策等情况；具有明确的目标市场定位，充分掌握目标市场的特征、需求等情况；具有完整、创新、可行的商业模式 2. 经营绩效方面，重点考察项目存续时间、营业收入（合同订单）现状、企业利润、持续盈利能力、市场份额、客户（用户）情况、税收上缴、投入与产出比等情况 3. 经营管理方面，是否有清晰的企业发展目标；是否有完备的研发、生产、运营、营销等制度和体系；是否采用先进、科学的管理方法，以确保企业具有较强的竞争力 4. 成长性方面，是否有清晰、有效、全方位的企业发展战略，并拥有可靠的内外部资源（人才、资金、技术等方面）实现企业战略，以建立企业的持续竞争优势 5. 现金流及融资方面，关注项目融资情况、获取资金渠道情况、企业经营的现金流情况、融资需求及资金使用情况是否合理 6. 项目对促进区域经济发展、产业转型升级的情况	30
团队维度	1. 团队的组成原则与过程是否科学合理；团队是否具有独特的支撑项目成长的知识、技能、经验以及成熟的外部资源网络；是否有明确的使命愿景 2. 公司是否具有合理的组织构架、清晰的指挥链、科学的决策机制；是否有合理的岗位设置、分工协作、专业能力结构；是否有良好的内部沟通机制；是否有合理的股权结构、激励制度等 3. 团队对项目的各项投入情况及团队成员的稳定性情况 4. 支撑公司发展的合作伙伴等外部资源的使用以及与公司关系的情况	20
创新维度	1. 具有原始创意、创造 2. 具有面向培养"大国工匠"与能工巧匠的创意与创新 3. 项目体现产教融合模式创新、校企合作模式创新、工学一体模式创新 4. 鼓励面向职业和岗位的创意及创新，侧重于加工工艺创新、实用技术创新、产品（技术）改良、应用性优化、民生类创意等	20
社会价值维度	1. 项目直接提供就业岗位的数量和质量 2. 项目间接带动就业的能力和规模 3. 项目对社会文明、生态文明、民生福祉等方面的积极推动作用	10

（二）"创青春"中国青年创新创业大赛

2013 年 11 月 8 日，习近平总书记向 2013 年全球创业周中国站活动组委会专门致贺信，特别强调了青年学生在创新创业中的重要作用，并指出全社会都要重视和支持青年创新创业。党的十八届三中全会对"健全促进就业创业体制机制"做出了专门部署，指出了明确方向。为贯彻落实习近平总书记系列重要讲话精神和党中央有关指示精神，适应大学生创业发展的形势需要，在原有"挑战杯"中国大学生创业计划竞赛的基础上，共青团中央、教育部、人力资源和社会保障部、中国科协、全国学联决定，自 2014 年起共同组织开展"创青春"全国大学生创业大赛，每两年举办一次。如今，"创青春"全国大学生创业大赛已更名为"创青春"中国青年创新创业大赛。

"创青春"全国大学生创业大赛大赛由共青团中央（主导）、教育部、人力资源社会保障部、中国科协、全国学联共同组织开展，它与中国"互联网＋"大学生创新创业大赛齐名，两者都是全国规格最高的大学生创新创业大赛。大赛下设三项主体赛事：创业计划竞赛、创业实践挑战赛、公益创业赛（具体以每届大赛通知为准），比赛形式采取校赛、省赛、国赛三级，此外每级比赛还分为两部分，即网申和路演。网申阶段在网上提交相关资料和创业计划书，然后由专家评审网上审核，通过后才能进入路演阶段；路演阶段则是到相应的承办高校进行现场答辩。（以 2023 年第十届"创青春"中国青年创新创业大赛的通知为例）

"创青春"中国青年创新创业大赛章程见附录三。

关于举办 2023 年中国青年创新创业交流营暨第十届"创青春"中国青年创新创业大赛的通知

共青团各省、自治区、直辖市委，全国铁道团委，中央企业团工委，新疆生产建设兵团团委：

为深入学习贯彻党的二十大精神，围绕全面建成社会主义现代化强国战略目标，全面贯彻新发展理念，加快构建新发展格局，着力推动高质量发展，积极营造鼓励创新创业的社会氛围，组织引导青年参与创新创业，弘扬创业精神、培养创业意识、提升创业能力，促进创业带动就业、多种方式就业，为全面建成社会主义现代化强国、实现第二个百年奋斗目标贡献青春力量，共青团中央、人力资源社会保障部、农业农村部、商务部、国家卫生健康委、国家税务总局和有关省级人民政府决定共同举办 2023 年中国青年创新创业交流营暨第十届"创青春"中国青年创新创业大赛。有关事宜通知如下。

一、活动主题

青创报国新时代青春逐梦新征程

二、主要安排

（一）专项交流活动

围绕科技创新、乡村振兴、数字经济、社会企业等 4 个领域分别举办专项交流营和创新创业赛事，举办卫生健康、税收工作等专项领域创新创业活动，为参赛创业青年和县级青年创业组织代表提供技能培训、展示交流、咨询辅导、资本对接等服务。

1.科技创新专项。重点关注"十四五"规划明确鼓励发展的重点方向，尤其是人工智能、量子信息、集成电路、生命健康、脑科学、生物育种、空天科技、深地深海等领域具有前瞻性、战略性的项目。科技创新专项交流活动在湖北省武汉市举办。

2.乡村振兴专项。重点关注先进种植养殖技术、农产品加工及销售、农业社会化服务、乡村休闲旅游、预制菜等领域相关产业，尤其是在巩固拓展脱贫攻坚成果、助力乡村振兴等方面模式成熟的项目。乡村振兴专项交流活动在山东省潍坊市举办。

3.数字经济专项。重点关注互联网、大数据、云计算、区块链技术、元宇宙等领域推动数字经济和实体经济融合发展、运用数字经济手段改造发展传统行业的项目。数字经济专项交流活动在浙江省杭州市举办。

4.社会企业专项。重点关注以协助解决社会问题、改善社会治理、服务特定群体或社区利益为宗旨和首要目标，以创新商业模式、市场化运作为主要手段，所得部分盈利按照其社会目标再投入自身业务、所在社区或公益事业，且社会目标持续稳定的项目。社会企业专项交流活动在浙江省宁波市举办。

（二）综合交流活动

面向各专项交流活动发掘培养的青年创新创业人才和县级青年创业组织代表，组织创业辅导、展示交流、资本对接、技能培训等活动。综合交流活动在浙江省宁波市举办（具体安排另行发布）。

三、组织机构

1.组织委员会。成立全国组织委员会，由各主办单位、承办单位有关负责同志组成，负责活动组织工作。全国组织委员会秘书处设在中国青年创业就业基金会，负责协调筹备组织日常工作。各专项活动分别成立专项组织委员会。

2.评审委员会。各专项赛分设专项评审委员会，由创业导师、专家学者、投资人、创业园区负责人等组成，独立开展评审工作。

四、活动规则

1.专项赛组别设置

根据参赛项目所处的创业阶段及创办年限（以在市场监督管理部门登记注册时间为准）不同，分别设创新组、初创组、成长组。创办年限划分以2023年3月31日为基准。

(1)创新组指2023年3月31日（含）前未进行登记注册，尚处于商业计划书阶段的创业项目。

(2)初创组指登记注册时间不超过2年[2021年4月1日（含）以后登记注册]的创业项目。

(3)成长组指登记注册时间在2至5年之间[2018年4月1日（含）至2021年3月31

日（含）期间登记注册]的创业项目。

2. 参赛人员

(1) 年龄在 35 周岁（含）以下 [1987 年 4 月 1 日（含）以后出生] 的中国公民。

(2) 由 2 人及以上团队申报的参赛项目，团队总人数不多于 5 人，且团队中 30 周岁（含）以下 [1992 年 4 月 1 日（含）以后出生] 的人数比例不低于 50%。

3. 参赛项目

(1) 符合国家法律法规和国家产业政策。

(2) 不得侵犯他人知识产权。

(3) 具有良好的经济效益、社会效益，经营规范，社会信誉良好。

(4) 具有较大投资价值的独特产品、技术或商业模式。

4. 项目申报

(1) 已在市场监督管理部门登记注册的参赛项目，须提交营业执照等相关文件，项目成长过程或生产流程相关介绍，项目发展构想及阶段性成果等资料。涉及国家限制行业和领域的，须有相关资质证明。第一申报人须为所登记主体法定代表人，且持有该主体股份（个体工商户第一申报人应为经营者，个人独资企业第一申报人应为投资人，合伙企业第一申报人应为执行事务合伙人）。

(2) 未在市场监督管理部门登记注册的参赛项目，须提交商业计划书，对市场调研、创业构想、项目发展等有详细介绍；可同时出具省级以上行业主管部门颁发的专利、奖项、技术等级等证书或证明。第一申报人须为产品开发、项目设计主要负责人。

(3) 参赛项目须在报名时间内登录"创青春"网站 (cqc.casicloud.com) 注册报名。

5. 奖励

各专项赛分别设置金奖、银奖、铜奖及优秀奖。获奖项目将获得全国组织委员会颁发的证书，并可获得各主办单位给予的相关优惠政策。

五、支持服务

在参赛项目中，遴选设立创业项目库和青年人才库，提供综合支持。

1. 资金支持。根据创业青年主体和创业项目类型，通过中国青年创业就业基金会相关公益项目获得资金支持。

2. 培育孵化。可申请入驻中国青年创业社区，优先享受优惠的创业支持政策和优质的创业孵化服务。可优先接受创业导师团问诊帮扶服务。可获推在中国青年信用体系相关平台中享受激励措施。

3. 融资服务。可通过中国青年创业就业基金会金融扶持项目获得融资扶持，可获推与创投机构商谈融资合作。

4. 会员推荐。可申请加入中国青年创业联盟、中国青年电商联盟、中国青年企业家协会、中国农村青年致富带头人协会等。

5. 展示交流。可在"中国青年创新创业服务平台"对项目进行长期展示和宣传。可优先获推参加全国大众创业万众创新活动周等相关活动。

六、其他

各省（区、市）和新疆生产建设兵团、副省级城市、省会城市、市（地、州、盟）团组织可参照活动方案，根据地方发展状况和产业导向举办本地"创青春"活动，积极动员、遴选、推荐优秀创业项目参加全国各相关活动。地方活动原则上应于7月底前完成，并将活动情况上报全国组织委员会秘书处。

各省（区、市）和新疆生产建设兵团可积极申办2024年中国青年创新创业交流营暨第十一届"创青春"中国青年创新创业大赛。

共青团中央

2023 年 6 月 7 日

（三）"挑战杯"中国大学生创业计划竞赛

"挑战杯"中国大学生创业计划竞赛是由共青团中央、中国科协、教育部、全国学联主办的大学生课外科技文化活动中一项具有导向性、示范性和群众性的创新创业竞赛活动，每两年举办一届。

根据参赛对象，分普通高校、职业院校两类。

大赛分校级初赛、省级复赛、全国决赛。校级初赛由各校组织，广泛发动学生参与，遴选参加省级复赛项目。省级复赛由各省（自治区、直辖市）组织，遴选参加全国决赛项目。全国决赛由全国组委会聘请专家根据项目社会价值、实践过程、创新意义、发展前景和团队协作等综合评定金奖、银奖、铜奖等项目。大赛期间组织参赛项目参与交流展示活动。

全国评审委员会对各省（区、市）报送的参赛作品进行复审，评出参赛作品总数的90%左右进入决赛。竞赛决赛设金奖、银奖、铜奖，各等次奖分别约占进入决赛作品总数的10%、20%和70%；各组参赛作品获奖比例原则上相同。

全国评审委员会将在复赛、决赛阶段，针对已创业（甲类）与未创业（乙类）两类作品实行相同的评审规则；计算总分时，将视已创业作品的实际运营情况，在其实得总分基础上给予1%～5%的加分。专项赛事单独设置奖项：参加全国终审决赛的作品，确认资格有效的，由全国组织委员会向作者颁发证书，并视情况给予奖励。参加各省（区、市）预赛的作品，确认资格有效而又未进入全国竞赛的，由各省（区、市）组织协调委员会向作者颁发证书。

2023年3月17日至19日，第十三届"挑战杯"中国大学生创业计划竞赛全国决赛在北京理工大学举行，该届竞赛设置了科技创新和未来产业、乡村振兴和农业农村现代化、社会治理和公共服务、生态环保和可持续发展、文化创意和区域合作5个组别，共吸引来自3011所高校的142.4万名学生参赛，经过校级初赛、省级复赛和全国决赛初评，463个项目进入全国决赛终审答辩。此外，竞赛期间还同步举办创新创业成果展，分为电子展示区、实物体验区，北京理工大学创新创业团队还为大赛打造了"元宇宙"交互空间，利用云交互空间实时生成技术，展示全国大学生优秀创新创业作品，实现万人以上同时在线。第十三届"挑战杯"中国大学生创业计划竞赛 3 月 19 日在北京落下帷幕。北京理工大学以团体总分第一的成绩获得"挑战杯"。

"挑战杯"中国大学生创业计划竞赛章程见附录四。

关于举办第十三届"挑战杯"中国大学生创业计划竞赛的通知

共青团各省、自治区、直辖市委，新疆建设兵团团委：

为深入学习贯彻习近平新时代中国特色社会主义思想，贯彻落实国家双创工作部署，围绕立足新发展阶段、贯彻新发展理念、构建新发展格局、服务高质量发展，引导和激励大学生通过广泛的社会实践、深刻的社会观察，不断增强对国情社情的了解，激发创新精神，培育创业意识，提升创业能力，以优异的成绩迎接党的二十大胜利召开，共青团中央、教育部、人力资源社会保障部、中国科协、全国学联、北京市人民政府决定举办第十三届"挑战杯"中国大学生创业计划竞赛。有关事项通知如下。

一、组织机构

主办单位：共青团中央、教育部、人力资源社会保障部、中国科协、全国学联、北京市人民政府

承办单位：北京理工大学、共青团北京市委、北京市房山区人民政府

二、赛事安排

1. 竞赛分组。完整、准确、全面贯彻创新、协调、绿色、开放、共享的新发展理念，设科技创新和未来产业、乡村振兴和农业农村现代化、社会治理和公共服务、生态环保和可持续发展、文化创意和区域合作五个组别，具体划分详见章程。

2. 竞赛对象。面向普通高校学生和职业院校学生分别进行竞赛评选，具体要求详见章程。

3. 赛程安排。竞赛设校级初赛、省级复赛和全国决赛。

校级初赛(2022 年 5 月底前)。由各校组织，广泛发动学生参与，遴选参加省级复赛项目。校赛参赛项目需在赛事官方平台统一填报。

省级复赛(2022 年 6 月底前)。由各省级团委举办，按照分配名额(全国 1000 个)遴选参加全国决赛的项目，在赛事官方平台完成项目审批申报。

全国决赛(2022 年下半年)。全国共有 1500 个项目进入全国决赛。其中，1000 个名额由省级团委确定，300 个名额面向在赛事组织、学生参与、宣传发动等表现突出的学校直接分配，200 个名额通过"国赛直通车"评审分配。

按照疫情防控有关要求，全国决赛及相关活动以线上线下相结合的方式举行。省级、

校级赛事由各地结合实际，采取合适方式举行。

4.评审要点。突出实践导向，在考察项目商业价值的基础上，更加注重考查学生了解社会现状、关注社会民生、解决社会问题的意识、能力和水平。具体包括项目的社会价值、实践过程、创新意义、发展前景和团队协作等方面。

5.奖项设置。竞赛设项目金奖、银奖、铜奖，由全国决赛统一评定。设学校集体奖（挑战杯、优胜杯），按所推报项目获奖名次赋分，核算总分后评定。根据组织情况，设学校优秀组织奖（与挑战杯、优胜杯不重合）、省级团委优秀组织奖。具体详见章程。

6.竞赛平台。竞赛统一开发集参赛报名、活动开展、项目评审、展示交流等功能为一体的赛事官方平台，各省份、各高校可同步依托该平台举办省赛、校赛。相关资讯将通过共青团中央青年发展部官方微信公众号"创青春"发布。

三、活动安排

为进一步增强竞赛的群众性、交流性，扩大赛事覆盖面和参与度，主办方将在赛事举办期间开展系列活动。

1.挑战杯·实践云接力。面向参赛学生广泛征集在项目准备过程中进企业、进农村、进社区的实践经历，通过点亮地图的方式，展现广大学生迎接党的二十大胜利召开、用创新创业实践投身强国伟业的青春风采。

2.挑战杯·名师大讲堂。邀请行业领军人物、社会知名人士、业界知名学者等，以主题团课、TED演讲等多种形式举办名师大讲堂，面向全国大学生线上直播。

3.挑战杯·青年学习汇。引导参赛学生跨学校、跨地域组建线上学习小组，结合各自项目，围绕党的二十大召开、建团100周年等开展讨论，增强参赛学生间的互动交流。

4.挑战杯·职场体验营。组织参赛学生走进处于不同阶段的创业企业、知名企业，通过创业介绍、员工分享、实际体验等，让学生在一线感知社会、了解企业。

5.挑战杯·导师会客厅。邀请企业家、投资人、孵化机构代表等，组成"挑战杯"大学生创业导师团，通过线上线下联动，实现导师与项目的结对指导和长期跟踪。

6.挑战杯·资源对接会。邀请创业服务机构、投资机构、孵化器、园区等入驻大赛平台，开展线上线下对接活动，为有需要的项目提供服务支持。

四、工作要求

1.聚焦主责主业，紧密围绕迎接和学习宣传贯彻党的二十大精神设计开展活动。进一步提高政治站位，以"喜迎党的二十大、永远跟党走、奋进新征程"主题教育实践为统揽，通过学习交流党的十八大以来我国在创新创业领域取得的重大突破，引导广大学生充分认识我们党百年来取得的伟大功绩和党领导下百年青年运动的光辉历程。

2.突出实践育人，切实通过赛事活动开展提高学生的社会化能力和创业能力。准确把握比赛初衷，实现从"结果导向"向"过程导向"转变，着重打通学校和社会的物理边界，将竞赛作为带动学生深入了解国情社情民情的重要载体，进一步加强对学生的创业辅导和能力培育。

3. 继续扩大覆盖，让更多地方普通高校和学生参与其中。切实转变工作理念，将校赛组织放到更加重要位置，特别是通过有效手段吸引和鼓励更多地方普通高校参与进来，为更多学生提供参与创新创业实践的机会和平台。

4. 确保公平公正，探索推动赛事数字化转型。要把准公平公正的赛事生命线，切实通过专业评审将优秀项目评选出来。要以疫情防控常态化为契机，推动大赛的数字化转型，加强线上应用和技术优化，精减流程和形式性内容，进一步推动赛事提质增效。

共青团中央

2022 年 5 月 5 日

（四）"中国创翼"创业创新大赛

为贯彻落实党中央、国务院关于鼓励创业创新的工作部署，形成"大众创业、万众创新"的良好环境，2015 年人力资源社会保障部与中国宋庆龄基金会联合举办了首届"中国创翼"青年创业创新大赛。大赛一是注重鼓励重点群体创业；二是注重创新引领创业，报名参赛的项目要求是具有创新性的技术、产品或经营服务模式，具有较高成长潜力，且应为原创性项目，不存在知识产权争议；三是注重社会价值，大赛项目评分除围绕项目产品、技术、经营模式、管理方式外，更看重项目带动就业人数、带动产业发展，促进建档立卡困难家庭和群众增收，促进节能减排、环境保护、推动绿色发展等社会价值方面。

大赛前两届名称为"中国创翼"青年创业创新大赛，从第三届起正式更名为"中国创翼"创业创新大赛。

第一、第二届要求参赛人员须年满 18 周岁但不超过 40 周岁，可以是我国高校青年学生、社会青年、我国港澳台地区青年以及海外留学青年；此后各届大赛对参赛人员要求较为宽泛，年满 16 周岁的各类创业创新群体均可报名参赛。根据近几届大赛情况来看，稍侧重小微、初创企业，注重创业带动就业效应。近两届大赛分主体赛和专项赛两个专项。主体赛下设创新项目组和创业项目组两个组别，专项赛则每届不尽相同，以大赛具体通知为准，具体内容如下（以第五届"中国创翼"创业创新大赛为例）。

第五届"中国创翼"创业创新大赛总体方案

一、总体要求

贯彻党的十九大和十九届历次全会精神，落实国家创新驱动发展战略、就业优先战略及人才强国战略，以创新引领创业、创业带动就业、推进乡村振兴为核心价值和重点评价指标，大力营造全社会鼓励支持创新创业的浓厚氛围和良好环境，推进"大众创业、万众创新"向高质量纵深发展。

二、大赛主题

创响新时代共圆中国梦

三、组织机构

(一)主办及承办单位

主办单位:人力资源社会保障部、相关部门和社团组织

承办单位:人力资源社会保障部就业促进司、全国人才流动中心

(二)大赛组委会

成立大赛全国组委会,负责大赛的组织领导。全国组委会下设办公室,具体负责大赛的方案设计、统筹协调、组织实施、宣传发动、赛事保障等工作。办公室设在人力资源社会保障部全国人才流动中心。

各省级人力资源社会保障部门可联合有关部门和群团组织设立省级组委会,负责大赛的宣传动员、报名审核、省级选拔赛的组织实施、全国选拔赛和全国总决赛的组织协调、创业典型的推荐宣传和政策(资金)奖励扶持等工作。

(三)专家委员会

为提升大赛层次,更好发挥创业服务效果,全国组委会将邀请部分热心公益、有一定社会影响力,在创新创业研究、指导和服务方面具有丰富经验的专家组成大赛专家委员会。专家委员会对全国组委会负责,对大赛方案策划设计、评审标准规则等方面提出意见建议,审核评委资格,监督评审过程。

(四)评审委员会

为确保大赛评选工作公开、公平、公正进行,全国组委会将邀请就业创业研究和指导专家、成功创业企业家及创投行业领军人士组成大赛评审委员会。评审委员会对全国组委会负责,并在专家委员会监督下独立开展评审工作。

四、组织形式及赛制安排

大赛按照"1+3"模式,即1个主体赛加3个专项赛。其中,主体赛分为制造业和服务业2个项目组;3个专项赛分别为青年创意专项赛、劳务品牌专项赛和乡村振兴专项赛。

按照省级选拔赛(劳务品牌专项赛可直接推荐)、全国选拔赛、全国总决赛三个阶段实施。

(一)主体赛

主体赛制造业项目组,既包括采矿冶炼、纺织服装、机械制造、产品代工、小商品制造等传统产业的改进创新和升级迭代,也包括信息技术、生物技术、新能源、新材料、高端装备、新能源汽车、绿色环保、航空航天、海洋装备、互联网TMT等新兴产业。服务业项目组,既包括商贸、餐饮、住宿、家政、物业等传统服务业项目,也包括服务研发设计、电商物流、法律服务、教育培训、人力资源、健康医养、文体旅游等现代服务业。

年满 16 周岁的各类创业群体均可报名参赛，项目所在地位于中国大陆（内地）。

全国选拔赛 200 个项目参加，分 2 个组别，每个组别 100 个项目。60 个项目晋级全国总决赛，每个组别 30 个项目。

（二）青年创意专项赛

面向 16 至 35 周岁的高校及技工院校在校生、毕业生等青年群体，项目类型不限，须有技术、产品、模式等方面的创新成果，有完整的创业计划书。

全国选拔赛每省 3 个项目、共 96 个项目参加，30 个项目晋级全国总决赛。

（三）劳务品牌专项赛

面向各类依托、运用劳务品牌培育、开发和创业的项目。年满 16 周岁的各类创业群体均可报名参赛，项目所在地位于中国大陆（内地）。

全国选拔赛每省至多推荐 3 个项目参加，30 个项目晋级全国总决赛。

（四）乡村振兴专项赛

面向各类乡村创业项目，如农业科技、特色种植养殖、农产品加工、农村电商物流、乡村旅游、传统手工艺、文化传承与创新、乡土人才培育开发等。

年满 16 周岁的各类创业群体均可报名参赛，项目所在地位于中国大陆（内地），限于下辖乡镇农村的县域以内（包括市辖郊区、县级市、县、自治县、旗、自治旗、特区、林区）注册、生产与经营。

全国选拔赛 100 个项目参加，30 个项目晋级全国总决赛。

五、报名参赛条件

报名参赛项目应符合国家法律法规和国家产业政策，经营规范，社会信誉良好，无不良记录，不侵犯任何第三方知识产权。往届"中国创翼"创业创新大赛全国决赛获一、二、三等奖的项目不能参加。

（一）主体赛、劳务品牌专项赛、乡村振兴专项赛报名参赛条件

1. 截至 2022 年 5 月 31 日，在市场监督管理部门已登记注册且未满 5 年的企业或机构。

2. 参赛项目具有创新性的技术、产品或经营服务模式，具有较高成长潜力，项目的产品、经营属于同一参赛主体，且对技术有合法使用权。

3. 参赛项目须为原创性创新项目，不存在知识产权争议，不会侵犯第三方的知识产权、所有权、使用权和处置权。

4. 参赛者须为该项目的第一创始人或核心团队成员。

（二）青年创意专项赛报名参赛条件

1. 项目第一创始人须为截至 2022 年 5 月 31 日，已满 16 周岁、不超过 35 周岁的高校及技工院校在校生、毕业生等青年群体。

2. 项目尚未在市场监督管理部门登记注册。

3. 项目在技术、产品、模式等方面有创新，有完整的创业计划书，具备落地发展必要条件，未来成长潜力较大。

4.项目不存在知识产权争议，不会侵犯第三方的知识产权、所有权、使用权和处置权。

六、赛事流程

第一阶段：大赛启动和组织发动

1.大赛启动时间：2022年2月中旬大赛启动，各省按要求成立省级组委会，制定本省大赛实施方案，广泛开展宣传发动。

2.报名和审核

报名截止时间：2022年5月20日。

审核确认时间：截至2022年5月31日。

各省组织参赛项目在大赛官网统一报名，按主体赛2个组别、青年创意专项赛、劳务品牌专项赛、乡村振兴专项赛分类报名，不得兼报。

各省级组委会依据大赛报名参赛条件，对本省报名项目进行资格审核，并于5月31日前将审核结果上报至全国组委会。

第二阶段：省级选拔赛

1.省级选拔赛

时间：2022年6月30日截止。

除劳务品牌专项赛外，各地原则上须采取项目路演方式举办省级选拔赛，情况允许可延伸到地市和区县，有困难或特殊情况不能举办的，需经全国组委会同意后，按照统一规则，采取专家集中评审等方式对本省参赛项目进行选拔。

2.确定全国选拔赛参赛项目

时间：2022年7月5日前完成。

各省按照全国组委会统一分配的名额，确定本省参加全国选拔赛的项目。名额分配方式为：

主体赛制造业项目组和服务业项目组确保每省每个组别不少于1个项目参赛，1个（不含）以上的名额，按前3年新增经济体数量权值分配。

乡村振兴专项赛100个比赛项目中，确保每省有2个项目参赛，剩余36个比赛项目的参赛名额，由涉及国家重点帮扶县的10个省，按国家重点帮扶县数量权值分配。

劳务品牌专项赛每省最多推荐3个项目（可少于3个或不推荐）参赛。

青年创意专项赛每省3个项目参赛。

各省于7月5日前将入围全国选拔赛的项目资料上传大赛官网，全国组委会进行复核。复核结果反馈后，由省级组委会以短信、电话或邮件方式告知本省参赛者。

第三阶段：全国选拔赛和全国总决赛

时间：2022年7月底前。

全国选拔赛和全国总决赛由全国组委会统一组织实施，集中在同一城市举办，地点待定。

1. 全国选拔赛

各项赛事均分 2 个小组同时进行比赛。主体赛制造业项目组和服务业项目组、乡村振兴专项赛，每组 50 个项目；青年创意专项赛每组 48 个项目；劳务品牌专项赛每组最多48 个项目。每个项目参赛不超过 3 人，采取现场路演方式 2 天时间完成。各组获得前 15名的项目晋级全国总决赛，其他项目获得"创翼之星"奖。

2. 全国总决赛

每项赛事 30 个项目参加全国总决赛，每个项目参赛不超过 3 人，采取现场路演方式1 天完成，各评出一等奖 2 名、二等奖 6 名、三等奖 10 名、优秀奖 12 名。

总决赛结果产生后，全国组委会将择期举办颁奖式和闭幕式。

七、评审标准及规则

（一）评审标准

突出"创新引领创业，创业带动就业"的导向，重点关注项目的创新性、示范性、引领性及带动就业、助力乡村振兴等社会价值。"创新"，主要围绕项目的产品、技术、商业模式、管理模式等评分；"创业带动就业"，主要围绕项目直接提供的就业岗位数量及质量、带动上下游产业就业规模、带动重点群体就业等方面进行打分；"助力乡村振兴"，主要围绕项目吸纳就近就地就业数量及质量，带动当地产业发展、资源利用、民族文化传承，以及对地区经济社会发展贡献等方面评分。

（二）评审规则

全国选拔赛和决赛项目评审采用现场路演方式进行。现场路演评分的组织规则及评定标准将在大赛组织实施细则中明确。

第二节　大赛项目路演

名人语录

演练是因为每个人都需要知道他们所要做的工作，而领袖需要知道他们所要做的工作才能实现目标。

——埃德蒙·伯克

问题导入

大赛项目路演是指大学生在大赛中展示他们的商业计划，从而获得专家、评委以及投资者和合作伙伴的关注和支持。创业项目路演对于一个初创企业来说至关重要，因为它可以帮助企业获得资金支持和扩大业务规模。

在进行下面的学习之前，请思考以下问题：

(1) 创业项目路演有什么价值？路演需要注意哪些问题？

(2) 大赛项目路演的技巧有哪些？我们将遇到哪些问题？

一、大赛项目路演的价值

大学生创业计划竞赛不是普通意义上的大学生的专业比赛。创业计划不是单纯的、个人的、集中在某一个专业的学生竞赛，而是以实际技术为背景，各学科优势互补的团队之间的综合较量。竞赛的意义也不局限于大学校园，从某种程度而言，创业计划竞赛是高等院校与现实社会和大学生与企业之间的互动与沟通。对创业者而言，大赛项目路演具有以下价值：

1. 系统学习创业知识

参赛者在创作创业计划的过程中，一般可以通过大赛提供的系统培训，以及学习、交流，全面接受创业者所应具备的知识和技能。参赛者通过参加竞赛，可以实现对产品或服务从构想到现实的全局把握；在完成创业计划的过程中，能够培养沟通能力、说服能力、组织能力；在接受挑战的过程中，可以增强创业的勇气、信心和能力。参加项目大赛的经历对创业者而言，其本身也是一种财富。

2. 磨炼创业团队

通过比赛，参赛者可以结识未来创业的合作伙伴，参赛小组的成员将最有可能在将来形成创业合作关系，开创成功事业。在此过程中，创业团队可以得到磨合，磨炼团队创业能力，形成创业凝聚力。参赛者将有机会加入一个充满智慧和活力的小组，与小组伙伴携起手来，接受挑战。参赛者将体验到在前进道路中相互激励的力量，体验交流中灵感火花的碰撞，以及成功时的喜悦。在这一过程中，参赛者会感受到团队精神的力量，培养创业精神。

3. 积累商业资源网络

通过比赛，参赛者可以结识风险投资家。国内风险投资家对创业大赛表示出了浓厚兴趣，会将对具有实际运作价值的作品，进行投资可行性分析。参赛者可以向风险投资家充分展现自己的产品或服务的市场前景，为进一步创业赢得资金。参赛者还将结识商界和法律界人士，为将来创业建立良好的商业关系网络。同时，很多新闻单位对全国大赛比较关注，可以借助媒体向社会推荐自己，塑造产品整体形象，为未来创业建立良好媒体资源。

4. 验证完善创业计划

参加创业比赛的过程，就是设计、论证、实施、优化、完善创业项目的实施方案的系统过程。参赛过程中，有创业团队的精心参与，有指导老师的专业指导，有大赛评委的精彩点评，有各参赛团队和参赛项目的交流。这些都是其他形式所不具备的创业论证优势。

创业大赛的制胜诀窍

美国麻省理工学院斯隆管理学院在创业方案大赛中积累的取胜诀窍如下。

(1) 组建一个包括技术人才和管理人才在内的具有综合技能的团队。组建起来的团队成员每人都能力十足，同时又能灵活、协调、有效地工作。这是历届胜出团队的经验总结。

(2) 开发出一种盈利模式，而不仅仅是一项发明。"仅仅说明你的产品或服务的性质还不够，还要清楚地阐明谁、为什么、在哪里、什么时候、如何做等关键问题。技术方面的东西不论如何具体，都不能取代清楚明确的市场营销方案。"这是往届胜者的经验之谈，仅仅是技术发明而不构成一种盈利模式的创业方案不是一个好的方案。

(3) 从各方面人士那里获得忠告，不论他们是同学、教师，还是竞争对手或家庭成员。

(4) 分析顾客。他们在寻找什么？

(5) 分析竞争对手。你有哪些他们不具备的长处？

(6) 展示你有能力获得一种持续的、有竞争力的优势。例如，你能够设立市场进入障碍，或是拥有自主知识产权，使得对手们无法夺取你的市场。千万记住告诉评审专家们，哪些人是你的顾客，他们如何从你的产品或服务中得到好处。

(7) 写作的文字要直接、中肯。创业设计方案是需要呈交给创业大赛、创业园的评审专家，或是呈给投资人的，而这些读者都会认真看你所提交的方案。要花费足够的时间和精力来撰写你的创业方案提要和创业方案全文，要严肃认真对待。

(8) 制订创业方案和时间安排时一定要实事求是，有根有据，避免好高骛远，不着边际。

二、大赛项目路演的技巧

（一）创业项目路演

项目路演是创业者展示自己的项目、吸引投资人和用户的重要手段。在路演中，创业者需要通过言语和肢体语言展现自己的项目价值和潜力，引起听众的兴趣和共鸣。创业者需注意以下几点。

1. 确定清晰的目标受众

在路演之前，创业者需要明确自己的目标受众，这有助于更好地准备和呈现创业项目。如果投资人是目标受众，创业者需要突出项目的商业模式和收益模式；如果是潜在用户，创业者需要突出项目的用户体验和解决方案。对于不同的受众，创业者需要有不同的演讲策略和重点。

2. 突出项目的独特性

在路演中，创业者需要突出项目的独特性，即为什么自己的项目比其他竞争对手的好。

这可以通过介绍项目的核心技术、创新点和优势来实现。此外，创业者需要了解自己的竞争对手，并描述他们的优势和劣势，以表明自己的项目在市场上更具有竞争力。

3. 掌握演讲技巧

演讲技巧是项目路演中至关重要的一部分。创业者需要掌握演讲技巧，如声音、语速、语调、肢体语言等，以吸引听众的注意力。创业者需要练习演讲，确保自己的语言流畅、清晰，并能够在规定的时间内完成演讲。

4. 使用图表和数据

图表和数据可以帮助听众更好地理解项目的价值和潜力。创业者可以使用图表和数据来展示市场规模、用户数量、收入增长等数据，以表明自己的项目具有巨大的商业潜力。但是，在使用这些数据时，创业者应该确保数据来源可信，避免出现误导或不准确的情况。

5. 回答问题

在路演中，听众可能会提出很多问题。创业者需要准备好常见的问题，并能够清晰、简洁地回答。如果遇到不熟悉的问题，创业者要保持冷静，不要随意猜测或胡乱回答。相反，应该承认自己不知道，承诺回答问题，并在演讲结束后及时回复。

项目路演是展示自己项目的重要机会，创业者需要准备充分，掌握好演讲技巧，突出项目的独特性和商业潜力，以吸引听众的注意力。如果创业者能够在路演中表现出色，他们就有机会获得投资人和用户的支持，并实现自己的创业梦想。

（二）创新创业大赛路演

1. 明确答辩目标

路演答辩想做好，首先要明确路演答辩想要达成的目标，目标越清晰，路演材料的准备、呈现和提炼就越充分。

创赛的路演答辩，不仅仅是去展示项目，把 PPT 做得好看，也不仅仅是去现场与评委老师"交流"观点。创赛的路演答辩目标主要有两点，抓住这两点，你的路演答辩准备才不会跑偏。

一是展示你的项目的商业价值，并让评委、投资人认可你的商业价值，这是核心。为了达成这个目标，在路演答辩时，一定要清晰展示出：

(1) 项目是怎么盈利的 (产品 / 服务、需求 / 痛点，目标客户、营销模式、盈利情况、商业模式)；

(2) 项目的核心优势 (技术、团队、资源)；

(3) 项目未来如何更值钱？(商业模式、未来规划)。

评委除了通过看你展示的内容，还通过答辩环节来判断项目价值。所以答辩时要从评委的角度出发，弄懂评委真正想交流的问题。回答时说事实、说数据，不要强行"卖瓜"。

二是展示你的项目符合大赛评审规则的加分项。

创业大赛归根结底还是一场比赛，想要赢，就要按照它的评审规则来做。

不管是项目刚开始做，还是到最后的决赛路演答辩，大赛的评审规则都是最重要的指导纲领。

路演答辩怎么准备、商业计划书怎么写、PPT 怎么做……都不用问别人，评审规则已经把重点写得清清楚楚。评委也是严格按照评审规则打分的，所以不管是网评材料还是现场路演答辩 PPT，都要符合评审规则里的要求。

2. 路演答辩必做的准备 (6 要素)

第一要素：路演 PPT。

路演 PPT 的主要作用是项目介绍，不用放大段文字，仅保存关键信息用于展示即可，如关键事例、模型、数据、照片等。同时，对路演 PPT 的排版，不追求过度精美，但要排版清晰整齐，让人看着舒服。

第二要素：路演稿。

(1) 路演稿怎么写？朝着如何达成路演目标的方向去写，写商业价值，写符合大赛评审规则的加分点，这是核心内容。

(2) 路演稿谁写？团队的每一个成员都要写，每个人都先写出一稿来。写完后，大家互相看、互相改，结合彼此长处得出第一版路演稿。

(3) 如何让路演稿更好？反复改，好的路演稿都是改出来的。可以去看看往届大赛得奖项目是如何路演的，学习他们的结构、表达。

第三要素：路演人。

最终该让谁来路演？一定要是项目负责人吗？肯定不是。实际上最保险也最正确的做法是，团队成员人人都准备路演，人人随时都可路演。不仅仅是因为我们要防患于未然，便于应对突发状况，更重要的是，从能力成长的角度，我们也应该培养团队每一个人路演的能力。即使他最终没有机会路演，但是他参与了、学会了、成长了，这是比比赛拿奖更值得自豪的事。

第四要素：路演设备。

路演设备一定要提前熟悉操作。路演时因为不熟悉操作现场出状况的团队不在少数，不仅浪费时间，而且有可能影响评委对你们的第一印象。

(1) 线下路演：提前熟悉不同电脑系统 PPT 如何播放、激光翻页笔如何使用、话筒如何使用等。

(2) 线上路演：提前熟悉 PPT 投屏操作，提前测试自己的麦克风、摄像头，调节好灯光、摄像头角度等。

第五要素：路演练习。

路演练习就是指路演人在正式路演前要反复练习。

(1) 背稿，把路演稿背到滚瓜烂熟、张口就能来的地步。

(2) 脱稿，背完稿之后向身边的同学、朋友、家人等去讲，达到能脱稿流利讲出的水平。

(3) 找到或自己准备真实的路演场景，去真实路演。比如，找没听过你项目的老师、同学，甚至路人甲、路人乙，向他们路演你的项目，让他们提问。通过反复演练来提升路演水平。

第六要素：路演现场。

路演现场的准备主要在于做好心理上的准备。

路演稿已经背得滚瓜烂熟，路演 PPT 准备好了，路演人经过反复练习可随时路演，路演设备也都调试好了，现场再多人看着也不要恐惧。把准备做充分，发挥出正常的水平，路演结果肯定不差。

路演答辩可能最怕的就是评委提问了，我们从评委评审要点出发整理如下典型问题。大家可结合自己赛道组别的评审要点，分析可能会被评委问到的问题。

大赛评委常问的问题

● **考察创新性：**

1. 项目有哪些创新？创新成果如何（商业模式、运营模式、营销推广等）？

2. 项目产品是自研的吗？做它的动机是什么？

3. 和以往的产品／竞品比，差异在哪／区别是什么？你是如何做到的？

4. 相同的东西，别人多久会做出来？

5. 客户的哪个需求是别人没满足，但是被你们满足了的？

6. 如何保障项目持续增长？

7. 产品的应用场景有哪些？和别人相比好在哪儿？

8. 专利相关：取得了哪些专利？／核心专利是什么？／专利所属是你们吗？／专利的第一作者是谁？／专利获得授权了吗？／如何保护技术的专利？

● **考察商业性：**

1. 产品的需求有经过调研吗？具体数据调研数据如何？

2. 为什么项目能做成？有多大的把握？有哪些资源支持？

3. 项目的核心优势是什么？／核心竞争力是什么？／产品的核心技术是什么？

4. 项目的收入来自哪里？财务报表制作依据是什么？

5. 营销策略是什么（价格、销售、推广、渠道、文化、故事等）？目前哪个渠道取得了哪些成效？

6. 销售额最高的是哪个产品？利润额最高的是哪个产品？

7. 哪个产品和服务的收益可复制，高增长？

8. 之后几年如何保障持续增长和稳定收益？

9. 覆盖了多少客户？客户是否有复购？是否愿意为你们推广产品？转化率是多少？

10. 产品成本构成是什么？收益是否覆盖成本？

11. 和某某客户合作到什么程度？有考虑和市场龙头厂家合作吗？

12. 市场上还有谁在做相同或雷同的产品？你们的优势是什么？

13. 市场规模多大？如何估算的？

14. 融资及出让股份怎么算的？

15. 融资的钱主要用于哪方面？

16. 项目目前处在什么阶段？做到什么程度了？／项目何时盈利？／何时收支平衡？／现在盈利如何？

17. 是否成立公司？是否交税？是否发工资？……

● **考察项目团队：**

1. 项目团队有多少人，具体分工如何？

2. 团队的决策机制是怎样？

3. 举例说明各团队成员在项目中的贡献度。

4. 介绍下团队成员／主力成员。

5. 团队成员是相关专业的吗？

6. 在这个项目中你负责什么？参与项目多长时间了？

7. 你的项目团队有哪些优势？在项目中是怎么体现的？

8. 团队具备的资源和能力是否能支撑项目后续发展？

9. 项目的权益结构和股权结构是怎样的？

10. 介绍下外部专家等对项目的支持情况。

11. 毕业后你们还会做这个项目吗？

● **考察公益性：**

1. 这个项目的公益性体现在哪里？

2. 服务了多少人？／多少人从中受益？

3. 如何让更多人从项目中受益？

4. 项目的服务模式是怎样的？有何优势？

5. 项目落地过程中有风险／阻力吗？如何克服？

● **考察可持续性：**

1. 如何解决项目持续发展中的资金和人员问题？

2. 项目是否能复制到其他地方？是否具有示范效应？

3. 项目是否形成了成熟的运营模式？是怎样的？

4. 项目可持续性具体体现在哪儿？

5. 在某某上，如何确保项目能持续运营下去？

● **考察实效性：**

1. 项目对当地的贡献是什么？

2. 项目进行前后，当地最大的改变是什么？有无数据证明？

3. 当地人是如何评价你们的？

4. 引入了哪些社会资源？

● **考察引领教育：**

1. 请谈一谈在校期间，你是如何想到要做这个项目的？

2. 做这个项目，你最大的收获和成长是什么？

3. 做项目的过程中，你应用了哪些所学知识技能？解决了什么问题？

4. 团队成员都是哪些专业？有何特长？

● **考察带动就业：**

1. 项目中直接就业和带动就业的数字是怎么算出来的？

2. 目前有多少员工？

3. 项目间接能带动多少人就业？带动的是哪些人？

● **其他问题补充：**

1. 一句话说清楚你们的项目。

2. 项目名称是怎么来的？

3. 未来几年盈利预期如何？

……

（三）大学生路演常见问题

问题一：不知所云

这是最常见也最严重的问题，具体表现是在路演过程中以自我为中心，演讲完后，评委还不知道你要做什么事。

对策：尽量用 3 句话表达清楚，让普通人能听懂你要做的是什么。

问题二：技术展示

有时大学生创业者讲起技术来滔滔不绝，却很少涉及实际运作情况、商业模式和财务数据，导致投资人无法做出判断。

对策：在 1 分钟之内，论述技术实验的基本原理、研究成果和应用即可。

问题三：盲目乐观

企业负责人对未来市场盲目乐观，自身预期远大于实际情况，导致评委及投资人没有沟通的欲望。

对策：客观冷静地评判项目，建议参赛之前和 3 位以上的投资人进行相关情况的沟通。

问题四：超出时间

路演的时间是严格控制的，务必在规定的时间内完成。通常，评委也认为不能严格把握时间的创业者准备不足，打分时会有所考量。

对策：多次练习，严格控制时间。

问题五：弄虚作假

部分大学生为了吸引注意力，会编造数据或者提供假的证据，这是坚决不允许的。造假行为很容易被发现，一经发现，就严重影响信誉。所以，这一点一定要注意。

对策：实事求是，坦诚面对。

问题六：答非所问

提问环节，需要准确作答。一部分创业者会出现答非所问、有意拖延的情况。这样的回答往往没有太大作用，影响团队印象。

对策：建议在 30 秒到 1 分钟的时间内，回答每个问题，一般来讲回答问题越多，越有利于展示团队形象，增进评委了解。

问题七：荣誉说明

参加路演的团队，很多是已取得一定成绩和成就的。一般来讲，团队在介绍荣誉时点到即可。一切的路演论述，都要以项目为核心。

对策：如实说明各个板块，不要喧宾夺主。

拓展训练

搜集往届大赛获奖项目资料和比赛视频，学习并模仿获奖项目，具体实施步骤如下：

(1) 从网上搜索几个优秀的大赛获奖项目作为参考。

(2) 每 5～8 人为一组，选出一名小组长。以小组为单位，商讨确定创业项目。

(3) 各小组成员讨论项目的内容与逻辑，模仿项目进行路演。

(4) 各小组互相提问和答辩，并指出对方的优点及不足之处，以相互促进。

活动结束后，教师可根据表 9-2 进行评分，并评选出表现最优秀的一组。

表 9-2　活动评分表

评分标准	分　值	实际得分	备　注
项目路演的完整性	20		
项目路演的流畅度	20		
项目创新点的展示和讲解	20		
项目展示的逻辑清晰度	20		
路演答辩的技巧把握度	20		
总分	100		

附录一　普通高校学生自主创业政策公告

一、税收优惠政策

1.持人社部门核发《就业创业证》的高校毕业生在毕业年度内创办个体工商户的，可按规定在3年内以每户每年12 000元为限额（最高可上浮20%，具体由各省、自治区、直辖市人民政府根据本地区实际情况确定）依次扣减其当年实际应缴纳的增值税、城市维护建设税、教育费附加、地方教育附加和个人所得税。

2.对高校毕业生创办小微企业的，可按规定享受小微企业普惠性税费政策；创办个体工商户的，对其年应纳税所得额不超过100万元的部分，在现行优惠政策基础上减半征收个人所得税。

二、担保贷款和贴息政策

3.**创业担保贷款和贴息支持**：可在创业地申请创业担保贷款，最高贷款额度为20万元，对符合条件的个人合伙创业的，可根据合伙创业人数适当提高贷款额度，最高不超过总额的10%。对10万元及以下贷款、获得设区的市级以上荣誉的高校毕业生创业者免除反担保要求；对高校毕业生设立的符合条件的小微企业，最高贷款额度提高至300万元，财政按规定给予贴息。

4.**创业担保贷款申请程序**：申请创业担保贷款贴息支持的个人和小微企业应向当地人力资源社会保障部门申请资格审核，通过资格审核的个人和小微企业，向当地创业担保贷款担保基金运营管理机构和经办银行提交担保和贷款申请，符合相关担保和贷款条件的，与经办银行签订创业担保贷款合同。

三、资金扶持政策

5.**免收有关行政事业性收费**：毕业2年以内的普通高校毕业生从事个体经营的，3年内，免收管理类、登记类和证照类等有关行政事业性收费。

6.**求职创业补贴**：对在毕业学年有就业创业意愿并积极求职创业的低保家庭、贫困残疾人家庭、原建档立卡贫困家庭和特困人员中的高校毕业生，残疾及获得国家助学贷款的高校毕业生，给予一次性求职创业补贴。

7.**一次性创业补贴**：对首次创办小微企业或从事个体经营，且所创办企业或个体工商户自工商登记注册之日起正常运营1年以上的离校2年内高校毕业生，试点给予一次性创业补贴。

8.**享受培训补贴**：对大学生在毕业年度内参加创业培训的，按规定给予培训补贴。

四、工商登记政策

9.**简化注册登记手续**：创办企业，只需填写"一张表格"，向"一个窗口"提交"一套材料"，登记部门直接核发加载统一社会信用代码的营业执照，"多证合一"。

五、户籍政策

10.**取消落户限制**：高校毕业生可在创业地办理落户手续 (直辖市有关规定执行)。

六、创业服务政策

11.**免费创业服务**：可免费获得公共就业和人才服务机构提供的创业指导服务。

12.**技术创新服务**：各地区、各高校和科研院所的实验室以及科研仪器、设施等科技创新资源可以面向大学生开放共享，提供低价、优质的专业服务。

13.**创业场地服务**：鼓励各类孵化器面向大学生创新创业团队开放一定比例的免费孵化空间。政府投资开发的孵化器等创业载体应安排 30% 左右的场地，免费提供给高校毕业生。有条件的地方可对高校毕业生到孵化器创业给予租金补贴。

14.**创业保障政策**：加大对创业失败大学生的扶持力度，按规定提供就业服务、就业援助和社会救助。毕业后创业的大学生可按规定缴纳"五险一金"。

七、学籍管理政策

15.**折算学分**：各高校要设置合理的创新创业学分，建立创新创业学分积累与转换制度，探索将学生开展自主创业等情况折算成学分。

16.**弹性学制**：学校可以根据情况建立并实行灵活的学习制度，可放宽学生修业年限，保留学籍休学创新创业。

教育部高校学生司

教育部学生服务与素质发展中心

附录二　国务院办公厅关于进一步支持大学生创新创业的指导意见

国办发〔2021〕35 号

各省、自治区、直辖市人民政府，国务院各部委、各直属机构：

纵深推进大众创业万众创新是深入实施创新驱动发展战略的重要支撑，大学生是大众创业万众创新的生力军，支持大学生创新创业具有重要意义。近年来，越来越多的大学生投身创新创业实践，但也面临融资难、经验少、服务不到位等问题。为提升大学生创新创业能力、增强创新活力，进一步支持大学生创新创业，经国务院同意，现提出以下意见。

一、总体要求

以习近平新时代中国特色社会主义思想为指导，深入贯彻落实党的十九大和十九届二中、三中、四中、五中全会精神，全面贯彻党的教育方针，落实立德树人根本任务，立足新发展阶段、贯彻新发展理念、构建新发展格局，坚持创新引领创业、创业带动就业，支持在校大学生提升创新创业能力，支持高校毕业生创业就业，提升人力资源素质，促进大学生全面发展，实现大学生更加充分更高质量就业。

二、提升大学生创新创业能力

（一）**将创新创业教育贯穿人才培养全过程**。深化高校创新创业教育改革，健全课堂教学、自主学习、结合实践、指导帮扶、文化引领融为一体的高校创新创业教育体系，增强大学生的创新精神、创业意识和创新创业能力。建立以创新创业为导向的新型人才培养模式，健全校校、校企、校地、校所协同的创新创业人才培养机制，打造一批创新创业教育特色示范课程。(教育部牵头，人力资源社会保障部等按职责分工负责)

（二）**提升教师创新创业教育教学能力**。强化高校教师创新创业教育教学能力和素养培训，改革教学方法和考核方式，推动教师把国际前沿学术发展、最新研究成果和实践经验融入课堂教学。完善高校双创指导教师到行业企业挂职锻炼的保障激励政策。实施高校双创校外导师专项人才计划，探索实施驻校企业家制度，吸引更多各行各业优秀人才担任双创导师。支持建设一批双创导师培训基地，定期开展培训。(教育部牵头，人力资源社会保障部等按职责分工负责)

（三）**加强大学生创新创业培训**。打造一批高校创新创业培训活动品牌，创新培训模式，面向大学生开展高质量、有针对性的创新创业培训，提升大学生创新创业能力。组织双创导师深入校园举办创业大讲堂，进行创业政策解读、经验分享、实践指导等。支持各类创新创业大赛对大学生创业者给予倾斜。（人力资源社会保障部、教育部等按职责分工负责）

三、优化大学生创新创业环境

（四）**降低大学生创新创业门槛**。持续提升企业开办服务能力，为大学生创业提供高效便捷的登记服务。推动众创空间、孵化器、加速器、产业园全链条发展，鼓励各类孵化器面向大学生创新创业团队开放一定比例的免费孵化空间，并将开放情况纳入国家级科技企业孵化器考核评价，降低大学生创新创业团队入驻条件。政府投资开发的孵化器等创业载体应安排 30% 左右的场地，免费提供给高校毕业生。有条件的地方可对高校毕业生到孵化器创业给予租金补贴。（科技部、教育部、市场监管总局等和地方各级人民政府按职责分工负责）

（五）**便利化服务大学生创新创业**。完善科技创新资源开放共享平台，强化对大学生的技术创新服务。各地区、各高校和科研院所的实验室以及科研仪器、设施等科技创新资源可以面向大学生开放共享，提供低价、优质的专业服务，支持大学生创新创业。支持行业企业面向大学生发布企业需求清单，引导大学生精准创新创业。鼓励国有大中型企业面向高校和大学生发布技术创新需求，开展"揭榜挂帅"。（科技部、发展改革委、教育部、国资委等按职责分工负责）

（六）**落实大学生创新创业保障政策**。落实大学生创业帮扶政策，加大对创业失败大学生的扶持力度，按规定提供就业服务、就业援助和社会救助。加强政府支持引导，发挥市场主渠道作用，鼓励有条件的地方探索建立大学生创业风险救助机制，可采取创业风险补贴、商业险保费补助等方式予以支持，积极研究更加精准、有效的帮扶措施，及时总结经验、适时推广。毕业后创业的大学生可按规定缴纳"五险一金"，减少大学生创业的后顾之忧。（人力资源社会保障部、教育部、财政部、民政部、医保局等和地方各级人民政府按职责分工负责）

四、加强大学生创新创业服务平台建设

（七）**建强高校创新创业实践平台**。充分发挥大学科技园、大学生创业园、大学生创客空间等校内创新创业实践平台作用，面向在校大学生免费开放，开展专业化孵化服务。结合学校学科专业特色优势，联合有关行业企业建设一批校外大学生双创实践教学基地，深入实施大学生创新创业训练计划。（教育部、科技部、人力资源社会保障部等按职责分工负责）

（八）**提升大众创业万众创新示范基地带动作用**。加强双创示范基地建设，深入实施创业就业"校企行"专项行动，推动企业示范基地和高校示范基地结对共建、建立稳定合作关系。指导高校示范基地所在城市主动规划和布局高校周边产业，积极承接大学生创新成果和人才等要素，打造"城校共生"的创新创业生态。推动中央企业、科研院所和相关公共服务机构利用自身技术、人才、场地、资本等优势，为大学生建设集研发、孵化、投

资等于一体的创业创新培育中心、互联网双创平台、孵化器和科技产业园区。(发展改革委、教育部、科技部、国资委等按职责分工负责)

五、推动落实大学生创新创业财税扶持政策

(九)**继续加大对高校创新创业教育的支持力度**。在现有基础上,加大教育部中央彩票公益金大学生创新创业教育发展资金支持力度。加大中央高校教育教学改革专项资金支持力度,将创新创业教育和大学生创新创业情况作为资金分配重要因素。(财政部、教育部等按职责分工负责)

(十)**落实落细减税降费政策**。高校毕业生在毕业年度内从事个体经营,符合规定条件的,在3年内按一定限额依次扣减其当年实际应缴纳的增值税、城市维护建设税、教育费附加、地方教育附加和个人所得税;对月销售额15万元以下的小规模纳税人免征增值税,对小微企业和个体工商户按规定减免所得税。对创业投资企业、天使投资人投资于未上市的中小高新技术企业以及种子期、初创期科技型企业的投资额,按规定抵扣所得税应纳税所得额。对国家级、省级科技企业孵化器和大学科技园以及国家备案众创空间按规定免征增值税、房产税、城镇土地使用税。做好纳税服务,建立对接机制,强化精准支持。(财政部、税务总局等按职责分工负责)

六、加强对大学生创新创业的金融政策支持

(十一)**落实普惠金融政策**。鼓励金融机构按照市场化、商业可持续原则对大学生创业项目提供金融服务,解决大学生创业融资难题。落实创业担保贷款政策及贴息政策,将高校毕业生个人最高贷款额度提高至20万元,对10万元以下贷款、获得设区的市级以上荣誉的高校毕业生创业者免除反担保要求;对高校毕业生设立的符合条件的小微企业,最高贷款额度提高至300万元;降低贷款利率,简化贷款申报审核流程,提高贷款便利性,支持符合条件的高校毕业生创业就业。鼓励和引导金融机构加快产品和服务创新,为符合条件的大学生创业项目提供金融服务。(财政部、人力资源社会保障部、人民银行、银保监会等按职责分工负责)

(十二)**引导社会资本支持大学生创新创业**。充分发挥社会资本作用,以市场化机制促进社会资源与大学生创新创业需求更好对接,引导创新创业平台投资基金和社会资本参与大学生创业项目早期投资与投智,助力大学生创新创业项目健康成长。加快发展天使投资,培育一批天使投资人和创业投资机构。发挥财政政策作用,落实税收政策,支持天使投资、创业投资发展,推动大学生创新创业。(发展改革委、财政部、税务总局、证监会等按职责分工负责)

七、促进大学生创新创业成果转化

(十三)**完善成果转化机制**。研究设立大学生创新创业成果转化服务机构,建立相关成果与行业产业对接长效机制,促进大学生创新创业成果在有关行业企业推广应用。做好大学生创新项目的知识产权确权、保护等工作,强化激励导向,加快落实以增加知识价值

为导向的分配政策，落实成果转化奖励和收益分配办法。加强面向大学生的科技成果转化培训课程建设。(科技部、教育部、知识产权局等按职责分工负责)

（十四）**强化成果转化服务**。推动地方、企业和大学生创新创业团队加强合作对接，拓宽成果转化渠道，为创新成果转化和创业项目落地提供帮助。鼓励国有大中型企业和产教融合型企业利用孵化器、产业园等平台，支持高校科技成果转化，促进高校科技成果和大学生创新创业项目落地发展。汇集政府、企业、高校及社会资源，加强对中国国际"互联网＋"大学生创新创业大赛中涌现的优秀创新创业项目的后续跟踪支持，落实科技成果转化相关税收优惠政策，推动一批大赛优秀项目落地，支持获奖项目成果转化，形成大学生创新创业示范效应。(教育部、科技部、发展改革委、财政部、国资委、税务总局等按职责分工负责)

八、办好中国国际"互联网＋"大学生创新创业大赛

（十五）**完善大赛可持续发展机制**。鼓励省级人民政府积极承办大赛，压实主办职责，进一步加强组织领导和综合协调，落实配套支持政策和条件保障。坚持政府引导、公益支持，支持行业企业深化赛事合作，拓宽办赛资金筹措渠道，适当增加大赛冠名赞助经费额度。充分利用市场化方式，研究推动中央企业、社会资本发起成立中国国际"互联网＋"大学生创新创业大赛项目专项发展基金。(教育部、国资委、证监会、建设银行等按职责分工负责)

（十六）**打造创新创业大赛品牌**。强化大赛创新创业教育实践平台作用，鼓励各学段学生积极参赛。坚持以赛促教、以赛促学、以赛促创，丰富竞赛形式和内容。建立健全中国国际"互联网＋"大学生创新创业大赛与各级各类创新创业比赛联动机制，推进大赛国际化进程，搭建全球性创新创业竞赛平台，深化创新创业教育国际交流合作。(教育部等按职责分工负责)

九、加强大学生创新创业信息服务

（十七）**建立大学生创新创业信息服务平台**。汇集创新创业帮扶政策、产业激励政策和全国创新创业教育优质资源，加强信息资源整合，做好国家和地方的政策发布、解读等工作。及时收集国家、区域、行业需求，为大学生精准推送行业和市场动向等信息。加强对创新创业大学生和项目的跟踪、服务，畅通供需对接渠道，支持各地积极举办大学生创新创业项目需求与投融资对接会。(教育部、发展改革委、人力资源社会保障部等按职责分工负责)

（十八）**加强宣传引导**。大力宣传加强高校创新创业教育、促进大学生创新创业的必要性、重要性。及时总结推广各地区、各高校的好经验好做法，选树大学生创新创业成功典型，丰富宣传形式，培育创客文化，营造敢为人先、宽容失败的环境，形成支持大学生创新创业的社会氛围。做好政策宣传宣讲，推动大学生用足用好税费减免、企业登记等支持政策。(教育部、中央宣传部牵头，地方各级人民政府、各有关部门按职责分工负责)

各地区、各有关部门要认真贯彻落实党中央、国务院决策部署，抓好本意见的贯彻落实。教育部要会同有关部门加强协调指导，督促支持大学生创新创业各项政策的落实，加强经验交流和推广。地方各级人民政府要加强组织领导，深入了解情况，优化创新创业环境，积极研究制定和落实支持大学生创新创业的政策措施，及时帮助大学生解决实际问题。

国务院办公厅

2021 年 9 月 22 日

附录三 "创青春"中国青年创新创业大赛章程

第一章 总 则

第一条 "创青春"中国青年创新创业大赛是由共青团中央联合相关部委及省级人民政府共同主办,面向广大青年创业者开展的一项具有导向性、示范性和群众性的大赛。

第二条 大赛的宗旨是深入学习贯彻习近平新时代中国特色社会主义思想,围绕立足新发展阶段、贯彻新发展理念、构建新发展格局,引领广大青年为落实"十四五"规划和2035年远景目标努力奋斗,搭建支持青年创新创业的展示交流、导师辅导、投融资对接、项目孵化等服务平台,建设创业导师、创投机构、创业园区、创业孵化器、青年创业者等服务联盟,促进广大青年弘扬创业精神、培养创业意识、提升创业能力、提高创业成功率,组织动员广大青年走在"大众创业、万众创新"前列,在全面建设社会主义现代化国家进程中健康成长、建功立业。

第三条 大赛聚焦科技创新、乡村振兴、数字经济、社会企业等4个领域举办专项赛,举办卫生健康、税收工作等专项领域创新创业活动。

第二章 组 织 机 构

第四条 大赛设立全国组织委员会,由主办单位、承办单位有关负责人组成,负责开展大赛筹备组织工作,制定、修订大赛章程,研究、议决大赛相关事项。全国组织委员会设主任、副主任、委员若干名。

第五条 全国组织委员会下设秘书处,设在中国青年创业就业基金会,共青团中央青年发展部、中国青年企业家协会等有关单位共同参与,负责协调大赛筹备组织及日常工作。

第六条 各专项赛分设专项组织委员会,设在相关承办单位,负责协调专项赛筹备组织及日常工作。

第七条 各专项赛分设专项评审委员会,由相关领域创业导师、专家学者、投资人、创业园区负责人等组成,负责制定专项赛评审规则及细则、评审参赛项目、确定项目获奖等次。

第三章 参赛资格与申报

第八条 参赛项目须符合国家法律法规和国家产业政策;不得侵犯他人知识产权;具有良好的经济效益、社会效益,经营规范,社会信誉良好;具有较大投资价值的独特产品、技术或者商业模式。

第九条　参赛人员须为中国公民，年龄 35 周岁 (含) 以下。由 2 人及以上团队申报的参赛项目，团队总人数不多于 5 人，且团队中 30 周岁 (含) 以下的人数比例不低于 50%。

第十条　根据参赛项目所处的创业阶段及创办年限 (以在市场监督管理部门登记注册时间为准) 不同，一般划分为创新组、初创组、成长组。创新组指未进行登记注册，尚处于商业计划书阶段的创业项目；初创组指登记注册时间不超过 2 年 (含) 的创业项目；成长组指登记注册时间在 2 至 5 年 (含) 之间的创业项目。

第十一条　参赛项目根据自身情况，可以参加不同届次的比赛，或者在同一届次比赛中参加多个专项赛；但在任一专项赛中，只能根据规定的分组条件选择组别参赛，不得在多个组别中重复参赛。

第四章　大 赛 组 织

第十二条　由全国组织委员会秘书处研究制定具体届次的大赛方案，形成大赛通知，启动大赛。

第十三条　全国各级团组织广泛协调新闻媒体、团属媒体、新媒体平台，对大赛进行宣传，扩大大赛社会知晓度和影响力。在大赛的总体宣传中，规范使用名称，表述为 "'创青春' 中国青年创新创业大赛"。在各专项赛的宣传中，规范使用名称，表述为 "'创青春' 中国青年创新创业大赛 (XX 专项)"，其中，"XX" 指 "科技创新""乡村振兴""数字经济""社会企业"。

第十四条　大赛面向社会公开征集优秀创业项目，接受自主报名和各级团组织、社会机构推荐。参赛项目必须在报名时间内登录大赛官网注册报名。报名项目经专项赛组织委员会进行资格审查、初步评定后方可入围参赛。

第十五条　大赛原则上分为初赛、半决赛和决赛等环节。评审委员依据评审标准，根据项目情况，评定获奖项目，确定获奖等次，经评审委员会审核给予相应奖励。

第十六条　在参赛项目中，遴选设立创业项目库和青年人才库，协调各种资金资源，提供资金支持、培育孵化、融资服务、会员推荐、展示交流等各种帮助，促进青年创业项目成长成熟。

第五章　奖　　励

第十七条　评审委员会负责对入围参赛项目进行评审。根据创业项目所体现的产品服务、市场前景、财务运营、团队素质、社会效益等方面综合考察情况，按照入围项目总数的一定比例，分别评出金奖、银奖、铜奖及优秀奖若干名。

第六章　附　　则

第十八条　各省 (区、市) 和新疆生产建设兵团可以按照大赛章程申请承办各专项赛。

第十九条 各省（区、市）和新疆生产建设兵团、副省级城市、省会城市、市（地、州、盟）团组织参照大赛章程，根据地方发展状况和产业导向举办地区比赛。

第二十条 全国大赛承办单位经全国组织委员会授权和审核，可以全国组织委员会名义寻求社会支持。

第二十一条 本章程由全国组织委员会审议修订，自发布之日起生效，由全国组织委员会秘书处负责解释。

附录四　"挑战杯"中国大学生创业计划竞赛章程

第一章　总　　则

第一条　"挑战杯"中国大学生创业计划竞赛是由共青团中央、教育部、人力资源社会保障部、中国科协、全国学联和省级人民政府主办的一项具有导向性、示范性、实践性和群众性的创业交流活动，每两年举办一届。

第二条　竞赛目的。深入学习贯彻习近平新时代中国特色社会主义思想，聚焦为党育人功能，从实践教育角度出发，引导和激励学生弘扬时代精神，把握时代脉搏，通过开展广泛的社会实践、深刻的社会观察，不断增强对国情社情的了解，将所学知识与经济社会发展紧密结合，提高创新、创意、创造、创业的意识和能力，提升社会化能力，为全面建成社会主义现代化强国、实现中华民族伟大复兴的中国梦贡献青春力量。

第三条　竞赛内容。根据参赛对象，分普通高校、职业院校两类。设科技创新和未来产业、乡村振兴和农业农村现代化、社会治理和公共服务、生态环保和可持续发展、文化创意和区域合作五个组别。

第四条　竞赛方式。竞赛分校级初赛、省级复赛、全国决赛。校级初赛由各校组织，广泛发动学生参与，遴选参加省级复赛项目。省级复赛由各省份组织，遴选参加全国决赛项目。全国决赛由全国组委会聘请专家根据项目社会价值、实践过程、创新意义、发展前景和团队协作等综合评定金奖、银奖、铜奖等项目。竞赛期间组织参赛项目参与交流展示活动。

第二章　组织机构及其职责

第五条　竞赛设立全国组织委员会（简称"全国组委会"），由主办单位、承办单位的有关负责人组成，设主任若干名。全国组委会下设秘书处，设秘书长、委员若干名，由主办单位、承办单位有关人员担任。

全国组委会的职责如下：

1. 审议、修改竞赛章程；

2. 确定竞赛承办单位；

3. 筹集竞赛组织、评审、奖励所需的经费；

4. 议决其他应由全国组委会议决的事项。

第六条　竞赛设立全国评审委员会，由全国组委会聘请非学校的相关领域专家学者、政府部门负责人、行业领军人物、基层优秀青年代表、知名企业家等组成。全国评审委员会设主任、副主任和评审委员若干名。全国评审委员会经全国组委会批准成立，有权在本章程和评审规则所规定的原则下，独立开展评审工作。

全国评审委员会职责如下：

1.在本章程和评审规则基础上制定评审实施细则；

2.接受对参赛项目资格的质疑投诉并进行判定；

3.负责参赛项目的评审工作；

4.确定参赛项目获奖等次。

第七条 竞赛设立全国监督委员会，对评审过程、评审纪律等进行监督，协调处理对竞赛作品资格和评审结果的质询(须由省级团委提出)，对违反竞赛纪律的行为予以处理。

第八条 各省份、各学校需根据自身实际，举办与全国竞赛接轨的届次化的大学生创业计划竞赛。各省级团委、教育部门、人社部门、科协、学联联合设立省级组织协调委员会和评审委员会，负责竞赛的组织协调、参赛项目资格审查、评选等有关工作。

第三章 参赛资格与项目申报

第九条 普通高校学生：在举办竞赛决赛的当年6月1日以前正式注册的全日制非成人教育的各类普通高等学校在校专科生、本科生、硕士研究生(不含在职研究生)可参加。硕博连读生、直接攻读博士生若在举办竞赛决赛的当年6月1日前未通过博士资格考试的，可以按硕士研究生学历申报作品；没有实行资格考试制度的学校，前两年可以按硕士研究生学历申报作品；本硕博连读生，按照四年、二年分别对应本、硕申报。博士研究生仅可作为项目团队成员参赛(不作项目负责人)，且人数不超过团队成员数量的30%。

职业院校学生：在举办竞赛决赛的当年6月1日以前正式注册的全日制职业教育本科、高职高专和中职中专在校学生。

第十条 参赛基本要求。参赛项目应有较高立意，积极践行社会主义核心价值观。应符合国家相关法律法规规定、政策导向。应为参赛团队真实项目，不得侵犯他人知识产权，不得借用他人项目参赛；存在剽窃、盗用、提供虚假材料或违反相关法律法规的，一经发现将取消参赛相关权利并自负一切法律责任。已获往届"挑战杯"中国大学生创业计划竞赛、"创青春"全国大学生创业大赛、"挑战杯——彩虹人生"全国职业学校创新创效创业大赛全国金奖(特等奖)、银奖(一等奖)的项目，不可重复报名。

第十一条 参赛项目申报。按普通高校和职业院校分类申报，每所学校限参加一类。聚焦创新、协调、绿色、开放、共享的新发展理念，设五个组别：

1.科技创新和未来产业：围绕创新驱动发展战略，推动数字经济健康发展，在智能制造、信息技术、大数据、人工智能、生命科学、新材料等领域，结合实践观察设计项目。

2.乡村振兴和农业农村现代化：围绕实施乡村振兴战略，在农林牧渔、电子商务、乡村旅游、城乡融合等领域，结合实践观察设计项目。

3. 社会治理和公共服务：围绕国家治理体系和治理能力现代化建设，在政务服务、消费生活、公共卫生与医疗服务、金融与财经法务、教育培训、交通物流、人力资源等领域，结合实践观察设计项目。

4. 生态环保和可持续发展：围绕可持续发展战略和碳达峰碳中和目标，在环境治理、可持续资源开发、生态环保、清洁能源应用等领域，结合实践观察设计项目。

5. 文化创意和区域合作：突出共融、共享，紧密围绕"一带一路"和京津冀、长三角、粤港澳大湾区以及成渝地区双城经济圈、长江中游城市群等区域合作，在工业设计、动漫广告、体育竞技和国际文化传播、对外交流培训、对外经贸等领域，结合实践观察设计项目。

第十二条　参赛形式。以学校为单位统一申报，以项目团队形式参赛，每个团队人数原则上不超过 15 人，每个项目指导教师原则上不超过 5 人。对于跨校组队参赛的项目，各成员须事先协商明确项目的申报单位，各省级组织协调委员会最终明确项目的申报单位。全国决赛报名截止后，只可进行人员删减，不可进行人员顺序调整及人员添加。

参赛项目涉及知识产权的，在报名时须提交具有法律效力的发明创造或专利技术所有人的书面授权许可、项目鉴定证书、专利证书等。对于已工商注册的项目，在报名时可提交相关证明材料（含单位概况、法定代表人情况、加载统一社会信用代码的营业执照、股权结构等材料）。

已工商注册项目的负责人须为企业法定代表人。企业法定代表人在通知发布之日后进行变更的不予认可。参赛项目可提供项目实践成效、预期成效等其他相关材料（包括项目的社会效益、经济效益、带动就业情况等）。

第十三条　参赛项目涉及动植物新品种的发现或培育、国家保护动植物的研究、新药物等的研究时，申报者可根据实际情况提供有关证明材料。

第十四条　每个学校通过省级复赛推荐入选全国决赛的项目总数不超过 6 个。其中，每个组别至多 2 个；每人（每个团队）限报 1 个；每个参赛项目只可选择参加一个组别，不得兼报。参赛项目须经过本省份组织协调委员会进行资格及形式审查和本省份评审委员会评定，方可上报全国组委会。各省份选送全国决赛的项目数额由全国组委会统一确定。

全国组委会通过赛事相关活动遴选若干优秀项目，经全国评审委员会评定，给予直接进入全国决赛机会（不占每校 6 个项目名额）。

第四章　奖 励 支 持

第十五条　竞赛设金奖、银奖、铜奖，分别约占全国决赛获奖项目的 10%、20%、70%。全国组委会可视各省份、各学校、学生参与情况，设置组委会活动单项奖。

第十六条　竞赛设学校集体奖，以学校为单位计算参赛得分并排序评选。金奖项目每个计 100 分，银奖项目每个计 70 分，铜奖项目每个计 30 分。竞赛设"挑战杯"，授予团体总分最高的学校；设"优胜杯"若干，授予除"挑战杯"获得高校之外团体总分靠前的学校。每校取获得奖次最高的 6 个项目计算总积分，如遇总积分相等，则以获金奖的个数决定同一名次内的排序，以此类推至铜奖。如总积分、获奖情况完全相同，由全国组委会综合考虑予以最终评定。

第十七条 竞赛设省级团委优秀组织奖和学校优秀组织奖，综合省份、学校组织动员情况、活动参与情况、获奖情况等评定。

第十八条 全国组委会将在竞赛举办期间组织多种形式的导师指导、项目培训、交流展示、资源对接、孵化培育等活动。

第五章 附 则

第十九条 竞赛结束后，对获奖项目保留一个月的投诉期。竞赛接受以单位或个人名义的实名投诉，并由投诉者提供与投诉内容相关的证据材料。收到投诉后，全国组委会将展开调查，经核查确不符合参赛条件和有关规定的，将取消该项目获得的奖励，以及所在学校和省级团委的所有集体奖、组织奖，未获得奖励的项目不进行替补。全国组委会不接受匿名投诉，将保护实名投诉人的合法权益。

第二十条 竞赛承办单位可以全国组委会名义寻求竞赛赞助。

第二十一条 本章程自全国组委会同意之日起生效，由竞赛主办单位及全国组委会秘书处负责解释。

参 考 文 献

[1] 彼得·德鲁克. 创新与企业家精神 [M]. 蔡文燕，译. 北京：机械工业出版社，2007.

[2] 克莱顿·克里斯坦森，迈克尔·雷纳. 创新者的解答 [M]. 李瑜偲，林伟，郑欢，译. 北京：中信出版社，2010.

[3] 李伟，张世辉. 创新创业教程 [M]. 北京：清华大学出版社，2015.

[4] 张耀辉，朱锋. 创业基础 [M]. 广州：暨南大学出版社，2013.

[5] 刘辉，李强，王秀艳. 大学生创新创业教程 [M]. 上海：上海交通大学出版社，2016.

[6] 吴晓义. 创业基础 [M]. 北京：中国人民大学出版社，2018.

[7] 李肖鸣，朱建新. 大学生创业基础 [M]. 2 版. 北京：清华大学出版社，2013.

[8] 冯丽霞，王若洪. 创新与创业能力培养 [M]. 北京：清华大学出版社，2013.

[9] 袁凤英，王秀红，黄敏. 创新创业能力训练 [M]. 北京：中国书籍出版社，2014.

[10] 张德山. 大学生创业教育 [M]. 镇江：江苏大学出版社，2015.

[11] 张德山. 大学生创业教育案例分析 [M]. 镇江：江苏大学出版社，2015.

[12] 杨建平，蒙秀琼. 大学生就业与创业指导 [M]. 北京：航空工业出版社，2015.

[13] 章小莲. 大学生就业与创业指导 [M]. 北京：航空工业出版社，2015.

[14] 李贞. 职业生涯规划与创业指导 [M]. 镇江：江苏大学出版社，2013.

[15] 李家华. 新编大学生创新与创业教程 [M]. 南京：南开大学出版社，2013.

[16] 张玉利. 创业管理 [M]. 2 版. 北京：机械工业出版社，2011.

[17] 李时椿，常建坤. 创新与创业管理 [M]. 南京：南京大学出版社，2017.

[18] 张昊民，马君. 高校创业教育研究：全球视角与本土实践 [M]. 北京：中国人民大学出版社，2012.

[19] 董青春，董志霞. 大学生创业基础：教师用书 [M]. 北京：经济管理出版社，2012.

[20] 克莱顿·克里斯坦森. 创新者的窘境 [M]. 胡建桥，译. 北京：中信出版社，2010.

[21] 李文胜，成波锦，创业基础 [M]，西安：西安交通大学出版社，2015.

[22] 李善友. 颠覆式创新：移动互联网时代的生存法则 [M]. 北京：机械工业出版社，2015.

[23] 刘世忠. 商业模式参谋：实战·策略·案例 [M]. 北京：电子工业出版社，2013.